国家社科基金"十三五"规划2017年度研究成果

陕西省社科基金2016年度研究成果

教育供给侧改革的 理论问题和制度保障研究

张　旸　著

陕西师范大学出版总社

图书代号 ZZ23N1887

图书在版编目(CIP)数据

教育供给侧改革的理论问题和制度保障研究 / 张旸著. —
西安：陕西师范大学出版总社有限公司,2023.10
ISBN 978-7-5695-3955-4

Ⅰ.①教… Ⅱ.①张… Ⅲ.①教育改革—研究—中国
Ⅳ.①G521

中国国家版本馆 CIP 数据核字(2023)第 210435 号

教育供给侧改革的理论问题和制度保障研究
张 旸 著

责任编辑	钱 栩	
责任校对	张俊胜	
封面设计	金定华	
出版发行	陕西师范大学出版总社	
	(西安市长安南路 199 号　邮编 710062)	
网　　址	http://www.snupg.com	
印　　刷	西安报业传媒集团	
开　　本	787mm×1092mm　1/16	
印　　张	18.75	
字　　数	365 千	
版　　次	2023 年 10 月第 1 版	
印　　次	2023 年 10 月第 1 次印刷	
书　　号	ISBN 978-7-5695-3955-4	
定　　价	79.00 元	

读者购书、书店添货或发现印装质量问题,请与本社高等教育出版中心联系。
电话:(029)85303622(传真)　85307864

前言

    2015 年,面对国内消费者舍近求远在国外"爆买""扫货"现象背后所体现出的生产和消费、供给与需求方面的结构性矛盾,习近平同志进一步提出要加强"供给侧结构性改革",试图从侧重需求侧管理转为侧重供给侧管理。与经济领域相类似,教育界"低龄留学""在家教育""厌学""减负顽疾"等价值危机依然挥之不去,也无不体现出教育领域内供给和需求的矛盾。

    我国各级各类教育取得了巨大的成就,但在建设教育强国和高质量教育体系的新要求下,教育界依然存在着人们对公平而有质量、综合又多样的教育需求与教育供给不尽如人意之间的矛盾。教育供需错配、结构失衡、供给品质有待提升等教育困境只靠需求侧管理难以化解,还要从教育供给侧入手来真正满足民众多样化的教育需求。本研究借鉴经济供给侧结构性改革所蕴藏的哲学思维变革,基于教育的独特性和教育学界原有对教育供求及其关系方面的研究,在深入研究教育供给侧改革的有关理论问题的基础上,针对教育在供求方面所展现出的问题和困境,从供给侧的视角为政府和学校超越这些困境提供理念支撑、政策建议和实践策略。

    本研究以马克思主义价值理论、公共产品理论、社会公正理论、制度变迁理论和治理理论为基础,从多学科交叉的视角,运用文献分析、政策分析、案例分析等研究方法,将研究内容聚焦到两大部分:第一部分明确界定供给与需求、教育供给与需求、教育供给侧改革等概念,对教育供给侧改革涉及的相关核心问题如教育价值、教育制度等进行分析探究,明确教育供给侧和教育价值实现以及教育制度保障之间的关系,夯实理论研究。第二部分从教育供给侧改革的角度,分析教育改革中的重点难点和现实困境,深入剖析产生原因,并为各主体化解困境提供总体思路;把握不同阶段教育供给侧改革及其制度保障的突出问题,有侧重地推进各阶段和类型教育供给侧改革进程。

供给和需求本来就是一个硬币的两面,永远处于关联之中。教育供给指在一定时间和空间条件下,为满足国家、社会和个人发展的需求,政府、社会和学校等相关主体在为教育的发展提供理念、制度、人财物等保障的同时,以学校教育为核心的各级各类教育机构愿意并能够提供的教育机会、过程和结果。教育需求是一定教育供给禀赋下,各主体愿意并且对教育有支付能力的需求,既包括个体对教育机会、过程和结果的需求,学校对教育资源、制度、理念等的需求,也包括国家和社会对教育产品(人才、技术等)的需求。教育供给侧改革,指在一定时间和空间条件下,在了解需求主体真实、有效、合理的教育需求基础上,依托资源分配方式、教育治理方式等制度性变革,通过清理落后无效的教育供给和调整教育供给结构来解决教育有效供给不足、供给结构与需求不匹配等主要矛盾,进一步合理划分不同供给主体的责任边界,激发供给活力,完善教育管理体制和办学体制,明晰经济社会发展所引发的教育需求内容和层次的变化,注重学校的特色化发展和教师队伍建设,促进学生健康、自由而全面的发展,进而实现"办人民满意的教育"的供给目标。教育供给侧改革不仅能够满足各类主体对教育的需求,进而保持教育需求和供给之间的动态相对平衡,而且可以基于"新供给创造新需求"的理念来引领教育需求向合理本真的方向发展。

教育供给是教育价值实现的基础性条件,教育供给侧改革从本质上来说就在探索如何更好地实现教育活动本身的价值以及培养人这一根本价值。为了更好地推动教育供给侧改革,实现教育价值,必须建立教育学立场的制度保障。制度保障本身作为一种价值规范，能够倒逼教育活动形成良好的价值秩序。从这个层面来说，教育价值实现与教育供给侧改革是目的与手段的统一，教育供给侧改革是推动教育价值实现的加速器。各级各类教育由于各自的价值和功能、历史变迁的境况、现实发展的基础等有所不同，因此其供给变迁的历史和逻辑、供给的优势和问题、供给侧改革的思路以及制度供给的重点有所差异，这是必须尊重的事实。学前教育供给侧改革的重点是协调各类供给主体的力量和责任，满足人民对普惠性幼儿园在数量和质量上的需求，呵护儿童的童心和求知欲。义务教育供给侧改革的重点在于作为教育公共产品供给的核心主体的政府加快推进义务教育优质均衡发展，作为主要供给阵地的学校真正担当起立德树人的责任，为学生奠定多样化发展的基础。普通高中教育供给侧改革的重点在于构建灵活多样的普通高中教育体系，推动普通高中多样化有特色的发展，助力学生身心健康且持续的发展。职业教育供给侧改革的重点在于基于质量发展提升职业教育的吸引力和服务区域经济等综合发展的供给能力。高等教育供给侧改革的重点在于扩大办学自主权和坚持创新驱动，建立现代大学制度，提升治理体系和治理能力。

当然，由于历史、国情、文化等因素的共同作用，各级各类学校教育在供给侧改革方面又存在着很大的共性，各级各类学校教育的所有活动都应该围绕立德树人而开展。培育全面发展、思维活跃、解决问题和创新能力强、具有持续学习能力和鲜明发展特色的时代新人，是所有教育需要共同承担的使命，各级各类教育缺一不可。各级各类政府是教育供给侧改革的核心主体，供给经费的落实和提高、供给结构的调整和完善、供给制度的健全和落实，甚至供给理念的变革和转变，其他供给主体责权利的划分和明确，都需要各级各类政府不断提升治理的水平和能力，真正担当起服务型政府的职责。学校是育人的场所，绝对不是相关利益者争权夺利的利益场。学校作为育人的主阵地，在教育供给侧改革中担负着非常重要的责任。"一个好的校长就是一所好的学校。"无论境遇多么复杂而无奈，卓越的校长都应尽力凭借自己的魄力和智慧,引领学校走在改革前沿,不断增强学校立德树人的价值,为学生健康全面、多样特色的发展创造良好的环境。教师作为学校教育供给的主要主体,推动教育供给侧改革责无旁贷。尊重每一位学生,呵护和培育学生的好奇心和求知欲,发现学生的闪光点、挖掘学生的潜能,积极阳光地潜心育人、科学温暖地因材施教,应该是每位教师义不容辞的责任,也是每位教师职业幸福的源泉。

所有教育供给侧改革的主体都不可能生活在真空之中,且都具有各自需要和追求的利益,也会面临很多客观的障碍和矛盾。但是,既然人具有创造创新的潜质和能力,那么在教育改革攻坚克难的时代,每一个教育供给侧改革的主体,都应该努力超越自己,克服"剧场效应",成为抵抗"内卷"和拒绝"躺平"的核心力量。为了教育的高质量内涵式发展,为了满足对本真育人的需求,需要作为相对供给方的政府和学校,形成供给侧改革的合力,尽可能满足人民对教育的合理需求。与此同时,用新供给创造新需求的魄力和能力,推动教育不断向前发展。

目　　录

绪　论

一、问题提出

（一）教育价值危机：供需矛盾的凸显

1. 经济社会发展结构的改变对教育的冲击

党的十八大前后，我国宏观经济步入"新常态"，在经济下行压力和社会矛盾增加下，为了跨越"中等收入陷阱"和克服人口红利消失等经济发展的不利因素，国家领导人提出以供给侧改革推动要素升级和创新驱动的经济转型要求。近年来，我国经济发展的新旧动能转换不断加快，但其发展压力尚未得到缓解，仍处于推动和实现经济转型的过程当中，面临着向新的现代化和更加开放的社会转型的发展困境。在经济社会转型升级的宏观背景下，教育受到来自外部发展环境的不断冲击，其变革和转型要求也更为迫切。一方面，随着经济社会的不断发展和社会结构的升级转型，各阶段教育普及速度加快，在"有学上"的需求得到基本满足的前提下，人们对"上好学"的需求日益增长，对公平而有质量的教育以及多样化、个性化学习和发展的需求更加强烈，教育供给对社会、国家、人民优质多元的教育需求的迟滞性更为突出，出现由高端教育供给不足导致的需求外溢、学校教学改革进展缓慢导致的学生满意度较低等现状。此外，经济升级转型意味着我国已经进入从引进、消化和吸收国外先进科学技术的跟跑转向以自主创新为主的并跑和领跑，需要大批具有创新精神和锐意进取的新型人才。与此相对，基础教育按部就班的人才培养还很难逃出应试教育的窠臼，高等教育在基础研究、科学成果转化、对接企业发展转型等方面还不能很好地适应和引领技术创新与社会经济发展的需要，研究型大学尚且不能发挥科研服务社会的功能，应用型大学也不能提供复合型技术人才。

2. 以供需矛盾为核心的教育价值危机凸显

教育价值危机是教育主体对教育和自身不能满足其需求的意识状态和存在方式。它不仅指教育活动及其结果不能满足教育主体的缺乏性需求和教育主体对教育的要求性需求不能在教育中实现,而且指教育主体不能满足自身及其社会的需求。可以说,教育价值危机集中表现为教育供需矛盾凸显这一教育实际样态。近年来,"低龄留学""在家教育""厌学弃考""毕业即失业"现象时有发生,甚至愈演愈烈,在一定层面体现出学校教育作为教育供给主体之一,不能很好地满足人民对公平、优质、卓越和功用教育的多样化需求。义务教育"择校热",应试教育挥之不去,素质教育、创新教育裹足不前,高中教育多样化发展阻碍重重,高等教育人才培养的类型、层次结构供给上的不合理以及专业设置重复无特色"冷热不均"等问题引发的"用工荒"与"就业难"、学历贬值的高等教育供需错配等现象,也在一定程度上与教育的供给侧有着非常密切的关系。当然,人们对教育的每一种需求不一定都合理,而且人们对教育的需求会随着社会条件和理念的改变而产生出新的需求,但不能较好地满足人们不断产生的合理的对教育的需求的确是教育价值危机的重要体现。教育价值危机不仅表现为国家、政府和中小学校的供给与个人需要的错位,还表现为教育供给不能很好地满足国家和社会对教育的需求。总体上,一直以来教育为国家和社会输送了许多非常优秀的人才,也满足了家长和学生的某些方面的需要。然而,随着经济社会转型冲击所带来的教育需要的发展和变化,供求矛盾基础上的教育价值危机不断凸显,"钱学森之问"带给我们对学校教育困境和问题的思考依然没有结束。

(二)教育供给侧改革:困境的化解和出路

1. 侧重需求侧管理的教育供给成就与现实危机并存

教育供给与需求相互制约、相互影响,可以选择侧重从供给侧或需求侧的不同切入口来推进教育的发展。在教育发展的初期阶段,往往以侧重需求侧的管理作为促进教育发展和变革的手段,倾向于通过刺激和扩大教育需求发展教育。例如,在义务教育发展的普及化阶段,通过扩大学校规模和数量来容纳更多的适龄儿童。同样,在高等教育大众化过程中,面对高等教育有效需求不足的情况,政府以需求侧管理的思路来促进高等教育发展,采取加大政府补贴、扩大学校招生数量等方式刺激和拉动高等教育需求,从而不断扩大高等教育数量和规模。在特定历史时期下,需求侧管理促进了我国教育的迅速发展,义务教育普及率大幅度提高,转入"控辍保学"的新任务,高等教育供给也初步满足了国家发展对高层次人才的需求以及更多个体接受高等教育的需求,与当时的经济社会发展相适应。但实践证明,只从需求侧发力推进教育改革难以真正满足民众多样化的教育需求。随着经济社会的发展,需求主体更加多元,需求的内容也更加复杂,教育作为长周期的实践活动,需求侧变革作为短期调控策略难以适应教育长期发展的变化需求,在解决了"有没有"的问题的同时,难以应对"好不好"的问题。学前教育"入园难""入园贵"就是该问题的真实写照,"择校热"也深刻地反映出需求侧管理造成的义务教育发展过程中的不均衡,尤其是教学质量上的校际差距。对高等教育而言,由于需求侧管理是通过消费带动需求,重视高等教育投入的规模效应而不关注学校办学效益,重视提高学校层次而不重视人才培养质量,出现了大学生毕业难、高等教育办学千篇一律、学科专业结构同质化等问题,也显示出需求侧管理在面临高等教育有效供给不足、供需错配、办学效益和育人质量低等现实危机时的后继乏力。需求侧管理也难以解决职业教育备受冷落的尴尬地位。

2. 以教育供给侧改革化解困境

国家大计,教育为本。面对经济社会的结构调整和转型带给教育的挑战和机遇,不能较好地满足个人和社会日益增长的对求知、发展、优质、创新等需求的教育,侧重教育需求侧的调整已难以担负重任,必须首先从教育供给侧方面做出调整和革新,才能以新的外部环境为契机,寻求其变革和超越供需困境的出路,使得教育从此凤凰涅槃而获得新生,从而更好地满足社会和个人日益增长的对教育更高层次且多样化的需要,促进"办人民满意的教育"愿望早日实现。从教育的长期发展来看,供给侧(供给要素、人才培养、治理结构等)才是制约教育发展的主要因素,与需求侧短期框架下刺激消费的方式不同,供给侧注重从问题的根源出发,通过提升人才质量、结构优化升级等方式来推动内涵式发展。[①] 这就需要我们从解决制约内涵式发展转变的关键——供给侧出发,为教育的长期发展带来新的生机与活力。

教育的很多问题和困境都可以从供给侧改革破冰,如乡村教师问题、义务

---

① 朱玉成. 政府职能转变视角下的高等教育供给侧改革[J]. 高等教育研究,2016,37(8):16 – 21.

教育"择校热"、教育反腐、学生自主学习精神不足及创新素养不高等。义务教育供给侧改革需要各类主体进一步从供给侧发力,优化教育资源配置,进而提供更加优质公平的教育服务,更好地满足人们多样化的义务教育需求。就目前高等教育内涵式发展现状而言,从供给理念到资源配置、制度体制的各方面都还存在制约,需要以供给侧改革为突破口来解除教育的供给束缚。教育的供求主体关系是非常复杂的,涉及多方复杂利益的协调和博弈,往往一些主体既是供给方,又是需求方。针对个人、国家和社会对教育的需求,教育无疑是供给方,但针对教育的创办和运作,国家、社会或个人都是供给方。那么,解决教育困境的出路不仅依赖于学校主体在担当质量提升和结构调整中的勇气、魄力和能力,更依赖于国家主体在经费保障机制、资源配置模式和利益结构调整方面的胸怀、决心和能力。从教育供给实践来看,政府作为最核心的供给主体和教育实际运作的规划者、协调者,在很大程度上决定着教育供给侧改革的方向和前景,因此必须以大毅力和大决心来攻坚克难,做好资源配置、制度保障等核心工作,建设好供给侧改革这一重要抓手。

二、文献综述

"供给侧"和"需求侧"既像一个硬币不可分离的两个面,又像电池不可拆分的正负两极,是经济学研究中的传统内容和核心板块。但是,这不可分离、不可拆分的两极却可以在不同国家的不同经济发展阶段作为政府干预经济的手段被政府有侧重点地进行评判和选择。教育作为奠基工程,研究者可以基于教育经济学、政治经济学的视角对其供给和需求的问题和困境进行分析和研究,并且正如供给和需求一直以来是经济学的核心内容一样,教育的供给和需求问题一直以来是教育经济学的重要研究领域。

(一)有关教育供给、需求及其关系的研究

1.有关教育供给的研究

从供给要件来看,现有研究大都是基于政府主体对教育供给的研究。他们将政府作为毋庸置疑的供给主体,供给内容一方面涉及教育资源的供给,包括政府对教育的经费供给、教育的师资供给和设施设备的供给,另一方面是学校的人才供给。此外,针对教育供给运行的过程,一些学者较为关注教育供给机

制或模式、供给制度、有效供给、供给效率与供给公平等内容。如对供给机制研究中,吕普生认为我国义务教育供给模式的整体构想包括三个层面:一是对顶层规则的选择,即指导整体设计的价值目标与战略方针;二是依据顶层规则进行的整体设计,可以概括为政府主导型复合供给模式;三是在既定规则和约束条件之下的策略选择或者说实现路径,即不同地区对供给机制的具体选择与复合方式。① 程瑜认为,解决我国基础教育供给效率和社会公平的根本出路在于具体区分不同教育类型的公共程度,合理调整基础教育中的"公"与"私"的技术选择和制度安排,完善我国的基础教育供给制度。② 吴宏超从义务教育的视角出发,认为义务教育供给面临的主要问题是有效供给不足。因此,要从扩大义务教育的有效供给入手,缓解义务教育的供需矛盾,促进义务教育的稳步向前发展。③ 而在有关基于教育供给的国外借鉴研究方面,倪琳等指出:"国际实践表明,教育服务合约供给模式能缓解公共支出压力,全面提升教育质量,改善教育公平。我国应以社会公益性为基点,依地区教育发展状况选择教育服务合约供给模式,并严格规范选择私人伙伴。"④

以上对教育供给的研究主要是在中央高层提出供给侧改革之前,虽然在一定程度触及了教育供给的一些问题,也为本研究奠定了一定的基础,但是对教育供给的研究还基本停留在政府的资源供给层面,没有基于教育的立场从更为深刻的层面来反思政府供给背后的供给理念,也没有对不同层次政府的供给差异进行分析。从学校角度的供给研究也仅限于人才供给的浅显分析,缺少从学校供给的理念、责任、问题和出路,以及学校供给结构性改革及其质量提升的价值和路径等全方位研究。

2. 有关教育需求的研究

从需求主体而言,绝大部分研究都把教育作为供给侧(包括政府供给及学校供给)来研究家长、学生的教育需求及其有关问题。例如,袁桂林提出,教育

---

① 吕普生. 政府主导型复合供给:中国义务教育供给模式整体构想[J]. 中国行政管理, 2017(1):102 - 108.

② 程瑜. 我国基础教育供给制度的现状分析及制度设计[J]. 经济研究参考,2003(64): 29 - 32,41.

③ 吴宏超. 我国义务教育有效供给研究[D]. 武汉:华中师范大学,2007.

④ 倪琳,唐祥来. 基础教育服务合约供给模式的国际实践及启示[J]. 外国教育研究, 2014,41(6):50 - 58.

需求对促进农村教育事业的发展起到了强大的推动作用,城市化进程和新农村建设的推进使得农民对义务教育的需求发生转变,传统的教育观念已经不适应当下的发展,家长在条件允许的前提下,希望能选择条件更好的学校。① 于是,出现舍弃需求或者需求迁移的情况。国家在农村义务教育管理体制、经费保障机制和教师队伍建设以及农村义务教育阶段学生营养餐计划等方面所做的努力也大大促进了农村教育的发展,有些举措在国际上也是领先的。但是,仍然存在着农村教育底子薄问题没有得到有效解决、政府间博弈牺牲农民利益、教育资源初次配置的合理性没有得到充分重视等问题。

3. 有关教育供给和需求关系的研究

供给和需求本来就是一个硬币的两面,永远处于关联之中。大多数关于教育供给和需求的界定实际上只关注到教育机会的供给与需求,即"发生在教育过程的起点的教育供求"②,如将教育需求界定为主体对教育机会有支付能力的需要,教育供给是由各级各类教育机构提供给学生的受教育机会③。但这种从教育起点的供求研究忽视了教育投资等对教育的供给与学校需求这一对供需关系。从对以上研究的分析可以看出,对于教育供给侧改革的研究是一个非常复杂的问题,因为供给方和需求方不仅是相对的,而且在不同的情境之下是变化的。事实上,供求关系存在于整个教育过程当中,从教育投资环节和教育机会分配环节到人才培养再到进入人才市场,整个过程当中都存在着针对不同内容和不同主体间的供求关系。相对于家庭和个体接受教育,政府、学校等既是教育的供给方,但也存在着国家政府和社会对教育的需求。而且,对于学校的发展需求来说,国家和市场既是供给方也是需求方。所以,本研究也有一个较为艰巨的理论任务,即基于哲学、经济学、教育学等多学科的视野,从教育哲学维度出发在供给和需求的复杂关系中研究教育供给侧改革的相关理论问题。

教育供给与教育需求的紧密关系毋庸置疑,但对于二者谁处于决定地位一直有争议,学者对供求之间的矛盾研究较多,事实上还受一定历史环境和客观条件等现实因素影响。总体上,教育供给和教育需求都是影响教育供需均衡的

---

① 袁桂林.农村基础教育发展的需求、推力与阻力[J].华南师范大学学报(社会科学版),2013(1):22–25,157.

② 吴克明.教育供求新探[J].教育与经济,2001(3):52–55.

③ 范先佐.教育经济学[M].北京:中国人民大学出版社,2008:128,133.

重要方面,但当下教育矛盾的主要方面,是有效供给不足而非有效需求不足导致的教育难题。当然,教育需求也是供需矛盾解决的一个方面,叶庆娜提出"教育供求矛盾的解决也需唤起对教育需求的重视"①。教育供求矛盾一直是教育发展需要解决的一大难题,需求的无限性与资源有限和供给水平限制之间的矛盾始终贯穿在教育发展过程之中。供需平衡是一种理想状态,教育供给与教育需求处于动态平衡当中,只在有限的状态下才可能出现平衡。朱静指出"教育供求总是处在不均衡—调整—均衡—不均衡—再调整的动态之中"②。国外对教育供给与需求的研究偏向对具体教育事件的分析。Ghignoni 等研究了供给和需求对教育资格不匹配的关系,证实了需求因素通常在减少技术较发达国家的教育不匹配方面起主要作用,而供给因素在国际分工中落后的国家更为重要。③这有力地证明了我国教育需要从供给侧发力。

(二)有关教育供给侧改革的研究

1.有关供给侧改革的研究

2015 年 11 月 10 日,习近平同志在中央财政领导小组会议上,首次提出"在适度扩大总需求的同时,着力加强供给侧结构性改革,着力提高供给体系质量和效率"。15 日,在二十国集团(G20)领导人峰会上,习近平同志又重申供给侧和需求侧的共同协同发力。17 日,李克强同志在"十三五"规划纲要编制工作会议上强调,"要从供给侧和需求侧两端发力促进产业迈向中高端"。18 日,习近平同志在亚太经合组织(APEC)工商领导人峰会上再次确认,"要解决世界经济深层次问题,单纯靠货币刺激政策是不够的,必须下决心在推进经济结构性改革方面做更大努力,使供给体系更适应需求结构的变化"。至此,供给侧改革进入公众视野,同时成为相关领域研究的热点问题。研究者对供给侧改革的研究多从其社会经济背景的动因、内涵定义、改革内容和可能路径等入手。

---

① 叶庆娜. 重视教育需求:供给侧结构性改革背景下教育供求矛盾的破解[J]. 教育发展研究,2019,39(17):65 - 71.

② 朱静. 试论办学体制与教育供求的关系[J]. 教育与经济,2001(1):49 - 51,34.

③ GHIGNONI E,VERASHCHAGINA A. Educational qualifications mismatch in Europe. Is it demand or supply driven? [J]. Journal of comparative eonomics,2014,42(3):670 - 692.

　　吴敬琏指出我国经济面临着"三期叠加"和"四降一升"的严峻挑战[①]，依靠人口红利、效率提高、技术引入等驱动因素已经很难继续刺激经济增长，中国经济只有实现经济发展方式的转型，才可能走出经济困境。对于供给侧改革的内涵，学者从供给侧改革的环境机制、独特性、包含内容、目的等不同角度来阐述，如贾康以"解放生产力"为供给侧改革的内涵[②]，李佐军以"制度矛盾影响和制约下的结构性问题为目标"[③]做具体解释，但总体上都确认了如扩大有效供给、完善生产要素供给、优化供给结构的应有之义。"供给侧"和"需求侧"是政府调整经济发展的重要抓手。供给侧，即生产侧，主要包括劳动、资本、土地、资源、技术等生产要素，在充分配置条件下所实现的增长率即中长期潜在经济增长率。需求侧，一般指消费、投资、出口等方面需求，决定短期经济增长率。而供给侧改革，更多地考虑如何实现资源的有效配置、可持续的生产率提高和技术进步，是更长期性的政策。供给侧改革，实质上是在扩大总需求的基础上，以结构性调整和动力升级为主要内容的供给质量提升的整体性变革。具体来看，供给侧改革必须盘活各生产要素，以体制机制改革为动力和引擎，在处理好供给主体关系的基础上优化资源配置。关于供给侧改革的重难点，吴敬琏认为，转变经济增长方式需要克服体制性障碍的同时，在稳住大局、保证不出现体制性风险的前提下，把主要的精力放在推进改革上。黄益平认为，中国需要更强的顶层协调来推进改革。厉以宁认为，供给方面的调控重点在于包括产业、技术政策和资源配置方面的经济结构调整，需要以定向调控、扶持短板行业、发展新产品等突破障碍。

　　综上所述，有关对供给侧改革的研究大都注重从我国经济面临的供需错配等问题出发，并对我国原有的经济政策进行反思，从供给和需求的复杂关系出发，认可并论证政府对供给侧结构的改革。这里值得注意的一点是，很多学者在谈到供给侧改革的因素时，都谈到了教育在提升人力资源供给和提高劳动者素养的重要性。可见，对教育供给侧的研究是非常必要的。

---

① 吴敬琏，等.供给侧改革：经济转型重塑中国布局[M].北京：中国文史出版社，2016：20.

② 贾康.供给侧改革的核心内涵是解放生产力[J].中国经济周刊，2015(49)：78－79.

③ 李佐军.与供给侧改革相关的几个基本知识点[J].唯实(现代管理)，2016(3)：18－19.

2. 有关教育供给侧改革的研究

在中国知网以"教育"并"供给侧"为关键词检索篇名,可以发现研究高等教育以及职业教育的供给侧改革文献较多,具体涉及高校的思想政治教育、创新创业教育、人才培养、教师教育、研究生教育等,如朱永新对教师培养的体系、课程、队伍建设和选拔培训等发展问题提出供给侧思路和建议①。也有一些论文从一般角度研究了教育供给侧改革的价值、教育供给侧改革与经济界中的供给侧改革的区别、教育供给侧改革的内涵及要处理的关系、教育供给侧改革的策略等问题。

(1)确认教育供给侧研究的价值和意义

教育供给侧改革是供给侧改革的重要领域,在供给侧改革的文献中,很多学者都提到了教育的助推作用,指出了其改革的必要性或价值。2016 年 1 月 20 日《经济日报》第 10 版发表的《激活教育消费更需从供给侧入手》认为,教育作为民生领域的重中之重,也存在着与经济领域类似的供需不平衡问题,当前我国教育产业缺少的是有效的、优质的教育资源供给。教育供给侧改革首先是解决教育发展困境的需求。熊丙奇提出供给侧改革是解决教育老大难问题的根本途径②,李奕则认为这对解决教育均衡、效率与质量问题以及各主体的复杂需求与社会现实等问题起着关键作用③。从教育的对外功能角度来看,教育供给侧改革能够更好地促进和服务经济社会发展和满足民众需求升级,如邹平提出教育供给侧改革对全要素生产率提升、阻断贫困代际传递、维护社会稳定有重要意义④。

(2)教育供给侧改革与供给侧改革的区别与联系

毫无疑问,教育的供给侧改革是对供给侧改革和宏观经济发展现状的教育领域回应,但同时也是教育自身发展困境的必然要求。教育领域的供给问题早已存在,供给侧政策也已有意向,但教育供给侧改革必须采取一般与特殊相结合的策略。虽然一些学者借鉴经济学界对供给侧改革的强调,认为教育供给侧的改革对提高教育质量、实现满足多元需要的有效供给等方面具有重大意义。

① 朱永新.关于教师教育供给侧改革问题的几点看法[J].中国教师,2016(20):17-20.
② 熊丙奇.教育老大难问题要从供给侧破冰[N].中国教育报,2016-03-04(2).
③ 李奕.教育改革,"供给侧"是关键[N].人民日报,2016-01-14(18).
④ 邹平.云南教育供给结构性改革的若干思考[J].教育研究,2016,37(11):150-155.

但是,大部分学者都认为教育活动有别于经济活动,二者供给侧的改革也是有本质区别的。如刘云生指出,教育领域的供给侧改革与经济供给侧改革存在实质上的区分,其改革的目的、性质以及遵循的逻辑都不同,教育供给侧改革要更加注重公平和政府的主导作用,遵循教育自身逻辑的同时以人的健康发展为目标。①

(3)教育供给侧改革的问题与出路

对教育供给侧改革存在问题的确认及化解出路的思考是从整体上思考教育供给侧的重要议题,周海涛等提出,教育供给侧改革要以问题为导向,重点解决和调整供给的有效性与教育需求和教育质量、改革目的和手段的协调等关系的问题。② 张国霖认为,处理好政府和市场的关系是教育领域内供给侧改革的关键。③ 刘云生从制度供给的角度,指出教育要以因应、推动、协同三策来应对经济供给侧改革。④ 也有学者认为,推进教育供给侧结构性改革是教育持续发展的重要途径,要坚持问题导向,改革完善教育评价制度,以科学方式增加教育的有效供给,确保合理的教育供给结构,提高教育供给质量,改善教育供给方式和供给环境。

从以上对有关教育供给侧文献的分析,朱永新和熊丙奇最先确认了教育供给侧改革的重要意义和价值,而后一些学者逐渐对教育供给侧进行分析和研究。但是,对教育供给侧改革的研究才刚开始,因此对教育供给侧改革的研究大都采用了问题导向的立场,对教育供给侧问题认知及出路的思考更多从某一具体问题出发,分析比较零散,还不能对教育供给侧改革的基本理论问题以及在此基础上的制度保障的前因后果进行深入全面的研究,缺乏对教育供给侧改革相关理论及其制度实践的系统和整体把握,本研究的目的便是试图完成这项使命。

3. 有关各级各类教育供给侧改革的研究

(1)有关学前教育供给侧改革的研究

对学前教育供给侧改革的研究主要集中于学前教育供给制度、供给效率、

---

① 刘云生.供给侧结构性改革:教育怎么办?〔J〕.教育发展研究,2016,36(3):1-7.
② 周海涛,朱玉成.教育领域供给侧改革的几个关系〔J〕.教育研究,2016,37(12):30-34.
③ 张国霖.教育的供给侧改革问题〔J〕.基础教育,2016,13(1):1.
④ 刘云生.供给侧结构性改革:教育怎么办?〔J〕.教育发展研究,2016,36(3):1-7.

资源供给的研究,既有对总体学前教育资源供给状况的相关分析,也有从更具体的财政投入、师资供给方面来研究学前教育供给的某个重要方面。袁媛等根据社会定位与供给制度的关系,将学前教育划分为社会福利属性下多元参与的分散供给、产业属性下市场化供给、公益普惠属性下社会参与的供给三个阶段。① 朱莉雅等从供给主体切入,在分析学前教育"一主多元"的供给机制困境及原因的基础上,提出突出政府供给的首要地位、加强对市场供给的调控与指导、发挥自愿组织作用及创新完善多元合作供给机制的具体举措。② 面对学前教育资源供给不足的现状,为了同时关注资源配置公平和利用效率,左崇良提出要完善学前教育政策体系,坚持政府主导下多元化供给机制,促进城乡学前教育均衡发展,强化弱势幼儿扶持③。侯雨彤研究了包括资源共享与统筹机制、质量监管与保障机制、目标与沟通机制、激励机制、公益与普惠机制、竞争机制在内的集团化幼儿园运行机制。④ 赖昀等针对调查发现的教师质量和结构问题提出,应拓宽学前教育教师资源的补充渠道,采用多途径提高农村学前教育师资质量,增强相关主体对学前教育的正确认识,构建学前教育高效循环监督机制。⑤ 郑益乐提出"全面二孩"政策对学前教育资源供给(包括供给规模、教育经费、师资供给)都有显著影响,需要加强对出生人口的动态监测,坚持扩总量、调结构与促均衡的有机统一,强化公共财政对学前教育资源的支持力度,以实现平稳、科学的学前教育资源供给。⑥ 当然,也有学者对学前教育需求相关内容做了研究,在提升供给质量等的同时,要注重家长作为消费者的教育需求。王叶通过对河南省 A 镇学前教育机构的抽样调查,发现家长对不同内容、不同性质学前教育的满意度不同,不同背景家长对学前教育供给的满意度存在差异等

---

① 袁媛,杨卫安. 新中国成立 70 年学前教育的社会属性定位与供给制度变迁[J]. 教育学术月刊,2019(10):43-49.

② 朱莉雅,唐爱民. 我国学前教育"一主多元"供给机制的运行困境及其优化[J]. 当代教育论坛,2020(3):12-19.

③ 左崇良. 基于教育公平的学前教育供给效率研究[J]. 特立学刊,2020(1):11-18.

④ 侯雨彤. 集团化幼儿园发展模式与运行现状研究:以辽宁省为例[D]. 沈阳:沈阳师范大学,2014.

⑤ 赖昀,薛肖飞,杨如安. 农村地区学前教育教师资源配置问题与优化路径:基于陕西省 X 市农村学前教师资源现状的调查分析[J]. 教育研究,2015,36(3):103-111.

⑥ 郑益乐. "全面二孩"政策对我国学前教育资源供给的影响及建议:兼论我国学前教育资源供给的现状与前景展望[J]. 教育科学,2016,32(3):83-89.

学前教育需求现状。①

（2）有关义务教育供给侧改革的研究

首先，从供需关系视角来看，通过对已有文献的整理发现，对义务教育供给问题的研究没有切实地关注受教育者的真实需要，更多的是强调以政府为主导的供给主体的供给责任，没有给予家长和学生更多的话语权，极易产生无效供给，导致教育资源的浪费。因此，对教育供给侧改革的研究复杂而必要，供给方和需求方不仅是相对的，而且在不同的情境之下是可以转化的。从适龄儿童接受义务教育的视角来看，政府和学校是教育的供给方，但从国家和社会的长远发展对人才的需求来看，政府和社会又变成了需求方。这就需要从政府与市场、社会关系的视角来把握义务教育的供给，处理好各主体间的关系。因此，如何在供给与需求的复杂关系中探索义务教育供给侧改革的思路是本研究的一个重点也是难点问题。其次，从学科视角来看，义务教育供给的传统研究大多来自单一学科，本研究将试图从教育学、教育经济学、社会学、政策学多学科交叉的视角，对义务教育供给侧改革的价值与思路进行探究。最后，从总的研究视角来看，宏观研究较多，微观研究较少。学者大多从宏观层面对整个义务教育供给现状进行探讨，极少从微观视角对义务教育供给的各构成要素进行研究，缺乏一定的视域广度。本研究致力于从经验层面论证纯公共产品的适切供给方式，以供给方式和供给绩效之间的关系为主线，从具体的维度入手，分析现阶段义务教育供给侧改革的价值与思路，为今后我国义务教育供给侧改革的走向提供参考建议。

（3）有关高等教育供给侧改革的研究

从研究对象的选择来看，高等教育供给侧改革对本科、研究生教育均有所涉及，但更集中于本科层次，也有学者研究了高等教育与职业教育的结合体——高等职业教育的供给侧改革，还有就省域内地方高校探讨高等教育供给侧改革的，如刘思含、赵哲、王颖等。具体研究内容上涉及范围较广，包括体制机制、人才培养、课程专业设置、科研等方面。除此之外，有对高等教育教材的供给侧改革的探索，对慕课形式、机制、理念的供给侧改革探索。从研究方法上来看，实证研究较少，缺少以定性与定量相统一的综合性研究。其中也有个别

---

① 王叶. 农村学前教育家长满意度调查研究［D］. 金华:浙江师范大学,2012.

案例研究的形式,如田虎伟等探究了地方本科的专业结构优化问题及改革路径①。高等教育供给侧改革是外部经济社会变革推动和内部发展要求驱动下以供给侧为突破口,通过优化资源配置和调整供给结构,从理念、资源、制度等方面推动高等教育发展的全方位变革。高等教育供给侧改革涉及理念塑造、制度创新、人财物优化供给等多个关键节点,与政府、社会、学校等供给主体的作为息息相关,政府在高等教育供给侧改革中的责任和主导地位更为突出。

学者们在思考和分析高等教育供给侧改革时基本从以下几个基本点切入:第一,以高等教育供给结构的调整为重点,在数量和规模问题之外,更重视发展中的结构性不匹配问题。几乎所有学者都对结构问题有所分析,可见供给的结构调整是结构性改革内含的基本要素,如陈正权等提出优化高等教育内部专业结构、人才结构以及外部分布、层次等结构是高等教育改革的基础②。第二,对高等教育供给过程中可能涉及的内外权力和利益主体的关系进行探索和分析,重视高等教育治理体系变革。高等教育供给侧改革首先要理顺高等教育供给主体——政府、学校、社会的关系,以制度供给和创新为抓手推动政府主动放权和赋权,学校合理用权以及社会参与督权。石火学等提出健全关于“中央—地方—高校”的对话和反馈渠道③,武毅英等认为高等教育供给的主要问题出在供给链条上,尤其在政府政策链、社会支持链以及内部链条关系上还存在制约因素④。第三,以制度创新为高等教育供给侧的动力和保障。高等教育实践活动的一切环节都需要有制度政策的参与来进行规制和落实,何慧星等就提到要以配套的法规制度来推动供给侧改革⑤。第四,以效益和质量提升为改革的核心目标。质量和效益与高等教育要素和结构的调整密切相关,要以人财物的有效供给和制度保障改善办学效益,提升培养质量。⑥ 此外,在理念供给方面,吴向

---

① 田虎伟,宋书中,徐红玉,等.供给侧改革背景下的地方本科院校专业结构优化调整:以河南科技大学为例[J].中国高校科技,2017(9):55-57.

② 陈正权,朱德全.高等教育供给侧结构性改革:目标、内容和路径[J].现代教育管理,2017(2):23-29.

③ 石火学,俞兆达.背景·意涵·路向:高等教育供给侧结构性改革[J].江苏高教,2018(10):23-28.

④ 武毅英,童顺平.高等教育供给侧改革的动因、链条与思路[J].江苏高教,2017(4):1-6.

⑤ 何慧星,张雅旋.高等教育供给侧结构性改革的逻辑、依据与路径[J].现代教育管理,2017(12):40-44.

⑥ 姜朝晖.以供给侧改革引领高等教育发展[J].重庆高教研究,2016,4(1):123-127.

文等提出了普及化、内涵式、建立现代中国大学制度、新型供给体系等供给侧改革的价值取向①,李玉华提出重筑高校格局和重塑大学精神的改革思路②。从现有研究来看,高等教育供给侧改革还需要进一步思考各项改革举措之间的关系,形成供给推动和需求拉动之间的合力。

（4）有关职业教育供给侧改革的研究

有学者认为,供给侧改革强调的激发微观主体创新、创业、创造的潜能为高等教育改革提供了与社会发展相契合的切入点。按照创新创业发展要求,从高等教育供给侧角度出发,在深入分析学风建设、创新创业人才培养和成果转化产学对接的发展格局与实践障碍的基础上,探索推动创新创业的改革路径。也有学者认为,高职教育的供给侧改革,要在市场需求的导向下,把专业建设和结构优化作为提高人才培养质量的改革基础和改革重点,从"需求端"和"供给侧"两方面协调"共振",促进市场需求和人才供给的良性互动。坚持市场导向的原则,克服计划经济的体制桎梏。深化专业供给侧改革,关键是要将专业供给与经济转型升级紧密绑定,真正实现以服务为宗旨、以就业为导向,紧跟市场需求发展变化,做好增量、盘活存量、主动减量,做好专业建设的"加、减、乘、除四则运算",从源头上让专业扎根于产业升级、服务于经济发展。

（三）有关教育价值危机及其发展困境的研究

价值危机与现代社会的转型息息相关,从某种程度上看,人与自然、人与社会、人与自身的现代性危机,都可以归结为人基于自身的理性逻辑和自我意识以"认知主体"对"价值主体"的否定所导致。于翔以马克思、海德格尔、梁漱溟对现代性价值危机的反思进路为视角,提出需要站在马克思主义的价值立场,深刻思考融通各种反思路径,创建当代中国马克思主义价值理论。③ 吴亚林在其博士论文中用一章内容对现代性价值危机进行考察,以哲学生存论的研究路径出发,从人的生存整体上揭示价值的内涵,还总结出我国学校教育中存在的知识教育的价值遮蔽等教育价值梗阻现象。④

---

① 吴向文,王志军.从高等教育发展过程看其供给侧改革价值取向[J].黑龙江高教研究,2018(3):10－13.

② 李玉华.我国高等教育供给侧改革研究[J].教育探索,2016(5):71－76.

③ 于翔.现代性价值危机的反思进路及其视域融通[D].长春:吉林大学,2020.

④ 吴亚林.价值与教育:价值教育基础理论研究[D].武汉:华中师范大学,2006.

教育价值危机是价值危机在教育领域的集中表现,对教育价值危机的研究总体偏少,学者们在对教育价值危机进行整体审视和反思之余,更多以某个具体教育价值危机现象或对某一教育形态的教育价值危机进行分析。教育价值危机实质上是人的主体危机,是一种实践危机。叶澜在接受访谈时曾提出价值观危机是中国教育的根本危机,并以生命发展作为教育的最核心价值。教育价值危机是教育客体属性对教育主体需要满足程度的日益式微,是教育疏离人的需要、相对过度投入、价值制度化日益凸显的结果。① 现代教育的危机本质上是教育的价值危机,当代教育价值失序主要表现为在人与自然、人与社会、人与人的关系维度上教育的工具价值对内在价值的僭越,现实价值对理想价值的放逐。在人与自然的关系维度上,现代教育的价值失序表现为占有式关系取代生存式关系;在人与社会维度上,现代教育的价值失序表现为个体主义的张扬取代"公共善"的价值求索;而在人与其自身的关系维度上,现代人已经失去了其反思能力,存在的整体性已经裂为碎片。② "读书无用论"背后的学校教育价值危机具体表现为弃学下的学校教育价值危机、在学中的学校教育价值危机和教育主体自身需要的价值危机三种方式。③ 高等教育的价值困境集中表现在自主发展与环境要求之间的对抗调试、质量标准与历史积淀之间的矛盾交织、价值选择与行为逻辑之间的被动适应。④ 而公众对职业教育"无用"的质疑则使其出现存在合理性的价值危机。⑤

三、理论基础

(一)马克思主义价值理论

在马克思主义价值哲学进入学者研究视野前,主要流行的价值理论是主观价值理论(如实用主义学派、新托马斯主义),把价值作为人类的一种精神现象;

① 满忠坤.教育价值危机的理性审视[J].教育学术月刊,2012(9):3-6.
② 高伟.现代性背景下当代教育价值批判[J].陕西师范大学学报(哲学社会科学版),2010,39(2):160-167.
③ 张旸.学校教育价值危机的凸显及超越:基于对"读书无用论"的反思[J].中国教育学刊,2013(3):16-19.
④ 盛云,杨连生.高等教育价值困境探微[J].社会科学辑刊,2014(4):60-63.
⑤ 梁卿.职业教育学的双重危机及其应对[J].职教论坛,2018(1):30-36.

还有"实体说"——将价值与价值的客体相等同,认为价值本身是一种独立存在的实体,以及"属性说"——价值是某些主体固有的或表现出来的某种属性,有"客体属性说"和"主体属性说"的区分。此外,较为流行的有"关系说",认为价值是人所特有的一种对象性关系。与上述学说不同,马克思哲学价值理论在承认价值作为一种关系范畴的基础上进一步指出,价值是人类实践活动中所特有的主客体关系这一基础上的基本内容,本质上是客体属性和人的主体尺度的统一。

马克思的价值理论可以分为商品价值理论和哲学价值理论,对二者的关系一直以来学界还存在分歧。部分观点认为,商品价值就是马克思主义哲学意义上的价值,如郝孚逸、郝晓光。程恩富认为,现实经济活动与人的主体性,既属于经济学范畴,又属于哲学范畴。① 何萍认为,在马克思那里,实践的价值创造与资本主义条件下的商品价值的生产是同一回事。② 另有学者认为,二者是普遍与特殊的关系。马克思的经济学价值理论是建立在商品、劳动价值理论等基础上的,哲学的价值概念与政治经济学价值概念存在某种一般和个别的相互联系。此外,还有学者对马克思主义哲学是否有价值理论持怀疑态度,认为马克思只提及使用价值、交换价值,没有普遍意义上对价值的界定,把作为物对人的关系的使用价值作为价值哲学的"一般价值",是马克思所反对和批判的瓦格纳们所奉行的"一般价值定义"和价值哲学。③ 马克思在他的《资本论》中建立的以商品为基础的劳动价值理论体系,因其排除了商品的自然力和社会力,即自然资源和社会资源的价值成分,而表现出与现实社会经济活动不相一致。因此,马克思在《资本论》中建立起来的价值理论体系,与其说是劳动价值论,还不如说是商品价值更为确切。用马克思的商品价值论替代他的劳动价值论,就可以消除劳动价值论历史的局限性。④ 马克思的商品价值理论在其著作中有着很清晰的阐述,"价值的第一个形式是使用价值,是反映个人自然关系的日常用

① 余源培,赵修义,俞吾金,等.关于经济哲学的笔谈[J].中国社会科学,1999(2):78 – 85.

② 何萍.马克思的实践:价值解说[J].学术月刊,2003(5):97 – 102,112.

③ 鲁品越.再论马克思的"价值定义"与马克思主义价值哲学之重建[J].教学与研究,2017(2):16 – 24.

④ 周德海.从劳动价值论到商品价值论:《资本论》价值理论的缺陷与马克思主义价值理论的重建[J].济源职业技术学院学报,2009,8(4):38 – 43.

品;价值的第二个形式是与使用价值并存的交换价值,是个人支配他人的使用价值的权力,是个人的社会关系"①。事实上,马克思劳动价值理论中包含着一般意义上的哲学价值理论,它对商品价值和人的全面发展学说中人的价值的论述都内含着哲学的价值理论。马克思经济学的价值概念是为了揭示商品交换的秘密,澄明物物交换背后的人与人之间的劳动交换关系;哲学意义上的价值揭示人的对象性活动中主客体关系的基本内容。②

马克思主义价值论以实践唯物主义和历史唯物主义为基础、以人的活动即历史和实践为对象,是关于价值和价值意识的本质与规律,并依据价值规律实现人类解放的科学理论。价值的本质是客体属性同主体需要和能力之间的一种统一,是世界的存在对人的意义;价值产生于人按照自己的尺度去认识世界和改造世界的活动之中。③ 是人在实践活动中赋予物或对象以价值,而非对象本身的某种属性有价值。事实上,实践性贯穿于价值存在和发展的每一个环节,体现了价值的本质,④马克思主义价值理论实现了价值的客观性和价值评价的主体性的统一,其确定的标准是对对象的反映是否与对象相符合,其检验形式最终在于实践。马克思主义价值理论是实践的价值理论,价值是在人类社会实践过程中产生和发展起来的,那么教育价值的发生、实现都离不开教育的供给与需求这一教育实践过程,这样就将教育价值与教育供需过程这一实践活动紧密地联系起来了。

(二)公共产品理论

公共产品理论起源于古典学派的哲学家大卫·休谟"搭便车"理论和亚当·斯密的"守夜人"思想。大卫·休谟在 1739 年出版的《人性论》中,以"公共草地排水"的案例,论证了公共物品自发供给的局限性以及政府参与的必要性。威克塞尔提出了公共物品供给决策过程中的"一致同意原则"。瑞典的经济学家林达尔最早提出了"公共产品"这一词语,之后美国经济学家萨缪尔森对公共产品和私人产品概念进行明确区分,认为"公共产品是指每个人对该产品的消费不会减少原有消费者对该产品的消费水平"。但是,由于现实中很难发现完全

① 马克思恩格斯全集:第 30 卷[M].北京:人民出版社,1995:127.
② 马俊峰.马克思主义价值理论研究[M].北京:北京师范大学出版社,2017:18.
③ 李德顺.马克思主义价值论[J].江淮论坛,1992(5):8－11.
④ 刘佳,夏从亚.马克思主义价值理论的二维视界[J].理论月刊,2013(3):15－19.

的纯公共物品,以非竞争性和非排他性界定公共产品的合理性受到质疑。美国经济学家布坎南在此基础上提出了"俱乐部产品",并与美国经济学家戈登·图洛克以及肯尼思·阿罗共同创立了公共选择理论,认为萨缪尔森所提出的公共产品仅仅是指"纯公共产品",进一步按照物品不可分性的程度以及集团规模将公共物品大致分为不可分物品、部分可分物品以及完全可分物品三类,并根据覆盖人群范围继续细分为五类产品。① 他们的这一理论极大地弥补了公共产品理论的缺陷,增强了其现实性和可操作性,推动了公共产品理论从发展走向成熟。此外,公共产品理论还研究公共产品的供给机制,可能出现政府或私人供给、自愿或联合供给等多种形式,该理论旨在论证政府在生产那些市场失灵的商品时应发挥作用。②

综上所述,公共产品理论为政府供给义务教育方式的选择提供了重要的理论支撑。结合公共产品理论的内涵定义和义务教育的实际特点,本研究将义务教育界定为纯公共产品,某一个适龄儿童接受了义务教育并不会影响其他人接受义务教育,也不会因为"付费"等问题将一些人排除在义务教育范围之外,具有典型的非竞争性和非排他性特征,属于纯公共产品。本文将公共产品理论作为理论基础之一,探究政府在不同类型的教育产品中所应起的作用和职能范围,为进一步阐释政府职能发挥的价值、政府主导供给的优势以及政府协调服务品质的必要性提供了强有力的支撑,为明晰义务教育供给过程中政府的权责定位提供了思路。此外,高等教育产品及服务具有消费上的排他和非排他性以及竞争性和非竞争性并存的特征,因此属于准公共产品。高等教育在引入市场力量时,要求政府通过宏观调控规制高等教育,才有可能形成政府和市场协调供给高等教育的目标。高等教育作为准公共产品,其供给既有公共产品所要求的政府职责,也强调在提供方式上形成分权化、多中心的供给机制。高等教育的外部效应和公共性要求政府承担相应责任,同时高等教育供给主体、对象的复杂性决定了高等教育服务供给中个体分担成本以及社会参与的重要性。如果要想高等教育供给是有效的,就必须关注需求侧相关内容,保证高等教育需求表达机制的畅通。

---

① 布坎南.公共物品的需求与供给[M].马珺,译.2版.上海:上海人民出版社,2017:160 – 161.

② HOLCOMBE R G. Public goods theory and public policy[J]. The journal of value inquiry, 2000,34(2):273 – 286.

（三）社会公正理论

公正与公平、平等、正义等概念相互区别而又有联系，公正是主体间交往关系的度量，它表示一种社会关系具有的某种性质，它天然地蕴含了公平与正义，以正义作为价值导向和原则，用公平作为衡量的尺度和标杆。社会公正是人类社会的永恒价值追求，社会公正理论是正义理论的重要问题，古今中外学者都依据自身所处的时代和思想论证了关于社会公正的设想，对社会公正的内涵、结构、类型、层次等都有不同的理解。

艾德勒将公正分为个体公正和社会公正，古希腊时期的德性公正理论更接近从个体公正出发的社会公正观念，如苏格拉底"公正即善"、柏拉图"将公正、节制、勇敢均作为对应阶级需要具备的德行，各司其职就是社会公正"、亚里士多德"作为德性品质、要求数量和比例平等的公正"均属此列。以霍布斯、卢梭等为代表的自由、权利、平等的公正观，强调对个人的自然权利和社会契约的保护。功利主义家边沁和穆勒，以最大多数人的最大幸福为公正的准则，是一种效用最大化的公正观。提及公正，就不可能绕过罗尔斯对正义的研究，他是自由平等主义的代表人物，都具有平等主义和自由至上的倾向。罗尔斯在《正义论》中提出了"正义二原则"，一是自由平等原则，二是差别原则，即最少受惠者的最大利益原则，也就是在分配正义的前提下，对最少受惠者的矫正公平。他还提出要以制度实现公平。自由平等主义的另一代表人物德沃金则以是否侵犯他人权利作为衡量公正与否的标准。此外，自由至上主义认为社会持有的正义取决于个人持有的状态；社群主义指出，单纯的正义是有局限性的，必须以共同体的价值为基础，如桑德尔指出社会正义应建立在现实社群共同生活的基础上。马克思主义公正理论超越公正的"所得比例相同"的传统观念，从阶级角度出发，指出公正具有阶级性、历史性，必须考察一定时期和范围内的社会阶级状况和经济基础。马克思主义公正观不是从抽象的公正原则出发，而是从现实的生产力与生产关系的矛盾运动的必然性出发去理解社会公正问题。[①] 马克思、恩格斯认为，公正是人类社会的崇高境界，是社会主义和共产主义的首要价值之所在。而每个人获得劳动权和劳动能力是社会公正的首要前提，社会公正以

---

① 文小勇. 马克思主义公正观的历史考察[D]. 北京:清华大学,2005.

生产力发展为必要的物质条件,只有共产主义社会才能实现真正意义上的社会公正,公正社会的终极价值就是人的自由而全面发展。

社会公正意味着权利的平等、分配的合理、机会的平等以及司法的公正,改善所有政治共同体成员的生存境遇是政府权力公共性的内在要求。作为社会子系统的教育,教育公正也具有社会公正的显著特征,社会公正是影响教育发展的伦理要素。教育是促进经济社会协调发展的基础工程和构建和谐社会的重要途径,社会公正思想不仅影响教育事业本身的协调运行与良性发展,更直接影响受教育者的价值观念和行为方式,从而间接地影响整个社会的和谐发展。社会公正理论为本研究对教育公平、供给效率、教育的非均衡发展、义务教育"择校热"、政府责任等重要现象或问题理解的基础。如义务教育供给理念一直在"公平"与"效率"之间摇摆,结合社会公正理论,认为学校供给应以学生的全面发展为根本目标来实现素质教育的平等,规避消除重分数轻能力的评价模式,提供更符合学生个性发展和社会需要的义务教育,对义务教育供给质量的提升以及供给结构的调整具有重要的意义。此外,在教育发展中应始终贯彻社会公正思想,逐步消除教育中存在的地区、学校、学科、性别等差异和招生、就业、科研活动中的不良现象,进一步缩小教育差距,实现教育公正。教育的社会公正,首先在于对教育权利和教育机会的分配,是追求平等还是"得其所应得",需要进一步考虑。对政府在教育公平中的责任也需要进一步明确,需要进一步保证公共教育资源均衡化、均等化,完善教育制度和政策,加强对教育资源的调节和再分配,以保护弱势群体的利益。最后,教育结果上也要追求个性化的教育和个体发展的公正。

(四)制度变迁理论

制度变迁理论的研究开始于以凡勃伦、康芒斯为代表的旧制度学派,此后,新制度学派兴起,包括以加尔布雷斯、缪尔达尔等为代表的新制度学派以及以科斯、诺思为代表的新制度经济学,当然还应包括马克思、演进经济学、进化博弈论对制度变迁的理论解释,其中影响较深的是诺思的制度变迁理论和马克思制度变迁理论。

凡勃伦认为制度就是个人和社会对有关的某些关系或某些作用的一种思

想习惯①,制度来源于群体内部的某些相同惯习,其变迁是累积因果过程,即制度演进的每一步由以往的制度状况所决定。制度变迁的关键因素是技术,通过改变生活方式来改变制度。彼得斯将新制度主义分为理性选择制度主义、社会学制度主义、历史制度主义以及较近提出的话语制度主义或建构制度主义。作为制度变迁理论的集大成者,诺思认为,制度变迁是指制度创立、变更乃随着时间变化被打破的方式,其实质是在一定制度环境下所进行的制度安排。他强调人口、知识、技术的变化对制度变迁的作用,当制度变迁的预期收益超过预期成本,就会产生制度变迁的需求动力。此外,诺思把前人关于技术演变过程中的自我强化现象的论证推广到制度变迁方面,提出了制度变迁的路径依赖理论,即制度存在报酬递增和自我强化机制,一项新的制度不断通过初始成本、学习效应、协调效应、适应性预期实现自我强化,使制度沿着某一固定路径进行。历史制度主义以中观组织为视角进行制度分析,研究的核心内容是制度变迁及其影响因素,同时还把制度当作自变量来分析制度的影响和效力。历史制度主义既关注制度长期的历史变化,历史制度主义的制度变迁理论关注到"从历史长时段发展过程的事件序列分析制度变迁所受到的动力影响以及制度变迁本身表现出的复杂特征"②,同时还重视某些"关键节点"和"重要事件"对于制度的变迁作用。历史制度主义研究早期,学者使用"断裂均衡"的概念来解释制度的急剧性变迁,认为制度变迁是在政治和环境"压力"下的剧烈性改变促成的重大变迁,同时还注重路径依赖的制度变迁作用,后来又增加了"置换"(规则模式的变形)、"置入"(新规则的置入)、"偏移"(监管机构内在偏好的变化)、"转换"(利用已有规则)四种模式来解释渐进式变迁。③ 马克思从社会整体的视角来看待制度变迁(尤其是社会制度变迁),是对人类社会制度变迁的解释,因此马克思的制度变迁首先是指社会形态的更替,生产力与生产关系、经济基础与上层建筑的矛盾运动是制度变迁的根本动力。同时,制度变迁是量变积累到一定程度上发生的质的飞跃。马克思主义变迁理论将人放置到社会历史活动当中来考量;诺思从个人出发考虑人的主观动机和行动;历史制度主义引入时间因

① 凡勃伦.有闲阶级论[M].蔡受百,译.北京:商务印书馆,1964:139.
② 刘圣中.历史制度主义:制度变迁的比较历史研究[M].上海:上海人民出版社,2010:4.
③ 彼得斯.政治科学中的制度理论:新制度主义[M].王向民,段红伟,译.3 版.上海:上海人民出版社,2016:79-83.

素,同时将制度作为自变量考察制度的影响作用。本研究主要以新制度主义的变迁理论来分析教育制度变迁的特点,教育制度的变迁是在我国政治经济制度变迁的前提下产生的,同时还深受观念、文化等深层原因的影响和制约。此外,诺思以及历史制度主义变迁理论都注重分析路径依赖对制度变迁的影响作用,本研究通过分析路径依赖对教育体制变迁形成的"锁入效应",关注影响教育体制变迁的相关因素。

(五)治理理论

治理理论兴起主要得益于:全球化背景下,西方福利国家出现管理危机,社会资源配置过程中市场和政府的双重失灵使得政府的职能等受到来自公共事务管理和公共产品供给等各方面的实践挑战;从社会科学发展的角度而言,社会科学理论出现范式危机,无法解释和描述现实世界,以往的政府与市场的二分法已经不合时宜,需要重新定位彼此关系;此外,社会团体力量的增长等也给治理带来可能的契机。治理理论作为既重视发挥政府功能又重视社会组织群体势力相互合作、共同管理的方式和理念登上了历史舞台。

"治理"的概念因其包含范围广而较为含混。狭义上,治理指的是"heter-achy"或自由组织,主要用于与国家的公共事务相关的管理活动,詹姆斯? 罗西瑙认为,治理指的是一种由共同的目标支持的活动。"治理"被多个学科领域纳入研究范畴,指向不同的治理领域,如政治学中的政府治理或国家治理、社会学的社会治理,还有公司治理等。治理理论的代表人物罗伯特·罗茨列举了六种关于治理的不同形态:其一,作为最小政府的治理(政府规模缩小,公共事务干预范围变化);其二,作为公司治理(狭义用法,专指"指导和控制组织的体制");其三,作为新公共管理的治理(将市场的激励机制和私人部门的管理手段引入公共部门);其四,作为善治的治理(强调效率、法治、责任的公共服务体系);其五,作为社会-控制体系的治理(多中心、互动式的管理方式);其六,作为自组织网络的治理(建立在信任与互利基础上的社会协调网络)。治理的实质在于建立在市场原则、公共利益和认同之上的合作,这就要求政府角色和公共行政方式发生改变,也要求公民社会的壮大以及权力的重新分配。用库伊曼的话来讲,"治理意味着国家与社会、市场以新方式互动,以应付日益增长的社会及其政策议题或问题的复杂性、多样性和动态性"。

总体来看,治理理论与传统的管理相比,在主体和行为方式等方面都有重要变化,如从单一的政府中心转为多中心的治理模式,从权力和权威为主的行为方式到参与、协商等多种行为方式,也就是在实践上则可以通过规制、市场签订合约、回应利益的联合、发展忠诚和信任的纽带等不同的工具。格里·斯托克在《作为理论的治理:五个论点》中提出了治理理论的五点主张:其一,治理意味着一系列来自政府但又不限于政府的社会公共机构和行为者;其二,治理意味着在为社会和经济问题寻求解决方案的过程中存在着界限和责任方面的模糊性;其三,治理明确肯定了在涉及集体行为的各个社会公共机构之间存在着权力依赖;其四,治理意味着参与者最终将形成一个自主的网络;其五,治理意味着办好事情的能力并不仅限于政府的权力,不限于政府的发号施令或运用权威。

治理理论跳脱出国家主义和新自由主义对国家和市场非此即彼的思维,强调在政府、市场和社会三者之间形成张力,以解决单一力量难以解决的公共危机。当然,需要排除最初的没有政府的治理的极端主张,绝对的国家中心和社会中心倾向都是难以在实践中得到证明的。"元治理"概念作为治理理论的重要组成部分,强调政府要在治理过程中承担不可或缺的角色,担任着"元治理者"的角色,通过平衡地方、国家、地区、全球各层次的治理,协调各治理网络之间的关系。对我国而言,政府在多中心网络中处于调控和协调全局的作用。此外,我们还必须理性地分析和思考治理理论所涉及的意识形态和社会背景等问题,这对于我们进一步思考政府、市场、第三方组织等治理主体的权力配置等方面关系。当下,教育领域也开始由管理向治理转变,政府教育事务方面的角色和责任必须发生转变。同时,对公共物品提供和生产的区分,是治理理论制度创新最为关键的一环,政府提供教育这一公共产品并不意味着必须参与生产环节,这就为政府主导的多元主体复合供给提供了新的供给运行机制的空间。

四、研究思路

(一)思路框架

本研究具有典型的实践取向,是一个不断行动和反思的过程,研究遵循历史与逻辑相统一、理论与实践相统一、定性与定量相统一、比较与规范相统一的基本思路,全面探讨经济新常态宏观背景下的教育供给侧改革的有关问题。具体来讲,本研究的总体框架如下图所示。本研究以经济社会发展转型为宏观背景,以教育供需错配和价值危机为现实起点,以教育学、经济学、政策学、哲学等理论为学科基础,综合理性反思、政策分析、历史分析、比较分析、定量分析、案例分析等研究方法,在对国际上尤其是发达国家在教育供给侧方面的基本内容进行全方位的巡视扫描和比较研究的基础上,对我国教育在适应和服务国家和个人需求方面的困境进行系统的分析与考量,重点围绕教育供给侧等核心问题展开深入细致的研究,从历史、政策、文化、利益、惯习等方面广域全面深刻地分析教育供给侧困境的原因,同时为各类主体就如何克服和走出教育供给侧的困境提出思路和建议,并为教育供给侧改革提供制度方面的有力保障。

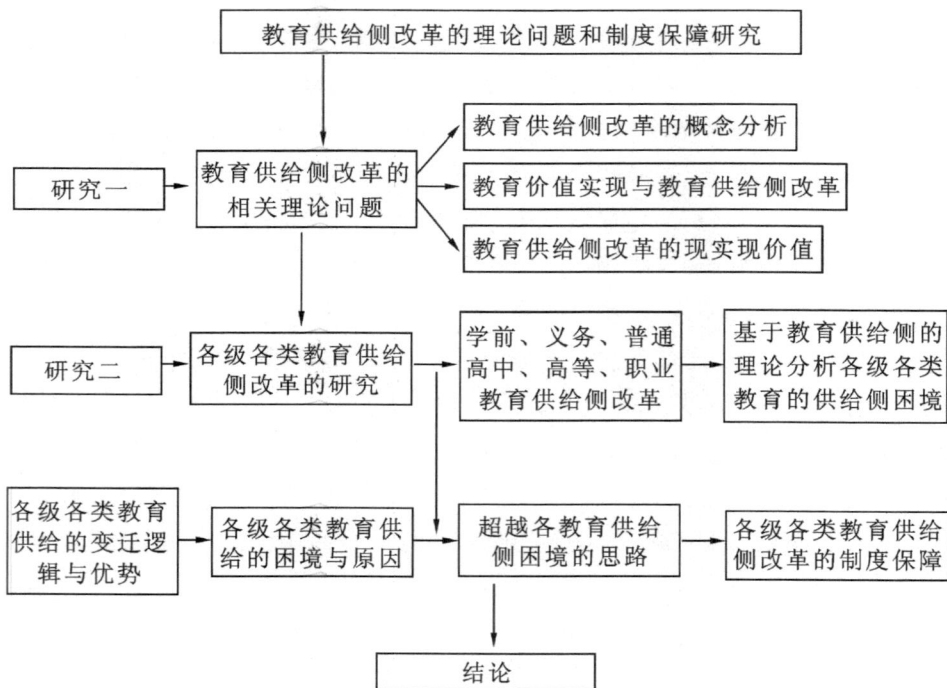

图 1　总体框架

(二)研究方法

1.文献研究法

文献研究法是采取一定方式和方法,收集、整理和分析与研究内容相关的各类文献资料,并形成合理科学认识的研究方法。本研究通过对教育供给和需求、供给侧改革、各阶段教育实践存在的问题等期刊、著作文献资料进行搜索、了解和分析,形成理性判断,从而充分把握教育供给侧改革已有的研究侧重点和研究不够清晰的点,形成研究的主攻方向和重点。同时,通过对国家统计局、教育经费统计年鉴等相关数据文献的整理以及国家政策(政策文本、党代会、教育工作会议)等政策文献的内容进行分析来作为相关观点的依据和数据参考。了解已有研究的现状,熟悉国家的相关政策,厘定研究对象与问题,明晰研究意义与目的,为课题研究提供理论和实践上的借鉴。

2.案例分析法

案例分析法是在研究某些问题时,结合关联度较大的典型案例,通过了解和发现问题、分析其发展规律和特点、评价其意义等最终获取相关概念或理论的方法。通过对我国教育经典案例的分析,来展现它们各自所面临的发展困境,并从供给侧的视角分析其困境存在的原因。也可以分析某些学校在供给方面改革成功的案例,来研究学校供给侧改革摆脱困境的出路和策略。本研究通过对我国某些地区成功教育经典案例或某些学校在供给方面改革的成功案例的分析,进一步从供给侧的视角研究现阶段义务教育供给侧改革的价值与思路。例如,上海浦东新区的政府主导型复合供给模式、湖南省长沙市以一体化策略推进城乡义务教育均衡发展模式等。在对高等教育供给困境的分析中引入一些高校在学科结构等方面的困境(如青海大学的"双一流"建设困境等)以及某一科类面临的供给困境(如师范类院校),以便寻找高等教育学校供给的真实困境。而在高等教育实践出路中,以目前在供给侧改革方面处于引领地位的高校作为案例(如西湖大学的办学以及四川大学的教学改革),同时为高等教育供给侧改革提供可能的总体思路和基本原则。

3.政策分析法

本研究在大量收集相关法律法规、政策文件、统计公报、领导讲话的基础上,对相关问题进行分析总结,以官方文件作为论点支撑,梳理教育供给的内在逻辑,进而得出其发展优势与困境,提出实践出路。

4. 历史分析法

历史分析法是以动态的发展眼光来分析某些客观事物或现象的方法。在本研究中,通过对教育供给变迁进行追根溯源式研究,以动态的、发展的眼光看待新中国成立以来教育的发展状况,能够帮助我们更好地把握教育供给的优势和不足,从而进一步提出针对性和有根有据的建设性意见。同时,在教育困境的原因分析中也会使用历史分析法来分析教育制度变迁的路径依赖机制。

第一章　教育供给侧改革的概念分析

作为观念的对象,概念是思想的基本单位,澄清概念是社会科学研究的基点,"只有借助于一般概念,并由此将那些具有一定共同特征的对象进行概括,才可能从思想上将世界上无穷无尽现象的多样性进行归类和整理"①。教育学研究中概念混乱或多义仍旧是教育学理论体系建构和实践认识偏差等问题的根源所在,因此概念分析对教育学理论和实践发展都具有极为重要的意义。作为思维工具的概念分析法是教育学研究的基本方法,尤其在教育哲学研究中使用较多,甚至有专门的概念分析学派。有学者将教育学研究中概念分析的主要类型划分为日常用法分析、定义分析、词源分析、隐喻分析、跨文化分析和条件分析,并提出了这些类型概念分析方法的可能路径。② 研究教育供给侧改革的基本理论问题以及制度保障这一关乎供给侧改革实践的问题,首先就必须澄清教育供给侧改革的概念。对教育供给侧改革的概念分析从其核心词"教育供给""教育需求"入手,进而对教育供给侧改革概念分别进行定义分析和条件分析。

一、教育供给与教育需求

(一)供给与需求

1.供给与需求的词源学分析

从词源学来看,"供"的古字为"龚",有时也写作"共",与"供"同音同义,读

---

① 布列钦卡.教育科学的基本概念:分析、批判和建议[M].胡劲松,译.上海:华东师范大学出版社,2001:11.

② 石中英.教育学研究中的概念分析[J].北京师范大学学报(社会科学版),2009(3):29–38.

作"gōng"。《说文解字》有云:"供,设也。从人共声,一曰供给。"从小篆体字形(见图1)来看,"供"是与人相关的事物或活动,右边部分"共"乃"同也",因此"供"指人们共同事物或活动。"供"字有两层意思:一是作为名词的本义,指"施陈",也就是摆设或者陈设;二是指作为动词的"供给"。"给"与"供"组词时读作"jǐ",《说文解字》对"给"解释如下:"给,相足也。足居人下。人必有足而后体全。故引申为完足。相足者,彼不足此足之也。故从合。"结合小篆体字形(见图2)来看,"给"本义指衣食丰足、充裕,可引申为充足的供给、供应、配给。其"相足"之义表示主体相互之间才能补足,右半部分的"合"字就有此含义。"供""给"在中文词源中都有"提供、供应"之义,"供给"一词在某种程度上也正是表达此含义。在英文中,"supply"(供给)作为动词时,指"帮助、支持、维持",也指"补足、弥补"。其英文词源直接源于拉丁语"supplere",含义为"填满、充实、完整",也源于古法语"soupplier"(现代法语为 suppléer)的"补足、补足"之义,其"提供、供应"的含义最初出现在16世纪20年代。"供给"的名词形式含义源于其动词"supply",指"援助、救济、供应行为",16世纪出现"提供的东西、提供的东西的数量或总量"的含义。从1776年开始,出现了从政治经济学的角度来讨论与"需求"一词相关的"供给"。1976年,与经济政策有关的"供给侧"(作为形容词)一词也开始出现。

从词源学来看,"需"的造字是会意,《说文解字》中记载:"需也。遇雨不进,止也。"从雨而声。《易》曰:"云上于天,需。"结合小篆字体来看(见图3),"需"指遇雨,停在那里等待。本义为"等待",后引申为"索取、需要、应该、迟疑"等含义。如《文心雕龙》"率故多尤,需为事贼"中的"需"就有"迟疑"之义,而在"需求、需要"中表示某种欲求。"需"作为名词时,指必须得用的财物等,如军需、民需。"求"字的古字乃"裘"字,《说文解字》中称其"后加衣为裘,专为干请之用。亦犹加艸为蓑,而衰为等差之用也。求之加衣,盖不待小篆矣"。古人皮衣一般毛向外,所以甲骨文在"衣"字外加毛,表示裘衣,其小篆体(见图4)看上去也正有此含义,因此"求"的本义便为"皮衣"。《康熙字典》中记载有"求"的其他含义,如"索也""觅也、乞也",这表明"求"字有"索取"以及"寻觅、乞求"的含义。"需""求"组成词语就有"索取、需要、要求"之义,也可以表示需要的东西。在英文中,"demand"(需求)作为动词,词源为"demaunde",表示提出问题、进行询问。该词源在古法语中为"demaunden"(需求者),有"请求、要求"之义,也可以视作源于拉丁语的"demandare",意思是"委托以及收取佣金"(在中世纪拉丁语"demandare"中则表示"提出要求、请求、需求"等含义)。从这几个不同的词源可以看出,其共通的含义皆与"要求、请求"紧密相关。从15世纪早期开始,盎格鲁－法国在法律条文中使用该词,认为其意思表示坚持以及迫切的要求,是一种作为权利的要求;到1748年,增添了"在必要或有用时要求"之义。作为名词的"需求"本义为"一个请求",源于古法语"demande",有"作为需求者的请求或要求"之义,意思是凭借对所寻求事物的权利或假定的权利所做出的请求、声明、要求,也指在不提及权利的情况下,所请求或要求的,作为进贡或让步的提法。由此我们可以看出,"供给"和"需求"在不同的语言背景及历史演变过程中有不同的意义指向,与当下的用法和含义有一定区分。

图 1　小篆体"供"　　　图 2　小篆体"给"　　　图 3　小篆体"需"　　　图 4　小篆体"求"

2.供给与需求的内涵及特征分析

"供给"和"需求"作为经济学中分析经济社会活动的重要工具,是经济学领域最常用的一对基础概念,尤其在研究资源配置、经济发展、社会再生产过程中更是不可回避的,从供给与需求及其关系出发分析问题是经济学重要的思考方式,甚至可以说,"从供给与需求的两个侧面及其关系来分析问题,就是经济学的起点和终点"[①]。

在一般语境中,"供给"一词指的是将必需的物资、财产等供其所需,含有对不足事物的补给或补足之义,作为名词有时也指所需的财物本身。在经济学语境中,一般认为"供给"是指在价格波动的前提下,一定时期内某一价格水平上,生产者愿意并能够提供的商品生产和服务的数量。马克思分别从供给的自然属性和社会属性对供给加以界定。从自然属性来看,供给是处于市场上的或者能提供给市场的产品,它首先表现为一定商品的量。从社会属性和供给的质来看,供给是"某种商品卖者或生产者的总和",作为生产者或提供者表征人与人

---

① 刘志迎,徐毅,庞建刚.供给侧改革:宏观经济管理创新[M].北京:清华大学出版社,2016:4.

之间的一种社会关系,即供给是满足以交换为目的使用价值的生产。广义上,"供给"可以看作人们共同从事且相互之间有所补足的事物或活动,它既可以作为动词指供给这一实践活动,也就是提供某种物质的或非物质事物的活动,亦可作为名词指代所供给的事物本身。狭义上,主要指商品经济条件下生产者提供的商品或服务,指一定时间、价格水平下生产者愿意并且能够提供的某种产品的数量。供给受一定生产力水平的限制,同时也受需求者需求以及价格水平等因素的影响。

在特定条件、时间和环境下,只有同时具备支付意愿和支付能力的需要才具有现实意义,即需求。在政治经济学中,"需求"表示渴望购买和拥有(包括购买的手段)的愿望和能力,与"供给"一词紧密相关,也就是指人们在某一特定时期内在各种可能的价格下愿意并且能够购买某个具体商品的数量。马克思认为,人的需要是人的本性,是在实践过程中改造自身自然本性基础上形成并发展起来的。"市场上出现的对商品的需要就是需求",包括生产者对生产资料的需求和消费者对消费资料的需求,是生产者和消费者需求的总和。按照需要的层次划分,包括生存或生理的需要(即社会的自然需要)、谋生或占有的需要以及自我实现和全面发展的需要。与西方一般政治经济学不同,马克思政治经济学中供给和需求还是体现人与人之间社会关系以及经济制度特征的历史范畴,因此关注资本家供给的本质需求——生产剩余价值。从其内涵来看,普遍认为需求与某种匮乏和缺乏相关,即强调在某方面的贫困、匮乏,强调其缺乏性。另外,主要指对某事或某人的需求,强调其对于需求主体的必要性。同时,我们还要将"需求"与其相关词汇进行区分,"需要"是一种感受到了的某种缺乏,"动机"是正在向活动转化的需要,是一种未实现的状态,而"欲望"则表示某种主观的欲求。此外,心理学从动机的角度解释需求或者需要,认为需求是引起主体行动和目标的深层次动机,也是引起个体行为的内在动力,或者认为需求是某物想要达到的一种心理状态。

(二)教育供给与教育需求

以上我们从词源、日常用法的不同层面讨论并初步界定了"供给"与"需求"。教育作为人类的一种实践活动,同样存在着供给和需求。教育供求以"教育"作为供给和需求的限定词,将有关人的事物或活动限定在教育这一实践活动的范围内。同时,与一般产品或商品比较而言,教育作为公共产品有其自身的供求表征。

1. 教育供给

目前来看,学者们对"教育供给"的界定并不统一。按照一般商品供给的思路,教育供给是社会、企业和个人对教育机会有支付能力的需要。有学者认为,教育供给是指一定社会为了培养各种熟练劳动力和专门人才、促进经济社会和个体发展,由各级各类教育机构提供给学生的受教育机会。① 受教育概念内涵和外延的影响,教育供给可分为广义和狭义两个方面。广义上包括各级各类教育提供的受教育机会,制度教育、成人教育以及培训教育皆囊括在内;狭义上的教育供给专门指正规教育机构(主要是学校教育)提供的教育机会。从最宽泛的含义来讲,任何对教育的行动都可以称为教育供给。以经济学中对供给和需求的界定为原型,教育供给指在一定时间和空间条件下,为满足国家、社会和个人发展的需求,政府、社会和学校等相关主体在为教育的发展提供理念、制度、人财物等保障的同时,以学校教育为核心的各级各类教育机构愿意并能够提供的教育机会、过程和结果。②

首先,教育供给是一定时代和经济社会、政治、文化制约下的产物,受一定社会和历史发展水平的制约,在不同时空中,教育供给的内容、方式、质和量都具有显著差异。其次,如图 5 教育供给实践过程示意图所示,在整体的教育实践过程或者说整个教育环节当中,政府是教育理念和教育制度的主要供给主体,包括教育的价值取向、学制安排等多项内容。当然,教育机构作为教育理念和教育制度供给的接受方,可以在学校教育实践活动中进一步完善和丰富,形成同一价值立场下个性化学校教育理念和制度规章;此外,社会也可能通过舆论以及反馈机制等影响教育理念和教育制度的走向。教育资源的供给是教育供给中的基础和保障,包括师资供给、教育技术和教育公开信息等的供给、经费、土地、固定材料和设备等资源的供给等,除政府外,各类社会团体和组织,甚至个人,都有可能成为教育资源的提供者。再次,以学校教育为核心的各级各类教育机构作为供给主体,主要是面向受教育者提供可供其选择的教育机会、过程和结果。受教育者在接受教育后的一定时期,将作为教育产品进入社会

---

① 范先佐. 教育经济学[M]. 北京:中国人民大学出版社,2008:133.
② 张旸. 新时代高等教育供给的实践逻辑[J]. 内蒙古社会科学(汉文版),2018,39(3):156-160.

（主要是劳动力市场），并经由社会磨炼成为国家发展所需的合格劳动力或人才。最后，"愿意并且能够提供"说明的是教育供给与供给主体的供给偏好、投入和努力程度有关，并且深受生产力发展水平等现实条件的制约。

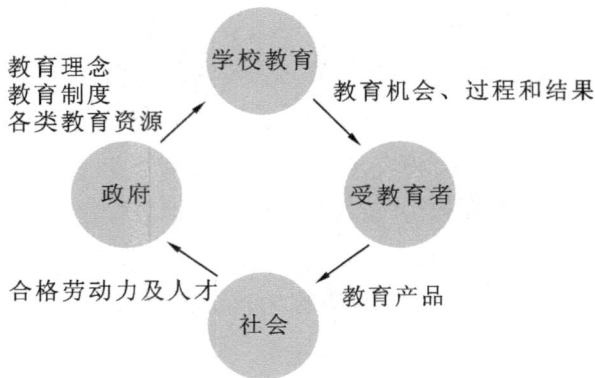

教育理念
教育制度
各类教育资源

学校教育

教育机会、过程和结果

政府

受教育者

合格劳动力及人才

社会

教育产品

图5　教育供给实践过程示意图

2. 教育需求

"教育需求"是与"教育供给"相关的一对概念，它更多出现在教育经济学和教育社会学研究中，表示主体愿意且有购买能力的教育需要。布列钦卡曾对教育需求概念做了十分详尽的概念分析，从描述性的"人类的一种基本运动状态，表征作为'客观需要'的人对教育的依赖"，到形成一般的教育需求概念，"就自然的必要性而言，每个人都至少在儿童和青少年阶段表现出对教育的依赖性的特征"。从这个意义上而言，教育需求表征着人们对接受教育的强烈愿望。当然，仅仅停留在对接受教育的愿望还远远不够，教育需求还必须是主体有能力支付的需求。狭义上，教育需求主要指主体接受教育的需求，也就是一般学者概念界定中频繁出现的个体对教育机会的需求。对此，教育需求的概念被限定在以学生（有时包括家庭）为需求主体，以受教育机会（甚至可能包括受教育密切相关的个体发展、工作能力的获取等）为需求对象。但就整体的教育实践活动来看，广义上的教育需求内涵更为丰富，不仅包括社会教育需求（也就是国家和社会对人才的需求），学校教育需求在内的教育需求也是不可缺少的。教育需求是一定教育供给禀赋下，各主体愿意并且对教育有支付能力的需求，既包括个体对教育机会、过程和结果的需求，学校对教育资源、制度、理念等的需求，也包括国家和社会对教育产品（人才、技术等）的需求。教育需求不是抽象的某种必须、迫切的要求,它具有明显的指向性,必然是某个人或某一类人对教育的需求,既可以指一切历史发展进程中一切人的一切教育需求,也可以表示特定历史条件和社会发展阶段下特定个体或群体的教育需求,从大的类别上可以将其分为教育的个体需求和社会需求。

教育的个体需求主要指作为受教育者的学生及其家长愿意并且能够支付的需求。一方面,教育是使个体成为所谓整全、完整和真正意义上"人"的必要条件,个体借由教育实现精神需求和自我发展的需求。另一方面,从心理学视角出发,教育的个体需求是个体以期通过投资教育来习得技能并增加知识等来获得未来的较高经济收入或地位、权力等的心理期待。随着社会、经济、文化等的不断发展,受教育者的教育需求越来越呈现出多样化和个性化的特征。教育的社会需求主要是国家和社会对教育产品——劳动力及其附加的科学技术创新等的需求,面对日益严峻和复杂的国内外形势,激烈的国际科技竞争使得国家和社会对创新人才和技术的需求比任何时候都要强烈。此外,教育需求还应该包括各级各类教育机构(主要是学校教育机构)对教育制度、理念创新的需求以及各类教育资源的需求。

(三)教育供给与教育需求的逻辑关系分析

"要给需求和供给下一般的定义,其真正的困难在于,它们仿佛只是同义反复。"[1]供给和需求作为硬币的两面处于特殊的互动关系中,没有需求,供给就没有目的,而没有供给,需求则仅是主体的愿望,难以得到实现。离开供给谈需求没有意义,反之亦是。关于供给和需求谁处于第一位的争论由来已久,较早可以追溯到萨伊创立的"供给创造需求"的理论,即一种产品一经产出,从那一刻起就给价值与它自己相同的其他产品开拓了市场[2]。他认为供需矛盾主要问题在供给,通过发展生产就能解决供需矛盾。20世纪30年代经济危机爆发,凯恩斯全面批判了萨伊的思想,认为有效需求不足造成自由竞争市场不能自动实现充分就业,因此必须政府进行干预,实行扩大需求政策,才能消除失业和经济危机,进而提出了"需求决定供给",主张通过政府直接投资、刺激高消费、扩大有

① 马克思恩格斯全集:第25卷[M].北京:人民出版社,1974:213.
② 萨伊.供给的逻辑:政治经济学概论[M].黄文钰,沈潇笑,译.杭州:浙江人民出版社,2017:102.

效需求以促进经济增长的需求侧管理。罗斯福在治理美国经济大萧条时依据的主要就是凯恩斯主义。20世纪70年代初的"滞胀"宣告了凯恩斯需求侧管理政策的失灵,供给学派思想胜利回归,里根使用以拉弗为代表的现代供给学派的经济学,降低边际税率并实行合理的最优税率,从而促使国民经济增长,撒切尔主义也通过改革国企以及调整税收的供给经济学帮助国民经济走出"滞胀"。然而,二战后经济危机再次出现,凯恩斯主义复辟,直到2008年金融危机爆发,供给侧管理再次走上台前。供给侧与需求侧管理的经济发展思路自萨伊开始经历了"两轮否定之否定"。

从需求和供给的最初的产生来看,需求是人类社会存在和发展的"元动力",供给是需求元动力之后由响应而生成的最重要的"发动机"与增长引擎。[①]人的需求是人们生产生活实践的原始动力,最初的物质资料生产实践正是基于人们最基础的生存需求而产生的。马克思认为,"供给和需求是由生产本身决定的",二者是辩证统一的关系,但从量上并没有必然的联系,其真正的联系是"社会必要劳动时间"。从社会生产过程的角度来讲,供给和需求分别处于"生产、分配、交换与消费"这一过程的起点和终点,生产决定消费的内容和方式,正是生产通过它最初作为对象生产出来的产品在消费者身上引起需求。与此同时,供给的目的是满足需求,需求作为供给的对象,是供给得以实现的重要前提。如果供给的产品不能够恰当地满足需求,供给将失去对象或者目标,无法形成完整的生产过程。随着生产力的发展,人们的需求结构和内容也随之不断变化,这要求供给必须通过升级和调整来适应和满足新的需求。同时,生产的不断发展还会引发出新的需求。正是在新供给的创造性发展以及新需求的不断产生和释放的过程中,供给和需求得以不断相互促进。总体上来看,供需均衡是一种理想状态,总供给和总需求一般处于均衡状态,但具体到个别商品的供给与需求,则并不严格遵循供给与需求的平衡。现实情况的复杂性使得供给和需求不总是处于均衡状态,可能出现局部的均衡,也可能出现相对的供给过剩或需求过剩,引发供给与需求的结构性矛盾。如对某一产品的需求不足,就会导致相对的供给过剩,引发供需不平衡。只有充分考虑需求的供给才称得上是有效供给,只有可能被供给满足的需求才是有效需求。

基于供给与需求这种紧密联系的特性,教育供给与教育需求的关系同样密

---

① 贾康,苏京春. 论供给侧改革[J]. 管理世界,2016(3):1-24.

切。教育供给的数量和质量既受一定条件下的教育资源状况制约,也受教育供给主体的供给偏好和努力程度的影响,即与供给主体的价值取向和政策倾向以及投入的力度、长期的努力程度相关。教育需求则很大程度上受制于教育供给的实际情况,尤其是受到教育资源禀赋和配置的影响,同时还受到社会经济发展水平下的教育购买能力影响以及政治、文化等状况的制约。

教育供给的实现深受教育需求的影响,如在高端教育需求外溢的现状下,相当一部分的教育供给出现过剩。教育有效供给,是指能够最大限度地满足、适应与引导各种教育需求的教育供给。教育需求理想状态下,教育供给和教育需求处于动态平衡状态,教育实践活动要尽可能使得一定时空内的教育供给与教育需求处于相对平衡的状态。但事实上,教育供给与教育需求的相对均衡是多种投资路径的不断博弈以及需求主体不断进行选择的过程。教育活动的发展是不断调整教育供给以适应和满足教育需求的教育资源优化配置过程,教育实践正是在不断解决供求矛盾的过程中成熟发展起来的。

二、教育供给侧改革概念的定义分析

定义是一个概念内涵和外延的专门的、逻辑性的表述,它既力图回答一个概念是什么,又意图区分一个概念不是什么。对某一事物下定义是认识事物本质和把握其基本特征的重要方式,通过定义一个教育学概念,我们才能清晰地认知我们正在论述的教育学活动可能具有的特征及其本质。定义本身是一个将某类具有同一特征的事物进行抽象的过程,对定义的分析是从这种抽象当中再次抽象出具有相关性的内容。教育学研究的定义分析是以被分析的教育学概念作为对象,深入分析、理解被定义概念的手段,教育供给侧改革概念的定义分析是以教育供给侧改革的定义作为对象进行概念分析的重要方式之一。

(一)供给侧改革概念的典型定义与定义分析

教育供给侧改革是经济领域供给侧改革兴起后对教育领域的反思,要理解和分析教育供给侧改革的概念,必须先对供给侧改革概念有所了解。"供给侧改革"首先是经济领域提出的政策主张,2015 年,习近平同志首次提出"供给侧结构性改革"的概念,并在 2016 年对其进行了较为具体的阐述:供给侧结构性改革是用改革的办法推进结构调整,减少无效和低端供给,扩大有效和高端供给,增强供给结构对需求变化的适应性和灵活性,提高全要素生产率。究其根本是促使供给能更好地满足广大人民日益增长、不断升级和个性化的物质文化和生态环境需要,从而实现社会主义生产目的。① 习近平同志站在满足民众需求以及社会主义发展目标的宏观高度来界定供给侧改革,并将其作为供给侧改革的根本目的,同时还指出了以改革推进结构调整的总体方法,强调了调整供给结构以增强对需求变化的适应。事实上,国家领导人多次在国内国际会议上提及中国经济面临的新的严峻发展形势,提出要通过供给侧改革来扭转这一不利局面,不断强调供给侧结构性改革的作用并提出新的发展要求,可以说这一经济发展战略的提出与我国经济下行面临的经济增长困境密切相关。中央是在综合分析世界经济发展长周期以及中国经济发展阶段性特征及其相互作用的基础上,提出了加强供给侧结构性改革这一战略。依靠劳动力这一比较优势,中国经济发展度过了较长一段时间的高速发展时期,但当经济发展进入中等收入阶段后,依靠廉价劳动力的人口红利逐渐消失,供给侧五大因素中技术创新和制度等结构性优化在新的发展时期更能成为经济发展的新支点。这也是概念中不断强调"调整结构"和"提高全要素生产率"的重要原因。同时,经济增长的实质和价值创生的根本在于以创新为核心的内生驱动,前期"三驾马车"为主的需求政策在供给侧造成了相对的经济过度与过剩,亟须通过改革供给侧要素,激发供给潜能以生成持久的经济增长动能,强调"减少无效和低端供给"和"扩大有效和高端供给"正是要解决需求侧为主政策下供需不匹配所造成的供给相对过剩问题,以转型升级的供给结构(包括产业结构和多个供给结构)来面对不断变化的需求。正是基于经济发展新常态阶段这一事实以及中国改革发展实践,供给侧改革概念才更多针对与需求侧相比在当下更能起到作用的供给侧来作为发展的突破口。

在国家领导人正式提出供给侧改革概念之前,经济学领域的学者就已经出现了"从供给侧推动经济发展"的研究。如以滕泰为首的新供给主义提出了"淡化总需求管理,从供给侧推动改革"的宏观政策主张,贾康领衔的新供给学派研究小组也提出了以供给为主导"八双"为核心的经济发展政策。随后,秉持着相似价值观念的两个供给学派并入华夏新供给研究院,展开了以"新供给创造新

---

① 习近平.在省部级主要领导干部学习贯彻党的十八届五中全会精神专题研讨班上的讲话(2016年1月18日)[N].人民日报,2016-05-10(2).

需求"为微观理论基础的新供给经济学的研究,着力于新供给经济学理论创新。贾康等认为,供给侧改革是以攻坚克难的全面深化改革为核心内涵,以解决结构性问题为矛盾的主要方面,从而进一步解放生产力、实现动力机制转换和体系转型的系统工程。[①]"改革"是供给侧改革的动力,"解决结构性问题"是供给侧改革的主要切入点,"解放生产力"是衡量供给侧改革的重要标准和目的,与前者是手段和目的的关系。我国的供给侧改革,是在马克思主义政治经济学、中国传统经济思想等本土化理论改造以及我国经济实践经验智慧总结的不断结合下形成的新供给经济学,其面临的经济境况、改革目的、理论逻辑均具有独特性。我国的供给侧改革,主要依赖资源有效配置的实现、可持续的全要素生产率的提升和技术、制度的变革与进步。定义中的"动力机制转换"主要指以创新为动力,尤其重视通过制度变革刺激创新;"体系转型"主要指经济供给体系,包括发展模式、经济结构、体制机制的多重转型。我国的新供给经济学派强调,以制度供给创新为供给侧改革的龙头,从增加有效供给角度实施制度供给创新和结构优化,实现从需求侧的短期经济发展转向供给侧的长期经济发展,并实现短期需求侧改革与长期供给侧改革的联结。作为新供给主义的宣扬者,滕泰虽然没有明确对供给侧改革进行界定,却规定了供给侧改革应从哪些方面入手,着重表现为五点:一是刺激新供给、创造新需求,二是从新供给经济周期出发优化产业结构,三是放松高行政成本、高融资成本和高税收成本三大约束,四是解除对人口与劳动、土地与资源、资本与金融、技术与创新、制度与管理五大要素的供给抑制,五是针对房价、物价以"优化供给结构、提高供给效率"为核心的政策。[②] 新供给学派以里根经济学以及邓小平的"解放生产力"为理论源泉,坚持只有通过"完善供给结构、引导新供给创造新需求"才能恢复"供给自动创造需求"的理想经济运行机制。以上对供给侧改革的定义分析,选取的概念界定具有一定代表性,囊括了政府以及学界经典的定义,很多学者的研究也借用了国家领导人对供给侧改革的界定。如果说政府对供给侧改革的界定还处于价值规范以及确认核心任务,那么相关学者已经较为精确地阐述了供给侧改革具体展开的方法和手段。当然,定义者对供给侧改革的定义无不反映出各自的

---

① 贾康,刘薇,苏京春.供给侧改革视角下的制度创新[J].中国经济报告,2016(10):52-55.

② 滕泰.供给侧改革须避免三大误区[N].企业家日报,2016-03-11(10).

社会立场和经济学主张。如果给供给侧改革下一个较为宽泛的定义,可以认为是从供给端出发的改革,通过结构调整和资源的整合配置,优化供给体系并提升供给质量,进而更好地满足需求。

(二)教育供给侧改革概念的典型定义与定义分析

教育学概念可以通过不同的定义方式进行界定,为了更好地理解形形色色的教育学定义,谢弗勒通过哲学分析的方式,归纳出三种教育学概念的定义方式(主要是以"教育"概念为对象):约定型定义——定义者自身规定的在整体语境中统一使用的定义;描述型定义——对被定义对象或对如何使用定义对象的适当描述,一般描述实然的教育;纲领型定义——有关定义对象应该是什么的界定,一般含有价值判断。但在实际对概念定义的考察中,往往可以发现这三种类型的定义方式可能同时出现在某一个定义当中,无论是哪一种定义方式,都不仅仅是对教育学活动的客观描述,必然内含和渗透着定义者对教育的目的、价值、规范等主观认知和判断。下面我们列举较为典型的教育供给侧改革定义。

庞丽娟等认为,教育供给侧改革指"围绕教育资源和服务提供主体和方式的改革,即在顶层设计的框架下,通过一系列深度的体制机制改革和政策举措,进一步厘清教育领域政府和市场的责任边界,进一步理顺由主体之间关系构成的教育管理体制,进一步优化以办学体制为核心的教育资源与服务供给方式,进一步明晰经济社会发展的需求与现代教育体系之间的关系,实现教育治理体系和能力现代化水平的提升,进而更加有效地服务国家经济社会发展的人力资本需求、服务于民生的改善"[①]。该定义中各项之间呈现出总分总的关系,先表明教育供给侧改革的核心目标,再分别进行具体说明,最后以宏观的视野落脚于社会发展和民生改善这一核心目标。刘云生基于供给侧改革的立场,提出了教育供给侧改革需要有因应、推动和协同三策:一是针对供给侧改革对教育的要求不断提升提出了教育要有因应之策,谈教育如何应对,包括以人口规模变化引导和调节教育规模,以产业转型升级调整和优化教育供给结构,通过制度创新激发教育供给主体的供给活力;二是以教育供给侧改革助力经济供给侧改

---

① 庞丽娟,杨小敏.关于教育供给侧结构性改革的思考和建议[J].国家教育行政学院学报,2016(10):12-16.

革的推动之策,谈教育主动发力,视角转回教育供给侧改革本身,具体包括在遵循教育发展规律的基础上制定供给标准,通过明晰主体的供给权责促进教育供给的公平,以消除不同类型、阶段、区域间教育壁垒建立完善的供给体系,以共创共享共建的教育机制推进教育供给质量提升,同时扩大学生教育供给可选择的空间;三是供给侧改革与教育供给侧改革携手并进的协同之策,主要是就二者重叠和交叉的部分进行讨论,包括以人才结构为二者中介强调优先进行教育供给,从经济供给侧和教育供给侧改革共同发力补齐供给短板,从教育与经济增长关系入手强调以教育供给侧改革推动经济供给侧改革。[①] 程耀忠从教育实践活动的具体环节出发,认为教育供给侧改革的核心是"优化教育资源配置,扩大优质教育资源供给,丰富教育产品提供,提高教育质量,给受教育者提供多样化、个性化的教育选择和高质量、高品质的教育服务"[②],主要是从优化和丰富教育供给的角度来满足教育需求,强调的是提升各级各类教育供给的可选择性和供给质量,同时指出制约教育供给侧改革的根本问题是体制性和结构性问题。周海涛等在以问题导向审视教育供给侧改革的基础上,提出要处理好改革中"扩大有效供给与提高供给品质、清理无效供给和激发合理需求、理顺结构调整的目的与结构性改革的手段、拓宽供给渠道与优化多元治理"这四对基本关系[③],主要还是着眼于供给主体、供给品质、结构性问题等多个核心内容。张万朋等认为,教育供给侧结构性改革的核心任务是从教育发展过程中存在的问题及需求出发,促进教育内涵发展,推进教育结构调整,实现要素配置的合理化,扩大教育的有效供给,满足经济转型发展在规模、结构和质量等方面提出的需求,实现教育的可持续发展。[④] 该定义主要基于以有效供给满足经济社会发展引发的教育需求升级,关注的是教育的社会需求,定义中各内容之间层层递进,最终得以实现目的。朱永新从具体的教育问题出发,阐述了职业教育、民办教育中教育供给侧的可有作为,指出引导教育领域消费需求,提供可供民众选择的教育,办好具有现代化水平和国际品质的中国教育等教育供给侧结构性改革

① 刘云生. 供给侧结构性改革:教育怎么办? [J]. 教育发展研究,2016,36(3):1-7.

② 程耀忠. 供给侧改革视角下教育产品提供方式变革思考[J]. 经济问题,2017(4):86-90.

③ 周海涛,朱玉成. 教育领域供给侧改革的几个关系[J]. 教育研究,2016,37(12):30-34.

④ 张万朋,程钰琳. 探析教育领域的供给侧结构性改革[J]. 复旦教育论坛,2017,15(5):9-16.

的重要任务。①

在众多关于教育供给侧改革的定义中,我们可以抽离出以下具有共通性的内容,需要分析的是为什么同样是组成教育活动的重要部分,学者们要以这些关键词作为串联教育供给侧改革的核心词,这些核心词具有怎样的特征,它们能否将教育供给侧的相关内容全部包括进去。首先,出现频率较高的是"供给结构"。教育供给侧改革以教育供给结构的调整为重点,在调整数量和规模的常规策略之外,更重视教育供给中的结构性不匹配问题,重点就是解决教育供给结构与民众和社会发展需求结构不匹配的问题,形成合理的教育供给体系,如上文定义中的"打通教育壁垒"等。几乎所有学者都对结构问题有所分析,可见教育供给的结构调整是教育供给侧改革(或者说是教育供给侧结构性改革)内含的基本要素。其次,对"供给主体"有所关注,对教育供给过程中可能涉及的内外权利和利益主体的关系进行探索和分析。教育供给侧改革先要理顺教育供给主体——政府、学校和社会的关系,如庞丽娟等强调"政府作为改革的顶层框架设计者,理清教育领域政府和市场责任边界以及涉及主体之间关系构成的教育管理体制"。政府作为教育供给的重要协调者同时需要协同其他教育供给主体,而学校作为教育供给侧改革实际发生的重要场所和主阵地,定义中主要分析的就是教育机构作为教育机会、产品和服务提供者的重要地位。此外,对主体的研究在定义中出现从目的上关注社会发展对教育的需求,但一般较少出现社会作为供给主体应该承担的角色。同时,有的定义虽然并未言明供给主体为谁,却突出强调了供给的内容,也就是供给什么,这样也可以推出其所指的供给主体。再次,以体制机制改革作为教育供给侧改革的关键性以及根本性问题,尤其强调以制度创新为教育供给侧的动力和保障,如刘云生谈到的"以制度创新激发供给主体活力"。在教育供给侧改革未提出前,深化教育改革、教育综合性改革也都将体制机制改革作为重点,包括办学体制、管理体制、评价体制等一系列内外部体制改革,但从改革成效来看并不尽如人意,尤其近年来改革进入深水区,无论是改革的力度还是广度,各方利益的掣肘和动力的缺失,都给继续改革带来很大难题。教育供给侧改革提出的体制改革是以制度创新为动力的改革,这也许对以上难题的解决是较好的切入点。最后,以质量提升和可选择性教育供给为改革的核心目标。质量提升主要取决于教育诸要素和结构调

---

① 朱永新.教育也需要供给侧结构改革[J].北京教育(普教版),2016(4):1.

整,各类教育资源包括人财物的有效供给以及制度保障是提升教育质量的关键,而增强教育的可选择性,或者说是丰富供给方式、提供可选择性的教育产品或服务主要与定义者对作为主要需求方(受教育者及其家长)的关注有关,这也是因为概念定义者坚信教育需求会影响教育供给的实现并反作用于供给。此外,虽然上述定义均是以经济供给侧改革为背景,但视角或者立场上稍有区分,有的概念界定主要是从教育领域对供给侧改革的应对来谈,有的主要从教育自身发展的角度进行解读,当然也有二者兼备(如刘云生),这也导致定义呈现出的侧重点有所不同。

三、教育供给侧改革概念的条件分析

对某一概念进行条件分析意味着"确定正确使用一个概念所需要具备的若干条件,或者说意在找出一个概念被正确使用所必须具备的若干标准"①。教育供给侧改革概念的条件分析是在对教育供给侧改革初步界定的基础上,进一步对教育供给侧改革概念成立或实现的若干条件进行不断限定、变化和补充,从而能够得出决定概念的关键性、高区分度的使用条件以及标准。我们需要从一个极为宽泛的能够被多数人认可、理解和接受的概念定义出发,逐步去分析教育供给侧改革可能的限定性条件。通过对教育供给侧改革概念的定义分析,我们初步笼统地将概念界定,以期进一步限定来使概念更为精确:教育供给侧改革,是供给侧改革在教育领域展开的,以提升教育供给质量为核心,以教育供给方面的结构性改革以及制度变革为侧重,从供给端发力优化教育资源配置和创新教育体制机制以解决教育供需的深层次困境的教育变革实践。

(一)教育供给侧改革概念的行为标准

教育供给侧改革概念的行为标准是要寻找教育供给侧改革的基本出发点,寻找如果不如此行动就将无法进行任何与教育供给侧改革相关的活动,或者是注定将以失败告终的那个限定性条件。作为教育供给侧改革概念成立的基础性条件,一个能被称为"教育供给侧改革"的活动,它首先必须去了解与该活动

---

① 石中英.教育学研究中的概念分析[J].北京师范大学学报(社会科学版),2009(3):29-38.

相关的所有需求主体的真实、有效以及合理的需求,尤其是需要对关键性核心主体(学生和家长)的需求进行调查,在了解和把握其需求实质的基础上才能针对性行动,明确改革的方向和路径。教育改革是与教育问题的发现相伴而行的,一般的教育改革遵循自上而下的改革模式。这种自上而下的教育改革往往是在既有的框架下进行的不彻底的变革,它很少去关注教育需求主体究竟需要什么,或者并不去关注需求者的教育需求,即使有一定的对学生、家长的需求调查,也通常浮于表面,难以识别相关主体的需求所在,从而很难将与改革活动相关的所有需求主体的需求全盘考虑,如此就不能谈得上了解和把握主体真实、有效、合理的教育需求。

在教育供给侧改革实践中,教育需求的关键和核心主体是受教育者,需要了解和掌握的大部分也是此类群体以及关系紧密群体(如家长)的需求,并且是真实的、有效的、合理的教育需求。真实需求与虚假需求和表面上的需求相区分,是需求者表现出来的或深埋于心的对教育的期待或希望教育如此的认知;有效需求是在一定教育资源禀赋下,教育需求主体愿意并且能够购买的教育量与能够提供的教育量的关系,事实上是教育需求由潜在的教育需求转换为现实教育需求的过程,有效需求才是可以被满足的需求;合理需求事实上是一种对正当性的衡量,主体需要的合理性是价值判断的合理性,在手段上是否可能、在目的上是否进步都可以成为需求是否合理的判断标准。三者分别侧重需求的某个特性,但通常真实、有效、合理三者是紧密相连的,一个无效的教育需求,通常也是不真实、不合理的。教育供给侧改革不同于一般教育改革,不能笼统地将主体多样化、个性化的需求统合为一,如就义务教育阶段"减负"这一政策,事实上部分学生和家长的需求与政策要求并不相匹配,政策展现和能够满足的可能是一部分群体的需求,也可能只是表面上的需求,对群体内部不同类型个体的需求以及内在需求未能较好地把握。因此,教育供给侧改革必须学会甄别不同主体的教育需求,察觉主体的"未尽之言"。同时,调查和了解主体教育需求的过程不能够是简单的问卷调查之类形式化的方式,必须通过系统化的追踪、与不同类型需求者的深入沟通以及后续反馈等多个程序,不断调整对主体需求最全面和真实的理解。此外,由于主体需求的复杂性和多样性,如何在不同主体或群体内部不同需求之间进行权衡也需要理性对待。

(二)教育供给侧改革的内容标准

教育供给侧改革的内容标准是其必须关注的重要部分,确定概念的内容标准意味着缺少某些内容,教育供给侧改革将只停滞于理论形态而缺少作用之的对象以及行之有效的手段和途径。从教育供给侧改革的内容标准来看,一个能够被称为教育供给侧改革的活动,必然涉及教育理念、教育制度、包括人财物在内的各类教育资源以及教育行动的供给。

首先,教育供给侧改革必须涉及教育理念的供给。教育理念是指引和支持教育实践活动的观念认知和价值判断,任何行动都是基于对该行动的观念认知和价值追求,缺失教育理念的教育实践活动将是盲目的和难以想象的,对于教育供给侧改革这一实践活动亦是如此。教育理念供给具体可以分为教育宗旨、教育目的、教育使命、教育理想等多项内容的供给,通过这些内容,我们得以明确教育供给侧改革的性质、必须坚持的根本原则和正确方向等。从层次来看,教育理念供给又包括政府在文化传统、社会惯习等影响下制定的国家层面的教育理念以及各级各类教育机构进一步具体化和个性化了的学校层面的教育理念供给。其次,教育供给侧改革必须重视以制度创新为主的教育制度供给。如果将制度理解为一定历史阶段社会成员需要共同遵守的规范以及行为准则,那么教育制度就是教育活动必须遵循的规范和准则。一般意义上,教育制度被理解为一个国家或地区各级各类教育机构或组织,同时还包括这些机构或组织系统运行的规则,教育制度供给就是为规范人们教育实践活动而提供的法律、伦理等的行为准则或规则。教育的根本变革有赖于教育制度的变革,新制度主义尤其强调制度安排的创新性,以教育制度供给创新推动教育供给侧改革。制度供给是教育供给侧改革的动力保障,也是教育供给侧改革区分于一般教育改革的重要一点。在供给端入手推动新一轮制度变革创新,以推动制度和机制创新为切入点、以结构优化为侧重点的供给端的发力,是教育供给侧改革重之又重的核心任务。再次,各类教育资源的供给是教育供给侧改革的物质基础和基本保障。教育资源是组成教育活动的基本要素——教育者和教育影响,主要包括作为人力的师资供给和作为劳动力资源的人才供给、教育经费投入以及教学场地和教学设备等固定材料的供给,如果缺失相应教育资源,教育活动难以为继,一个不能称为教育的活动更不能称为教育供给侧改革。此外,在教育资源的提供方式上也不拘泥于政府供给,建立多元主体的供给格局是教育供给侧改革的重要目标。最后,教育行动是教育供给侧改革由理论到现实的关键一步,也是改革付诸实践的最重要的内容。从最宽泛的概念来看,任何与教育相关的行动都能称为教育供给,而只有进行供给才能进行教育实践活动的最初环节。总体而言,各供给内容之间无先后缓急之分,教育理念、教育制度、教育资源、教育行动对于教育供给侧改革来说缺一不可,甚至在某种程度上,各种要素的供给问题和制度供给问题应该是一个体系,而这些供给都依赖于教育行动本身。

(三)教育供给侧改革概念的价值标准

教育供给侧改革的价值标准意图对教育供给侧改革应该如何进行价值导向方面的引导和限定,从概念的价值属性来看,教育供给侧改革必须在满足需求者合理教育需求的同时还能引领其需求向更高品质发展。诚然,教育供给侧改革是从供给端出发的改革,但从始至终都未将需求端放置于其对立面。相反,由于教育供给和需求的紧密联系,教育供给侧改革必须以能否满足并引领需求者教育需求为其价值标准。

过去一段时间,由于凯恩斯主义的盛行,我国主要以需求侧管理和改革来推动教育改革和发展。例如,义务教育阶段面对择校现象实行的就近入学政策和电脑摇号入学。在高等教育中,根据社会发展需要设置培养目标、科类和专业结构,以教育供给满足需求者的需求为主要目的,社会发展、市场和人民需要什么,教育就供给什么(如扩大高等教育招生规模),而很少考虑需求合理与否,以及促进需求者需求升级的问题。需求侧改革是对一段时间内教育问题的被动回应而缺少具有前瞻性的眼光,教育需求与总体生产力发展水平、人的认知预期和行为动机等因素相关,因此能够引起教育需求变化的相关因素不能从其内部直接得出,而是要从供给侧寻找,教育需求能够被满足和引导而难以成为实质上改革的对象。对比需求侧,供给侧能够通过结构性调整和制度创新等教育供给的变革来提升教育的整体运行环境,能够更好地满足需求者的教育需求,甚至一些需求者自身都尚未察觉到的深层次教育需求。一方面,当前我们可能仍旧需要通过提升供给质量和供给可选择性等来满足不同需求主体的教育需求,但这种对需求者合理教育需求的满足与需求侧改革对需求的满足有所不同,它是建立在对供给侧的质量提升和结构调整基础上的,是从供给端出发的主动改革而不是仅仅对主体需求的被动应对。当然,教育供给侧改革还不能停留于满足需求者合理教育需求这一层次和阶段,其更高的价值目标是必须能够以教育供给引领和创造教育需求,使得需求者的教育需求向更合理以及更高品质发展。供给结构影响和制约需求结构,不合理的、低品质的教育需求通常是由不合理的教育供给结构和低质量的教育供给引发的,目前的现实反而是升级的教育消费需求难以找到恰当的教育供给,如教育供给难以满足高品质教育需求导致的需求外流,由此倒逼教育供给侧改革。新供给主义经济学认为,"新供给创造新需求",虽然需求自身也存在着升级的可能性,但教育供给侧改革不能寄希望于此种不可控的因素,而是要牢牢掌握供给这一主动权。从正常的教育供需环节来看,通过教育供给的转型升级来引领需求的升级,教育供给侧改革正是不断促进供给结构升级,产生新供给的过程。由此看来,教育的供给侧改革必须要联动需求侧改革,以教育供给满足、引领和创新教育需求升级,推动教育的良性发展。

(四)教育供给侧改革概念的合理性标准

对思想、行动及其结果的合理性反思是人类历史发展的产物,合理性首先可以理解为合乎理智和逻辑,即一个事物或活动是理性的和逻辑自洽的。对教育供给侧改革概念进行合理性标准的限定不是要寻找其一般意义上的符合理性和逻辑性,而是从价值判断的角度来看教育供给侧改革的价值正确性,也就是合目的性和合规律性的统一。从宏观上是要符合社会共同的思想准则或行为准则以及社会历史发展的方向和趋势,从具体微观上是既要能符合教育供给侧改革主体的目的,也要能符合作为教育供给侧改革对象教育的规律,即从目的合理性和形式(手段)合理性的角度来对教育供给侧改革概念进行限定。

从目的的合理性来看,教育供给侧改革的追求对象必须是合理性的。从社会发展角度来看,要以促进社会经济的进步和发展为目的。从教育自身视角来看,教育供给侧改革必须将促进公平而有质量的教育作为其存在的合理性标准,要以教育质量提升和推进教育公平为目的。学前教育阶段的"入园难""入园贵"、义务教育阶段的"择校热"等教育公平性问题以及高等教育阶段人才培养都显示出教育领域的供给侧动力不足。因此,通过调整教育供给侧要素和结构,从供给端入手实现教育资源均衡发展,解决教育质量、公平性问题和结构性问题的必要性日益凸显。而对个体而言,教育供给侧改革要能够促使个体成为真正意义上的"整全"个体,实现个体的全面发展。与经济供给侧改革不同,教育供给侧改革必须在遵循教育自身逻辑的同时以人的健康发展为目标。

(五)教育供给侧改革的成就标准

教育供给侧改革概念的成就标准旨在对教育供给侧改革预期的完成状态

进行限定，是对实然的教育供给侧改革的描述和规范。一个能够被称为成功的教育供给侧改革，必须能够激发教育供给主体的活力，化解供需矛盾，使得教育供给主体能够满足或者基本满足教育需求主体的合理教育需求。首先，教育供给侧改革是涉及多个主体多方面内容的复杂改革，教育供给的品质很大程度上取决于教育供给主体的供给意愿和努力程度，也与供给主体之间能否相互协作、有条不紊地完成教育供给实践相关。而当下教育供给体系的僵化正折射出教育供给主体的乏力。教育供给侧改革必须能够以明确的制度来激励教育供给主体，形成供给合力。其次，教育供给侧改革主要解决的是教育供需矛盾这一问题，受教育总体增量保持平稳状态的影响、教育体制机制的束缚和制约以及教育资源分配方式的低效率，教育供给与需求之间的结构性不平衡较为突出。当下的教育供需矛盾主要是日益发展的人民对优质化、个性化、多样化的教育需求与教育现有供给难以满足之间的矛盾，体现在质量和结构等方面的不平衡。最后，满足需求主体的基本合理需求是教育供给侧改革成功与否的基本判断标准，如对人民"有学上"基础上"上好学"的需求、多样化和个性化教育需求的满足。

通过以上对教育供给侧改革概念多方面标准的层层限制，现在我们可以较为清晰地看到与教育供给侧改革相关的关键性概念以及概念得以成立的必要条件。本研究从供给与需求的复杂关系出发，认为"教育供给侧改革"指在一定时间和空间条件下，在了解需求主体真实、有效、合理的教育需求基础上，依托资源分配方式、教育治理方式等制度性变革，通过清理落后无效的教育供给和调整教育供给结构来解决教育有效供给不足、供给结构与需求不匹配等主要矛盾，进一步合理划分不同供给主体的责任边界，激发供给活力，完善教育管理体制和办学体制，明晰经济社会发展所引发的教育需求内容和层次的变化，注重学校的特色化发展和教师队伍建设，促进学生健康、自由而全面的发展，进而实现"办人民满意的教育"的供给目标。

第二章 教育价值实现的逻辑与 供给侧改革的制度保障

　　价值问题是人特有的问题,是属人的问题,人类的任何社会实践都与价值紧密相关。从历史观和价值观相统一的角度来看,人的社会实践活动本身就是价值活动,是人以自身需要、能力、目的等为尺度,认识、了解、利用、创造客体的对象性活动。教育活动同样如此,教育是探究人与人关系的对象性活动,可以看作通过人本质力量的不断发展形成、提升人的价值,从而作用于认识、改造客体以满足人的复杂性教育需要的实践活动。无论从何种意义上,至少在人的理想需要中,教育都应当也必须是一种向"善"的以及"好"的教育。要建构一种善的教育,就要对教育价值的最基本的理论问题进行探讨。以往对教育价值的研究大部分集中于对现实教育活动中价值的澄清,或是对价值展现方式加以分析,而少有从教育价值的发生和实现的角度对教育价值相关理论问题进行分析,从而深入剖析纷繁复杂的教育的价值生活。

　　对教育价值的分析离不开哲学的视角,价值哲学自肇始到发展形成了丰富的体系和众多流派,马克思主义价值论是其中之一,更是对我国价值理论研究影响深远的学说,以此为立场探讨教育价值相关理论问题,分析教育价值发生和实现的逻辑和结构。教育供给是教育价值实现的基础性条件,教育供给侧改革从本质上来说就是在探索如何更好地实现教育活动本身的价值以及培养人这一根本价值。为了更好地推动教育供给侧改革,实现教育价值,必须建立教育学立场的制度保障。制度保障本身作为一种价值规范,能够倒逼教育活动形成良好的价值秩序。从这个层面来说,教育价值实现与教育供给侧改革是目的与手段的统一,教育供给侧改革是推动教育价值实现的加速器。

一、价值问题与价值哲学的发展

（一）价值是属人的问题

"人"是一切价值的前提、标准和归宿。价值问题是人们在社会实践中必然遭遇和需要面对的问题，是与人相关的和人特有的问题，是属人的范畴。只有相对于人而言，才可能谈及价值问题。人是一切价值的主体，是一切价值产生的根源来源，是价值创造、实现和享用的主体，人的主体尺度是价值评价的标准，也是一切价值的最终归宿。价值不是某种先验的既在，而是随着劳动创造人而产生的区别于一般事实性存在的意义。价值源于人们的生活实践，依托于人的社会历史进程，价值问题不断得到确认和发展。在人类活动和社会历史领域之外没有任何价值因素，价值的存在与人的存在和社会的存在起码在时空上是一致的。① 人自身也是一种价值的存在，人的存在虽然要受到外部自然界的种种限制，但与动物不同，人能够通过自己的劳动不断追求、创造和实现价值，从而不断地发展自己，成为"人"之所是。作为价值存在的人不是抽象的存在而是在具体的价值活动中的存在，正是在人最初的生产劳动活动中基于自身的需求和能力与自然对象产生了最初的价值关系。只有与人的具体历史生活实践相联系，具体的价值现象和价值问题才能够得到合理的解释。同时，价值与人的需要、欲望、情感、目的、能力等密切相关，只有从人的需要、能力、情感等出发，立足人的主体尺度和主体间关系，在人的社会历史发展当中才能够接近和发现价值的奥秘。

价值与人的社会历史发展相一致，价值问题渗透在伦理学、政治学、经济学、宗教学、美学等人类各型各色的社会历史进程当中。从词源学分析，"价值"一词本义多与"善""好"等相关，这也与价值研究最初多见于伦理学领域的事实相符，而在经济学领域中多与"价格"相关联。"价值"的英文"value"来源于拉丁语"valere"，释义有"be force，be well；be of value，be worth"。"价值"可以表示身体有力量、健康。当然，这层含义现在已经不再使用。此外，指有意义、

---

① 张书琛. 马克思主义哲学与价值发生论[J]. 内蒙古社会科学（文史哲版），1996（2）：1-5.

有价值的以及"值得、价值"相当的含义,这种用法与伦理学中的用法大致相近。"value"作为动词时,主要指"评估价值""高度赞扬或评价";作为名词,13世纪时将一件物品的内在价值等于价格,在经济学领域应用中,将价格作为价值的表现形式来衡量物品价值的大小。到14世纪晚期,"效用说"较为流行,"价值"多用来表示某一事物有用或可估计的程度。德语中,"价值"被称为"wert",有四层意思:一是指具有一定的材料价值、一定的价格或购买的价格;二是某物或某人很重要、有意义,值得珍视;三是某事是值得的、应得的;四是被尊重和尊敬等。从"价值"的中文词源来看,"价"和"值"一般单独出现,连续出现如"价值几何"是在询问某物的价格。依据《说文解字》的解释,"价"字读作"jiè"时,本义表示"善";读作"jià"(写作"價"字)时,表示物的价值或者价格。而"值"字,本义是"措,放置",引申为"相当、相遇"之义。"价值"二字合起来看,就具有与"善"相当以及与"价值"相当的含义。

而在日常语义中,"价值"更是与人的生活实践紧密关联的,以人的尺度去评判各类事物、事件、活动和人的价值高低程度是再自然不过的标准。通常来看,可以分为三种不同情境的用法:一是评价某一事物能否为人所用,对人"有用"的、能促成人的目的之达成的事物就是有价值的,这是对价值事实的判断,在经济学中称为物的使用价值,如"食物的营养价值、动听音乐的功能价值、对人有帮助的工具"等就指的是此种价值,反之则无价值。二是评价与人的目的相关的、人所追求和向往的"意义性"所在,即人的活动、人的行为和意向等是否有意义,如"民主、自由、尊严"就正是此种意义上的价值追求,是为了说明这些品质对人来说非常重要而不强调有用与否。三是作为价值判断来断定事件、活动甚至人的行为的"好"和"坏",好的就是有价值的,反之无价值,这更接近伦理学和道德意义上的价值用法,对"好人""坏人"的评价正是基于道德品质及其表现出的道德行为而言的。这三种不同的评价分别衡量的是客体属性满足主体需要的有用性、客体特征对人的意义和重要程度,以及伦理学意义上的"善"和"正当"。

从以上词源学和日常语义的分析中已经可以初步窥见,价值思想或者说价值问题事实上早已存在,古代政治学、伦理学、美学中都出现了善与恶、正义与非正义、美丑等基本价值问题和范畴的探讨和回答,无论是西方柏拉图的《理想国》、亚里士多德的《尼各马可伦理学》,还是我国《论语》《孟子》中都闪烁着价值思想的光辉。但是,这些自发的、零散的对价值问题的思考都尚未达到对一般意义上价值的自觉、系统思考和辨析。现代意义上的价值可以自李凯尔特、文德尔班为代表的新康德主义的弗莱堡学派算起，明确表示哲学就应该是价值哲学，这才产生了现代意义上的价值哲学。在此之前，"价值"一词更多在经济学范畴中被使用。

（二）哲学的价值论转向——现代价值哲学的产生与发展

价值论和伦理学的关系非常紧密。从哲学意义上对价值问题的研究可以追溯到古代伦理学中对"善恶""美丑""正义与非正义"等价值问题的讨论和回答，在 20 世纪以前，伦理学就是价值论，而在西方现代价值哲学产生前期，一些现代西方哲学家对传统伦理学中"善"的概念内涵和外延的扩展、泛化也促成伦理学转向一般价值论。① 虽然伦理学研究的就是道德领域的价值问题，诸如"善""好"之类，但也是现代价值论的基本主题，道德判断是哲学家在价值判断当中最为关注也是最艰深的部分，这也是价值哲学和伦理学问题紧密相关的原因所在。因此，在价值哲学研究中看到伦理学家的身影再正常不过。

现代价值哲学的产生与当时哲学和科学的发展状态密切相关。一方面，自然科学及其方法高歌猛进；另一方面，以理性主义思维方式为基础的认识论哲学独占鳌头，在伦理学等价值问题领域也呈现出哲学"认识论"的思维方式。很长一段时间内，价值问题都未得到哲学研究的足够重视，从"是"到"应当"的推论过程作为一个不予置疑的既定前提而被默认。休谟对这种科学主义的方法论的合理性及以神学为基础的道德体系的合理性持"怀疑"态度，在《人性论》中指出："这个应该或不应该既然表示一种新的关系或肯定，所以就必须加以论述和说明；同时对于这种似乎完全不可思议的事情，即这个新关系如何能由完全不同的另外一些关系推出来的，也应当举出理由来加以说明。"②"休谟问题"的核心就是如何从事实判断过渡价值判断是需要做出说明的，能否解决休谟问题、弥合二者间的鸿沟也成为后来的伦理学和价值哲学研究的关键性理论问题。康德在休谟怀疑的基础上，提出了"事实的知识"和"价值的事实"两个概念，在对理论理性、实践理性、判断力的批判中分别探讨了人的认知、道德和审美价值。真正将价值引入哲学领域并将价值研究提升到哲学地位的当属洛采，

---

① 张书琛. 现代西方一般价值论的兴起和发展[J]. 学术研究,1999(3):38 - 44.
② 休谟. 人性论[M]. 关文运,译. 北京:商务印书馆,1980:509.

由此,西方哲学出现了重大的价值论转向。到了新康德主义者文德尔班的新价值哲学,他为作为独立学科地位岌岌可危的哲学找到了价值研究的新出路,即哲学"只有作为普通有效的价值的科学才能够继续存在"。

作为以一般价值为研究对象的独立哲学分支学科的价值哲学,其真正形成则在19世纪末20世纪初,并基于不同的立场、视角、研究方法等形成了不同的流派。在我国学者引介西方价值哲学的过程中,不乏有学者根据其历史发展的逻辑或问题逻辑等将现代西方价值哲学研究进行梳理和分类,如分为主观主义、客观主义价值理论等。根据西方价值哲学关注的问题及其方式的不同,可以将其分为四种不同的研究路向。①

第一种是以洛采、舍勒、文德尔班、尼采等为代表的先验主义路向。这种研究路向的共同点在于将价值视为先天的、独立于经验的存在,主要以批判与重建价值观念体系为目标。被称为"价值哲学之父"的洛采在1858年发表的《小宇宙:论人及其与世界的关系》中,对事实、价值、规律三个领域做出区分。他认为价值是自在地存在着的观念,其与事实的主要区别在于价值同目的、理想、意义不可分离,经验事实和普遍规律都是达到价值这一目的的手段。洛采致力于"在道德善之外把美、幸福与神圣统一到这个全部都具有价值的善之综合体中"②。他用可见的"红"来类比价值发生的过程,即"价值本身—价值物—价值显现"的过程。

如果说洛采将价值提升到思想的中心地位,那么其学生文德尔班将价值提升到了哲学地位。作为新康德主义的代表人物,文德尔班认为哲学是追求"普遍价值的学说",这个普遍价值实际上就是康德作为最高道德原则的"绝对命令"。文德尔班把世界分为"事实世界"(即"表象世界")和"价值世界"(即"本体世界")以及相对应的"事实知识"和"价值知识",这种事实和价值二重分离的观点在一般价值论研究中影响较为广泛。文德尔班的新价值哲学属于新康德主义式的评价——认知型的价值哲学。他认为,哲学的根本问题是价值和评价问题,人的意识中先验地存在普遍的价值标准。尼采作为文化批判的肇始者,将意志的实现作为最高的价值目标,开启了近代非理性主义的传统。他提

① 冯平. 现代西方价值哲学经典:先验主义路向:上册[M]. 北京:北京师范大学出版社,2009:4-6.

② 郝亿春. 洛采与现代价值哲学之发起[J]. 哲学研究,2017(10):85-91.

出人是价值评估者,价值是人主观评价和赋予的结果,通过考察包括科学、哲学、宗教、道德领域的价值,要求按照"权力意志"的标准"重估一切价值"。总体上,他们将价值视为先验的绝对自明的,从而忽视了价值的历史性等特征。

第二种是以杜威、乌尔班、培里、刘易斯为代表的经验主义路向。其共同点是将经验世界作为价值哲学研究的唯一对象,关注价值的本质以及评价问题。乌尔班于1906年写了一本名为《评价其性质和规则》的著作,从而把一般价值论引入英语世界。培里在1926年发表《一般价值论》(又译《价值通论》),界定了一般价值的概念,将价值领域分为道德、宗教、艺术、科学、经济、政治、法律和习俗八个领域。他认为,价值是我们意愿或兴趣对象的一种合理的属性,一个对象是否有价值关键在于我们是否对之产生意愿或者兴趣,而我们是否对之产生了意愿或者兴趣是可以经验到的。

杜威的价值哲学以评价理论为核心内容,站在自然主义和经验主义的立场,他认为价值哲学的研究主题应该是评价判断及以其为前提的创造价值。他关注的是价值的发生条件及其产生的后果,从效果和结果所具有的内在性质去界定价值。在他那里,价值不是已然的存在而是创造活动的结果,即"作为智慧行动后果的享受"。杜威将实验的方法引入价值哲学研究,用实验结果作为评价的标准,并且这个标准是在价值判断过程中不断生长的,欲望和兴趣(需要)评价判断的内容或对象。① 他将价值判断看作事实判断,价值判断的对象就是经验对象的条件与结果。他反对事实与价值、目的和手段的二元划分,提出"价值事实"这一概念,即人类以生存、生活为目的的选择和拒绝活动。②

第三种是以布伦塔诺、迈农、艾伦菲尔斯、舍勒等为代表的心灵主义路向。其共同点是关注人的心灵、情感、意向、意志等成分,从人的心灵出发探寻价值的根源。布伦塔诺在他的《道德知识的起源》(1889年)一书中探讨了价值判断的源泉和价值评价的公理等问题。借鉴亚里士多德的灵魂论,他将人的心理现象,注重阐发价值的客观性和内在自明性。

迈农于1894年发表《价值理论的心理——伦理学探讨》一书,他认为价值是足以使我们喜欢、产生快乐的东西,他的价值学说可以看作情感愉快论。艾伦菲尔斯在1896年的《价值论体系》中认为,一种东西之所以有价值,并不在于

---

① 冯平.杜威价值哲学之要义[J].哲学研究,2006(12):55-62,124.
② 王玉樑.论杜威对价值哲学的探索与贡献[J].社会科学研究,2000(5):59-65.

它的存在并能产生快乐,而在于我们追求并垂涎于它。① 舍勒从现象学方法出发,建立起实质伦理学意义的价值理论。他试图以本体性的"价值存在"为伦理学和道德生活奠基。在舍勒这里,价值是一种功能性的存在,价值只有在它将自身现实化于一事物、一事态或者一个人格等之内的时候才存在,是在一种意向感受行为中被给予的,只能通过意向性的感受,在感情中加以直观把握。② 但是,以心理学和生理学为基础,很容易将价值产生的自然前提当作价值本身来研究。

第四种是以摩尔、莱尔德、罗斯、艾耶尔、黑尔为代表的语言分析路向。其共同点是从语言分析和逻辑的方法研究价值问题,内容主要集中于伦理学的核心概念问题和道德判断问题。根据其语言分析的不同风格,可以将其分为直觉主义、情感主义和规定主义。作为元伦理学家,语言分析路向的研究者们分析基本价值词的意义或用法,主要表现为对"善"这一价值词的分析。研究一个判断构成道德判断须具有的性质以及探讨道德论点怎样才可说有正当的理由。直觉主义者认为"善"是不可定义的,情感主义者认为"善"是妄概念,是情感的表达,规定主义者认为"善"是赞许的规定语言。摩尔最初在其 1903 年发表的《伦理学原理》中最早运用语言分析的方法分析"善"的意义,其后逻辑实证主义者和日常语言分析哲学家更广泛地运用语言和逻辑分析方法研究价值问题。摩尔认为"善"不可定义,"关于善的诸命题全都是综合的,而绝不是分析的",把善分为"内在善"和"外在善",批判了把善和善事物的其他性质相混淆的"自然主义谬误"。摩尔、罗斯等主角主义者认为善或价值是凭借直觉能够把握的非自然性质。艾耶尔认为价值词只有感情的意义而无认识上的描述意义。规定主义者黑尔认为价值词同时具有描述性意义和评价性意义,价值词具有独特的赞许功能,通过价值判断的普遍规定性语言指导人们行动和选择。语言分析路向虽然较为清晰地分析了一些价值概念,但使得价值哲学脱离了对人类价值问题的分析和对价值生活的关怀和指导。

此外,还有存在主义、人格主义等追求突破传统理性主义道路,立足于非理性主义的人本主义来探讨价值问题。20 世纪中叶后,价值论研究出现了又一次

---

① 刘继. 现代西方价值论概述[J]. 人文杂志,1988(2):19 – 24,33.

② 钟汉川. 价值认定与价值存在:马克斯·舍勒的价值现象学探析[J]. 南开学报(哲学社会科学版),2011(1):90 – 100.

重要的转向,60 年代的苏联和东欧、80 年代初的中国展开了马克思主义价值论研究。马克思、恩格斯所处时代价值还多见于经济学范畴,现代价值哲学才初步产生,还未形成独立的价值哲学学科,这决定了在现代价值哲学中没有被作为重要的代表。但马克思、恩格斯及其后继者发展形成的马克思主义理论中却蕴含着重要的价值思想,需要我们进一步深入挖掘。

二、马克思主义价值哲学及其价值发生

囿于时代的限制,马克思本人没有也不可能建立其系统的价值哲学体系,亦不可能回应西方价值哲学的基本问题,在其著作中也较少使用哲学意义上的价值概念,因而马克思主义理论的价值意蕴在很长一段时间内都未被得到重视。事实上,马克思、恩格斯立足无产阶级的主体立场,对资本主义制度下人的物化、异化及其产生的经济和制度基础等开展了深刻的价值反思和批判,其价值思想主要表现在对"物化""异化"现象的批判反思与倡导"人道主义"两大方面。马克思的"从事实际活动的人"出发、立足实践"改变世界"、使人与社会都获得自由而全面发展的哲学倾向,包含着既丰富又深刻的价值意蕴,昭示着一种理论与实践高度融合的新价值哲学。就整个马克思主义而言,它不仅代表马克思本人的观点,其后来者对马克思的继承、创新和实践也是马克思主义理论的重要组成部分。马克思主义价值论以实践唯物主义和历史唯物主义为基础、以人的活动即历史和实践为对象,是关于价值和价值意识的本质与规律,并依据价值规律实现人类解放的科学理论。①

(一) 马克思主义有价值哲学吗?

马克思主义理论是在对西方传统哲学批判与继承的基础上建立起来的,马克思以其实践的观点指出"改变世界"才是哲学的任务和目标,克服了旧唯物主义和唯心主义抽象的对立,解决了主观与客观、认识和实践的具体的历史的统一问题。从不同角度理解和阐释马克思主义理论,可以得出作为"生态学""政治经济学""人学"等的马克思主义理论。20 世纪中叶以来,作为价值哲学的马

---

① 李德顺,孙美堂. 马克思主义价值论发展探析[J]. 中国特色社会主义研究,2013(6): 5–11.

克思主义理论得到广泛关注,但对马克思主义理论有无价值理论,价值在马克思主义理论中的地位如何,在苏联和中国研究者中都还存在一定分歧。事实上,在马克思主义经典作家那里本来就存在着科学与价值的内在差别,即是人道主义的马克思,还是科学理论存在争议。

关于马克思主义有没有价值理论主要分为几种看法:一是认为马克思主义理论是科学理论,与价值理论不相容;二是认为马克思主义只有关于价值的思想而无理论;三是认为其有价值理论,但是经济学价值的理论;四是认为马克思既有经济学意义上的价值理论,也有哲学一般意义上的价值理论。事实上,马克思、恩格斯的著作中,虽然没有哲学意义上的一般价值概念的直接论述或明确定义,但包含了哲学意义价值的思想。马克思主义从诞生之日起,就有着最为鲜明的价值立场、价值取向和价值目标。[①] 马克思本人包括马克思主义的学者事实上都从自己时代的问题出发探讨过价值问题,因此我们认为马克思主义是有价值理论的。图加林诺夫曾指出:"价值问题是同马克思列宁主义的最深刻实质、同它的灵魂相联系的。"进一步可以说,马克思主义本身就是基于经济、政治、宗教、社会和文化批判,反映无产阶级根本利益、致力于无产阶级和全人类解放的价值体系。[②]

马克思主义理论既有商品价值,也有一般意义上的价值,但二者关系如何也存在一定分歧。部分学者认为经济学的商品价值就是马克思主义哲学意义上的价值,如郝孚逸、郝晓光等。现实经济活动与人的主体性,既属于经济学范畴,又属于哲学范畴。[③] 商品价值就是马克思主义哲学意义上的价值,即反映生产者的劳动的社会性质和生产者之间的社会关系的商品形态,就是价值。[④] 另有观点认为,马克思主义经济学的价值与其哲学意义上的一般价值是普遍与特殊的关系,即哲学的价值概念和政治经济学的价值概念之间,表现出某种一般和个别的相互联系,不是彼此完全排斥的。[⑤] 事实上,马克思很注重区分经济学价值范畴和日常生活或其他学科价值概念的区别,在其著作中也的确在非经济

---

① 李德顺. 价值论[M]. 2 版. 北京:中国人民大学出版,2007:17.

② 孙伟平. 价值哲学方法论[M]. 北京:中国社会科学出版社,2008:58.

③ 余源培,赵修义,俞吾金,等. 关于经济哲学的笔谈[J]. 中国社会科学,1999(2):78-85.

④ 郝晓光. 价值是使用价值和交换价值的扬弃:论商品价值的哲学意义[J]. 湖北社会科学,1987(3):10-18.

⑤ 李德顺. 马克思主义价值论[J]. 江淮论坛,1992(5):8-11.

学意义上使用过价值概念,那些从文化、社会意义上使用的价值概念不是用经济学价值概念能够解释的。

但是,马克思只在其商品价值中明确阐述了价值、使用价值、交换价值、剩余价值等概念,对于一般意义上的哲学价值概念马克思本人并没有较为明确的界定,马克思主义作家那里也并没有可以参考的现成答案。要想进一步理解一般意义上的价值,还需要立足于马克思主义价值的实践立场等进行分析。

(二)剩余价值理论——政治经济学意义上的价值

马克思通过对古典政治经济学的批判性继承,形成了较为科学的价值概念体系。在马克思之前,主流的经济学价值理论主要有生产费用论、效用论、均衡价值论、劳动价值论等。古典经济学中的劳动价值论主要代表人物是李嘉图,他认为劳动决定价值,起决定作用的是社会必要劳动时间。从产品供给的角度来看,生产费用论认为商品的价值由其生产所需的费用所决定,要素价值理论认为价值来源于生产要素。从需求角度出发研究,效用价值理论认为商品的价值是由其使用价值决定的,边际效用价值论进一步将价值及其决定看作心理现象和物品相对稀缺的结果,边际效用决定商品价值。以上学说在不同程度上都存在着自身难以克服的缺陷,均衡价值论从供需两个角度出发,认为商品价格决定于供给价格和需求价格相一致时的价格。

在《资本论》《政治经济学批判》等著作中,马克思对政治经济学中的各种价值范畴做了审慎辨析。他从劳动的视角来理解不同的价值形式,认为商品使用价值、商品价值、剩余价值、一般价值等人类价值形式代表了人类对象化活动的进化历史。[①] 马克思以商品这一"劳动产品在现代社会所表现的最简单的社会形式"作为研究起点,指出使用价值是劳动产品能够被交换和作为商品的重要原因,是物对人的有用或使人愉快的属性,反映的是商品自身所具有的属性,表示的是物和人之间的关系。[②]

马克思指出:价值的第一个形式是使用价值,是反映个人对自然关系的日常用品;价值的第二个形式是与使用价值并存的交换价值,是个人支配他人的

---

① 崔三常,刘娟. 哲学视角下马克思经济学价值概念与一般价值概念的内在统一性[J]. 广西社会科学,2016(3):52 – 56.

② 马克思恩格斯全集:第 26 卷[M]. 北京:人民出版社,1974:326.

使用价值的权力,是个人的社会关系。① 通过对商品二因素的分析,他把价值从使用价值中抽象出来,认为价值是凝结在商品中的一般的无差别的人类劳动,取决于生产这个商品时所需的社会必要劳动时间。马克思是把现实的价值关系放在不同的社会经济背景和结构当中去理解价值的,立足于整个人类社会历史发展过程,他把商品价值理解为"消耗在物上的劳动的一定社会方式"②,始终把价值理解为劳动过程中物和人的社会关系,交换价值的生产也只是人类社会生产发展到资本主义这一特定社会阶段的产物。

马克思指出创造商品价值的劳动二重性是形成商品二因素的根本原因,区分了具体劳动和抽象劳动,前者创造使用价值,后者创造价值。其后,他从个别商品的使用价值中抽象出纯粹的交换价值,表征的是商品量的差别,生产商品所耗费的劳动量是交换价值的基础。在商品价值概念的关系上,使用价值是价值的物质承担者,交换价值是价值的表现形式。马克思的商品价值除了对商品生产者之间物与物的交换关系加以说明,还揭示了其背后的人与人的社会关系,揭示出价值是一个社会范畴的要义,同时分析了资本主义社会剩余价值产生的根源并批判了商品与人的重要性颠倒等人的"物化""异化"等现象。

(三)马克思主义价值哲学

1. 马克思主义价值哲学的主要观点

马克思的价值概念主要是在作为政治经济学的商品价值中阐发出来的,但他的价值概念绝不仅仅局限于商品价值概念。马克思的劳动价值论具有很深的哲学意境,但它的确不是当代价值哲学意义关于价值现象的普遍性的哲学理论。把作为物对人的关系的使用价值作为价值哲学的"一般价值",是马克思所反对和批判的瓦格纳的"一般价值定义"、瓦格纳们所奉行的价值哲学。③《1844年经济学哲学手稿》中,马克思深刻剖析和批判资本主义经济关系导致人的异化,提出了共产主义社会理想和价值观念。与此同时,马克思冷静地考察了价值和人的价值问题的一些深层理论基础。他认为,人的活动与动物的本

---

① 马克思恩格斯全集:第30卷[M].北京:人民出版社,1995:127.
② 马克思恩格斯全集:第23卷[M].北京:人民出版社,1972:99.
③ 鲁品越.再论马克思的"价值定义"与马克思主义价值哲学之重建[J].教学与研究,2017(2):16-24.

能活动存在本质区别:"动物只是按照它所属的那个种的尺度和需要来建造,而人却懂得按照任何一个种的尺度来进行生产,并且懂得怎样处处都把内在的尺度运用到对象上去。因此,人也按照美的规律来建造。"人类劳动中有两个尺度,这个"任何一个种的尺度"包括"主体的内在尺度"和"客体的外在尺度"。实际上,马克思是把价值确认为人的本质力量对象化的显现。

关于价值的本质,马克思实际持的是"关系-实践说"立场。"改变世界"是马克思主义哲学的重要出发点,因此实践就成为马克思理解价值的密匙。同时,实践是作为主体的人的实践,以主体尺度为视角理解价值现象的基础,价值与人的社会历史性实践相联系起来。因此,只有通过人的社会实践和社会关系才能构成价值及其表现形式,"价值本质上是人自己的对象性活动及其产物对于自己生存和发展的意义"。在马克思看来,价值既不是实体物的属性,也不是物的存在本身,价值只能在人的实践活动、社会关系以及人的行动中产生,并逐渐发展为政治、经济、审美等各类现实形态的复杂价值体系。此外,马克思、恩格斯还探讨了人的需要、利益与人的活动的历史方式及其条件等具体的价值原则和价值问题。

价值批判是马克思主义价值哲学的本质特征,马克思对宗教、资本主义制度下人的"物化"和"异化"进行了深入的批判。批判的目的是建构,通过对现实世界的反思、批判,通过对异化等现象背后的资本主义制度根源的批判,马克思建立起一个以人为目的的、促进人与社会自由而全面发展的共产主义价值体系。马克思的价值概念始终都是围绕着实现人的自由而全面发展这一价值立场的,人的自由全面发展是马克思价值理论的终极目标和追求,以"现实的人"作为价值主体,从"现实的人的存在方式"——实践活动出发,在社会主义最高形态——共产主义社会中,才可能实现这一理想价值目标。

马克思的后继者们或在社会主义革命过程中,或在对人的主体性复归的呼唤中对价值问题有所论述。20世纪初,西方马克思主义兴起对马克思理论研究的众多流派,其价值思想主要表现在对"物化""异化"现象的批判反思与倡导"人道主义"两大方面,通过分析"物化""异化"现象,来批判资本主义对人与物关系的颠倒、对人的主体性和价值的否定,寻求人的主体性和自我意识的复归。① 作为马克思列宁主义的重要组成部分，列宁的价值思想当中最为突出的是将实践同时作为真理标准和价值标准，他认为人们的需要、利益和兴趣是主体实践和认识的动力，它们的满足和实现程度是评价的重要因素之一。而在列宁逝世后，马克思主义价值论研究在苏联受到意识形态的制约，将价值论作为主观主义和唯心主义而束之高阁。直到1960年后，随着意识形态的解放，以图加林诺夫为代表的苏联学者展开对价值问题的研究。

中国价值哲学研究由真理标准大讨论所开启，一开始就是在马克思主义认识论视域中进行的，马克思主义研究者李连科、刘奔、李德顺、王玉樑、王克千等都坚持马克思价值理论的实践路径。随着马克思主义哲学研究的深入，主体性范畴、实践的观点、实践唯物主义都进入中国价值论研究的视域，其研究的主要范围集中于"实践唯物主义的价值本质论、以全面反映论为基础的评价和价值观念理论以及科学共产主义的价值理想信念"。中国价值关系说以主客体关系为框架、从满足需要角度把握客体对主体的价值的思想基础。价值是主体与客体相互作用的产物，是主客体相互作用中客体对主体的效应，主要是对主体发展完善的效应，从根本上说是对社会主体发展完善的效应。② 如李连科提出价值是"客体与主体需要之间的一种特定（肯定与否定）的关系"③。也有学者认为，从价值生成来看，价值的本质是人的本质力量或主体性的对象化。这是从人的主体性、创造性、能动性的角度看待价值。以马克思主义哲学价值理论的立场和视域来看，价值是人们在社会实践活动中产生的，以主体的目的和需要为尺度的一种客观的主客体关系，是客体的存在、性质及其运动是否与主体本性、目的、需要、能力等相一致、相适合、相接近的动态关系。④

2. 价值发生是在人类实践活动中展开的

从马克思主义唯物辩证法中发展的观点来看，作为"过程集合体"的世界是不断变化发展的，任何事物都有其发生、发展、灭亡的规律，作为价值主要基础的人类活动和社会历史有其自身原始发生和历史发展的不断流变的动态过程，

---

① 李德顺，孙美堂. 马克思主义价值论发展探析[J]. 中国特色社会主义研究，2013（6）：5-11.

② 王玉樑. 21世纪价值哲学：从自发到自觉[M]. 北京：人民出版社，2006：151-152.

③ 李连科. 世界的意义：价值论[M]. 北京：人民出版社，1985：55.

④ 李德顺. 价值论[M]. 2版. 北京：中国人民大学出版社，2007：101.

价值本身也是在人类活动和社会历史过程中不断产生、发展、转化、重塑的。① 发生学正是研究事物发生和发展的规律，价值的发生是以发生学的方法和视角来研究价值产生和发展的基础、条件以及全部过程。不理解价值赖以产生的前提、基础以及价值发生过程，就难以把握价值的实质内涵。马克思主义哲学是实践哲学，马克思主义价值理论也是"关系－实践"立场下的价值学说，在马克思主义价值理论看来，价值哲学就是关于实践和源于实践的学说。价值本质上来源于客体，取决于主体、产生于实践。② 价值从发生、创造和实现的螺旋上升过程是扎根于作为人类对象性活动的实践当中的。

从价值的个体原始发生来看，人从自己的自然个性出发进行活动时总会遇到不能满足需要的障碍这一情况，此时会将自然需要转化为理想需要，同时借助自身内在能力及作为其延伸的工具，使得克服障碍创造价值成为可能。满足需要的东西在活动中创造出来，社会价值体系就形成了。③ 而从种系的原始发生来看，价值是在"从猿到人"的有目的的对象性活动中产生的，人的形成是价值产生的重要前提。我们首先应当确定人类生存的第一个前提也就是一切历史的第一个前提，这个前提就是："人们为了能够'创造历史'，必须能够生活。"当古猿所处的自然环境发生变化，其原有的天然需要的满足遇到一些障碍，这促使部分猿类向人进化，直立行走、语言出现等早期人类自身能力不断提升，为最初的价值意识的产生提供了前提条件。

有了"人"的存在，就产生了"人"的需要，这种需要既包括与猿人相同的自然性需要，还具有超越现实的理想性质。需要是人的现实活动的原驱力，自然需要的满足更多依靠的是自然界现成的赐予，而人的"理想性需要"难以从自然界直接获取，因此满足需要的活动方式也随之改变，人们开始通过劳动实践活动创造能够满足其自身基本需要的物质生活资料。事实上，物质生活资料的生产从某种程度上已经是最初的经济价值产生的标志。创造价值的活动将人和动物区分开来，动物只能服膺于自己的本能冲动和自然条件限制。与动物本能性的生命活动不同，人类的实践是有意识的生命活动，是有目的的自由自觉的活动。实践构成了人的生命活动的基本形式，是人的基本存在方式，正是在实

---

① 张书琛. 探索价值产生奥秘的理论：价值发生论[M]. 广州：广东人民出版社，2006：30.
② 李连科. 价值哲学引论[M]. 北京：商务印书馆，1999：94－99.
③ 张书琛. 探索价值产生奥秘的理论：价值发生论[M]. 广州：广东人民出版社，2006：65.

践的基础上形成了主体和客体间的价值关系（包括认识关系和实践关系），产生了价值意识。"思想、观念、意识"的生产最初是直接与人的物质活动、物质交往等交织在一起的，当"转化中的猿人"在劳动中产生有用无用、有害无害等有关事物效用的观念时，就已经出现了原始的价值意识。价值意识的萌生和有益劳动的出现是价值原始发生的标志。

作为"一切社会关系的总和"，人类的生活不是单个个体的生活而是社会性的生活。人们依据血缘、业缘、地缘形成复杂的社会关系，其实践活动将自然界和人类社会区分开来，人们开始逐渐意识到事实和价值的区分。现代价值的发生主要表现为在一些已经存在的价值基础上产生新的价值，既包括从事实中产生新的价值，又包括价值自身的繁衍增值重塑。① 随着人类的需求和社会实践形式的日益多样、复杂化，人的需要在人的发展和社会化的劳动活动和交往活动发展中丰富和发展，越来越多的事物进入人的对象性活动的视野，而随着社会生产力的提高和社会的发展，人的本质力量和各种能力都有所提升。人从自己需要和能力的实际情况出发进行生产和交往活动，在这过程中不断产生新的需要，新的需要又推动他们进行新的活动。在这种以主体尺度衡量对象意义和对象作用于主体的双向互动关系中，构成了多重的价值关系，形成了包括经济价值、政治价值、审美价值等在内的丰富多彩的价值体系。人的价值是价值世界的中心，是能够创造价值的价值，只有人既能作为价值的主体也能作为价值的对象。马克思主义哲学研究的是人的价值，价值能否产生以及产生什么性质、类型、等级的价值，取决于人是否去活动、在怎样的条件下活动以及怎样活动，离开人的主动性活动，不论是需要、能力、对象或它们之间的关系，都不会自发地产生某种价值。②

价值活动是主体根据内在尺度选择、评价对象并创造和实现价值，包括价值认识活动、价值创造活动、价值实现活动。我们认识和把握价值的最终目的还是为了创造、享受并实现价值。从价值的实践本性来看，价值是一个动态的不断发生和发展的过程，主体的对象性活动是价值的基础，既是价值认识的基础，又是价值创造、价值实现的基础。与价值发生的根源相同，价值创造和实现

① 张书琛. 探索价值产生奥秘的理论：价值发生论［M］. 广州：广东人民出版社，2006：139.

② 张书琛. 探索价值产生奥秘的理论：价值发生论［M］. 广州：广东人民出版社，2006：181.

活动也是在人的对象性实践活动中不断发展变化的。人们在实践中根据自己的需要与对象的关系设立各种目的、创造各种价值，也形成对价值的看法和评价，又在实践中印证、修正和改变自己的价值观念。① 价值评价是价值认识到价值创造和价值实现的中介环节。评价是对价值的特殊观念把握活动，是对客体与主体需要之间的价值关系的能动反映。价值产生和创造之前，主体会在价值观念的指导下以主体的内在尺度选择或否定某个价值对象的某种功能、属性等特征，并在实践中与之形成或不形成价值关系。实践是价值评价产生的基础与根本来源，其发展状况制约着价值评价的发展程度与水平。②

在价值创造过程中，由于不同历史时代不同层次的主体需要、能力不断发展变化，其形成价值关系的内容和方面以及看待、改造价值对象的方式和程度也就不同，使得价值具有主体性、社会历史性、多维性等特征。而价值对象功能的客观存在及实践的属性等又决定着价值在某种程度上具有客观性、永恒性。价值实现是从价值发生和价值选择到价值评价和价值创造的整个价值过程的完成。某种价值的实现可能转换成其他的价值，也可能促进新的价值发生和创造过程，实现价值发生、创造和实现的有机统一。从价值对象来看，价值实现是价值对象所具有的属性、功能、结构等与主体需要、能力、兴趣等相适应的过程，是客体由"潜在价值"到"价值"的转变过程；从主体来看，是价值主体选择、利用、改造价值对象的过程，是主体本质力量显现的客体主体化过程。

三、教育价值的发生及其实现

（一）教育价值

作为人类的价值实践活动之一，教育与价值存在着天然的联系。教育价值是一般价值在具体领域的展开，以价值概念为依托，教育价值多被界定为教育客体和教育主体间的关系，我国教育价值研究者基本都遵循这一思路。

有学者认为人的主体性是教育价值形成和发展的关键。从生成的角度看，教育价值是人的主体性在教育过程中的对象化；从操作的角度来看，教育价值

---

① 马俊峰.马克思主义价值理论研究[M].北京:北京师范大学出版社,2017:61-62.
② 孙伟平.价值哲学方法论[M].北京:中国社会科学出版社,2008:105.

是人的主体性的社会化。① 从直观和静态而言,教育价值是教育主体对教育客体和对象是否满足其需要的评价和态度,但从深层和动态看,教育价值是教育主体改造教育客体和对象,使其变成符合其希望或者理想、需要的客体和对象的过程、目的、结果。教育价值是教育主体对教育活动及其结果是否满足自己需要的评价和自己的教育需要、理想的对象化。② 从马克思主义价值哲学的视角来看,教育价值就是一定社会历史发展进程下,在教育实践活动中产生的作为客体的教育现象的属性、特征等与作为社会实践主体的人的需要(个体、群体、类)之间的某种特定关系。

汲取学术界的优秀研究成果,试图给教育价值下一个规定性定义,即教育价值是教育主体的教育需要与教育主体自身以及教育活动之间所具有的动态复杂关系。教育价值既包括教育活动对各类主体需要的满足程度,也包括各类主体满足教育需要的正当性,还包括"教育意味着……"的教育自足性。在"学校教育较好地满足了孩子求知、升学和就业的需要"这一语境中,更多体现出"教育活动对各类主体需要的满足程度"这一价值关系。当提倡"教育活动应该提升教育价值的境界"时,则更多体现出"主体满足教育需要的正当性"(在教育活动中坚持和体现的正确原则;目标正当、方法正当)这一价值关系。当许多学者提倡重视"教育的内在价值""教育的本真价值"的时候,则更多体现出"教育自足性"这一价值关系。可以把这三种价值关系分别命名为"活动满足需要型""需要正当型"和"教育自足型"。

教育价值的主客体关系是一个动态的复杂关系,既包括物对人的价值,也有人对人的价值。人的价值是一切价值活动的出发点和归宿,是一种能够创造价值的价值,必须通过各种创造性实践表现出来,人的主体性创造性活动是一切价值的源泉。人在教育价值关系中既是教育需要的主体又可能成为教育需要的客体,既是教育价值的目的又是达成教育价值的手段(如社会价值的实现必须依靠教育培养的人来完成),既是价值创造的主体又是价值享用的主体,人的价值体现在教育中就在于人能够创造价值以满足包括自身在内的各层次主体的教育需要。教育价值实际上就是不断提升人的价值的过程,离开了人的价值,教育的其他价值也不可能实现。教育的社会价值本质上也不仅仅是教育的

---

① 刘复兴.论教育价值的本质[J].教育理论与实践,1998,18(3):8-12.

② 郝文武.教育哲学[M].北京:人民教育出版社,2006:127.

价值,教育对于群体和国家、社会教育需要的满足必须通过培养一定的具备主体性特征的人才可能实现,也就是由教育提升和发展了的人所创造的政治、经济、文化等不同领域的教育价值关系。由此可以得出,人的价值是教育自足型价值,是教育的本体价值和根本价值,是除了满足自身目的别无他求的教育目的。

　　教育价值分类的方式主要有三种:一是将教育价值分为教育的内在价值与工具价值(或者是本体价值与工具价值);二是按照对不同主体需要的满足分为教育的社会价值和个体价值;三是按照教育自身特点出发的分类,如分为教育的价值和教育中的价值,或者以作用领域不同分为经济价值、政治价值、道德价值、审美价值。① 教育中的价值不同于教育价值,教育价值可以分为"教育中的价值"和"教育的价值"。从教育系统内部也就是教育微观层次来看,教育中的价值是指"教育中应该在学生身上培养哪一种价值",而作为教育宏观系统和社会现象的教育的价值主要是追问"怎样的活动才具有教育上的价值"。教育中的价值既包括以教育影响或教育中介为价值客体对教育者和受教育者的价值,也包括以教育者为价值客体对受教育者的价值;教育的价值则主要指教育系统培养出来的具有主体性的个体为中介对群体和社会延续、发展等的价值。② 杜威将价值分为动词的价值、形容词的价值和名词的价值。以此为借鉴,作为动词的教育价值接近教育评价的含义,是"珍视""向往""享受"以及"评价""鉴定"教育活动,其意义是赋予教育活动对象以价值。作为形容词的教育价值,用来命名有关教育的东西的特征、性质和限定性条件。而作为名词的教育价值,指人们所珍视、向往的有教育价值之物。

　　要深刻地从本质上理解教育价值,还必须对与其紧密相关的概念进行区分。价值判断是在特定时间、特定地点发生的以行为的动机(需要、兴趣、向往、欲望等)、手段、目的等行为系统的构成要素为对象或内容的评价或鉴定行为。③ 教育价值判断是主体对教育价值关系性客观存在的认识和评价,从逻辑先在的

　　① 王坤庆.教育哲学:一种哲学价值论视角的研究[M].武汉:华中师范大学出版社,2006:203.

　　② 冯建军.关于教育价值概念的思考[J].上海教育科研,1998(10):25-27,11.

　　③ 石中英.杜威的价值理论及其当代教育意义[J].教育研究,2019,40(12):36-44.

角度,教育价值关系的产生是教育价值判断的逻辑前提,只有在教育价值关系客观存在的基础上,才可能出现对这种关系的判断、选择和评价。同时,一定的教育价值判断可以反过来以观念形态影响和制约新的教育价值关系的内容、倾向。

　　教育功能与教育价值的关系极为紧密,甚至将教育价值等同于教育功能,但实质上,教育功能是教育具有的属性和特征,而教育价值是客体属性、功能与人的需要的关系。前者是由教育自身结构和形态等决定和制约的,而后者必须与人这一存在的动机、目的等相联系,只有能够满足人的需要、被人们认识和把握的教育功能才可能与人的教育需要之间形成教育价值关系。从这个角度来看,教育价值可以看作一定教育功能对教育主体的意义,有什么样的教育功能,才可能产生和出现什么样的教育价值。教育目的是教育活动预期达到的结果,体现和反映着一定社会和阶级教育主体的价值选择和价值判断,是教育价值取向和教育价值追求的真实写照。教育目的一定是主体按照自己的需求、能力、偏好等带有意图和价值意义的所选择的行动方向。从根本上说,教育目的和教育价值在促进社会和个体发展的基础作用上具有高度的一致性。

　　教育价值、教育价值观念、教育价值取向既相互区别,又相互联系。教育价值属于关系范畴,是教育主体需要和教育客体属性、功效等的特殊关系。教育价值观念是指人们对教育价值关系的认识和评价以及在此基础上所确定的行为取向标准[1],是以人的态度、目的、愿望、动机、理想、信念等方式表现出来的对教育价值关系的评价性反映。教育价值观念是主体以"第三者"的身份同价值关系构成新的主客体关系,它对人们实践活动的影响主要体现在对人们的教育行为取向标准的调节上。教育价值取向是教育主体在教育活动中根据自身需求进行教育选择时所表现出来的一种价值倾向性。[2] 还有学者把教育价值取向看作教育价值主体不断追求教育价值结构动态平衡的过程。从某种程度上来说,教育价值观念包含了教育价值取向,除此还包括教育价值信念、价值目标、价值规范及标准等内容。

(二)教育价值发生的要素和机制

　　教育价值是主体教育实践活动中,根据自己的教育需要和对人自身的理

---

① 王坤庆. 现代教育哲学[M]. 武汉:华中师范大学出版社,1996:178.

② 刘旭东. 论教育价值取向[J]. 青海师范大学学报(社会科学版),1992(1):94.

想、目标追求选择教育特性,以能力为中介所形成的教育意义和作用,是渗透于教育事实中的教育需要和教育特性的合理性建构。教育价值的发生包括了教育价值判断与评价、教育价值创造与实现等多个环节,其发生涉及以下重要的要素和机制:

1. 教育价值是在人的教育实践活动中产生的

价值是属人的范畴和领域,教育价值是人的社会价值体系中的重要领域,是价值在人的教育实践活动中的集中体现。实践是一切价值产生的源泉,教育价值同样如此,任何群体和个人都必须通过完整的教育实践活动来满足其一定的教育需要。在教育实践活动中,教育现象的各种特性为人的目的和需要所评价和选择、认识和改造,教育价值关系产生,从而创造并实现着教育价值。可以说,教育价值正是在人的教育实践活动中发生、创造和实现的。

教育实践活动是人的生产实践活动的分支,是人的实践活动的表现之一。从历史发展脉络来看,在人们的生产劳动实践中产生了最初的向他人传递狩猎、纺织等生产经验的活动,当这种活动的产生越来越频繁、种类越来越丰富,教育实践活动也就得以从人们的其他生产实践中分化出来,成为独立的、较为固定的实践领域。自教育实践活动产生起,教育中的一切关系、价值都是也只能是在此中产生和发展变化的。

教育价值是基于一定的教育价值关系,在一定的教育价值活动中产生的,教育实践活动贯穿于价值发生的整个环节。人的教育需要随着教育实践活动的产生和发展不断变化,又反过来推动着新的教育实践活动的展开和新的教育价值的创造。正是在教育实践活动中,人的教育需要不断得到满足,教育现象的属性和特征不断得到认识、选择和改造。从价值创造和实现过程来看,价值的创造和实现依赖于以教育手段为中介的教育者和受教育者的互动教育实践活动。

2. 主体教育需要是教育价值发生的动力

需要是价值发生的原驱动力,主体教育需要是教育价值形成的内在动机。教育需要是教育价值在人类历史中发生和出现的前提与基础,没有教育需要的原始发生,就不可能产生教育实践活动,教育价值就无从谈起。即使出现后的教育价值有其自身的相对独立性,但不论是教育主体对教育活动及其结果的评价还是其对教育客体和对象的改造,都不可能脱离教育主体的教育需要。

人的教育需要虽然受到诸多客观因素的制约,是实践的某种能动的反映,但根本上需要作为具有主观性的产物仍然是主体意识的集中表现,教育者、受教育者的能动性、自主性和创造性的发挥、发展构成了教育价值形成和创造的直接动力和内容。教育价值主体在教育实践活动之前,往往已经具有较为明确的目的和预期,从而在教育实践活动中按照既定的目的行动。另外,主体的教育需要来源于教育实践但又高于教育实践,其需要包含理想性特质。这种理想性特质决定了人的教育需要总有一部分难以被目前水平的教育实践活动所满足,从而推动着教育价值主体改造教育价值客体的教育价值活动不断产生和发展。

价值创造和实现程度取决于价值主体对教育功能满足自身需要的满意程度,满意程度越高,价值创造实现程度越高。满足主体教育需要并实现教育目的是教育价值创造和实现的重要组成部分,正是在教育活动满足人的教育需要的关系当中,教育价值才得以产生、创造和实现。同时,主体需要包含不同的层次,教育需要的内容和满足的方式在不同时代和主体上都具有很大程度的灵活性,出现教育价值因人、因时而异的主体性、历史性等特征。主体需要使得教育产生许多不同层面的价值,但这些价值都要通过形成人这一教育根本价值来实现。人的全面而自由的发展是教育价值实现的最根本和最高层次的价值,此外还包括生存性相关价值(如教育的谋生价值)的实现和社会性需要的满足。

3. 教育属性及功能的客观特征

教育属性及功能是教育价值主体需要的对象,教育价值是教育价值主体和教育价值对象互动的建构结果,缺少教育属性及功能这一价值对象,教育价值难以发生、创造和实现。

教育属性及功能是教育活动或教育现象所具有的本质特征,由教育活动自身结构的规定性所决定和制约,是教育对人及社会所具有的作用的客观属性。教育现象、教育活动的属性、结构功能是特定历史条件下的客观产物,其客观存在是不以人的需要和意志为转移的,教育价值的发生正是主体认识和改造教育活动的要素、结构和功能的过程,但这个主体能动性发挥的过程受到教育活动自身结构这一客观存在的限制,人们能够选择的是利用和改造某一方面的功能或不利用和不改造某一方面的功能。

教育现象自身所具有的教育结构的多样性决定了教育功能的多维性,而教育需要主体的多样性和复杂性更使得二者形成的教育价值表现形式的多层次、多方面和复杂性等特征。教育活动开展所需要的各种物质条件,包括场地、资金、设备等,以及教育活动中的学生都可能成为教育价值的对象。在诸多表现形式中,教育价值的最高价值是培养人和形成人的价值。人在教育价值活动中不仅是价值主体,在某些时候还可能成为价值对象,如教师的素质能力会成为学生教育需要的对象,作为教育活动结果的学生以劳动力的形式成为社会教育需要的对象。

4.人的能力是教育价值发生的中介

教育价值的发生与主体能力密切相关。不仅需要有价值主体和价值对象,还要以人的能力为发生的中介,教育价值关系才可能发生,教育主体才能够创造并实现教育价值。

人的能力不仅包括人自身所具有的本质力量,还要能够将本质力量延伸至外部。与动物不同,人能够在实践中将内在力量延伸至外界,在与自然和他人的交往活动中形成工具系统、语言系统等外在能力,并由此增强了人的活动范围和质量。事物的价值离不开主体的能动性把握,价值本质上来源于人的本质力量对象化的实践活动。教育价值的发生、创造、实现与否以及教育价值程度的高低,都与教育价值主体的主体性紧密相关,教育价值主体发挥主观能动性的凭借正是人的能力。作为教育活动开展所依托和凭借的中介系统,人的能力渗透和表现在教育价值产生的全过程中,通过教育实践活动展现出来,以自身的方式和尺度去利用和改造着教育现象的属性和功能,使之成为教育价值所关联的价值对象。

价值发生建立在主体有能力认识和改造教育现象的各种属性和功能的基础之上,主体的价值创造能力和价值实现能力直接影响着教育价值程度的高低。需要与功能的一致和适应是教育价值创造和实现的重要条件,教育价值的实现是通过教育主体有意识和有目的的教育实践活动,不断选择、改造价值客体的属性或功能,使其在更大程度上满足教育主体需要。价值创造和实现的过程必须依靠教育价值主体的能力,价值主体能力水平的高低制约着人们认识和改造教育价值对象的方面、程度,从而形成不同层次和方面的教育价值。教育价值实现既是人对教育客观事实的认识范围和深度不断扩大的过程,也是人的教育需要和追求不断得到实现的过程。当然,人的能力水平并不是一成不变的,在教育实践活动中,教育需要的层次提升和结构变化都驱动着人的能力的发展,又反过来推动着教育实践活动的向前和新的教育价值的产生。

5.教育评价是教育价值发生过程中的重要活动

教育评价是按照一定价值标准对教育活动满足教育主体自身需要的程度

进行价值判断,它本质上就是教育价值评价。[①] 教育价值评价是教育价值判断的活动,也是教育价值发生过程中的重要活动,教育价值客观存在的性质、程度、方向反映在教育价值评价活动中就是教育价值主体按照一定标准对教育价值要素等做出的价值判断。

人的行为结果往往在行为前已经观念地存在于大脑之中,价值判断是自觉的、有意识的活动,教育价值主体进行价值判断前,必然已经有了关于教育价值的相关观念。最初,这种观念只是心理水平的教育价值意识或价值思维,经过发展逐渐形成了系统化的、自觉的、稳定的观念体系。教育价值观是人们对教育的价值关系的认识和评价以及在此基础上所确定的行为取向标准,是对教育活动客观现实的反映,包括宏观上对教育地位和功能等的基本认知以及微观在教育教学互动中表现出来的对选择何种教育内容方式等的价值观念。比较和判断某种知识教育价值大小的标准有三条:一是在多大程度上满足儿童发展的需要;二是在多大程度上满足社会发展的需要;三是在多大程度上满足知识发展的需要。[②] 在教育活动中,价值主体逐步形成了对教育活动中的各要素作用、地位等的认识,这种认识对教育的价值评价产生影响和指导。教育价值观念影响教育价值的发生、评价、创造和实现,而在教育价值发生的活动中教育价值观念不断受到检验,反过来帮助调整不相适宜的价值观念,进一步指导教育价值实践活动。

教育供给是教育价值创造和实现的现实起点和基础。真正的教育供给过程既是满足不同教育主体教育需求的过程,也是教育价值关系发生的过程。满足教育价值主体需求的过程就是价值创造的过程,一旦满足了需求,一定程度上也代表了价值的实现。人与外界事物的供需实践活动是价值实现的根本途径。从最广泛的含义来讲,教育供给就是教育行动、教育实践。教育价值发生、创造、实现的全过程就是教育供给与教育需求相协调和相适应的过程。

在教育活动开始之前,教育活动所需要的物质、精神和主体条件都需要客观存在的社会、个人和教育系统去提供。离开教育供给,教育将无法运行,教育价值也就无从谈起。教育价值创造从某种程度上来说也是通过不断调整教育供给来满足主体教育需要的过程,在这个过程中,新的教育价值关系生成又推

---

① 陈理宣. 教育价值论[M]. 成都:四川大学出版社,2003:192.
② 石中英. 杜威的价值理论及其当代教育意义[J]. 教育研究,2019,40(12):36-44.

动着新的教育供给实践的开始。而教育价值的实现更是教育价值主体在教育供给实践活动中、在一定教育价值观念基础上对价值客体进行价值选择、评价，使价值客体的教育功能得以更大程度地满足教育主体理想教育需要的过程和结果。

真正的供给是由追求真善美的价值引领的，同时也因为供给引领了需求，使其层次、品质不断提升。教育供给侧改革通过联通供给和需求，能够在了解需求的基础上更好地满足主体教育需求，推动教育价值关系的生成并创造教育价值。教育供给侧改革本质上也是在不断确认、发现和实现教育价值的供给实践，是教育价值创造和实现的加速器。

四、用教育的自足性价值引领教育制度供给的完善

孟子曰："离娄之明，公输子之巧，不以规矩，不能成方圆；师旷之聪，不以六律，不能正五音；尧舜之道，不以仁政，不能平治天下。"制度是调节社会关系的重要规则和规范体系，教育的稳健发展更是需要良善的制度支撑和有效的制度供给。价值对规则与秩序起引导作用，制度作为人们共同活动方式和交往形式，必然有其特定的价值观基础和正当性要求。教育供给侧改革一定是以教育价值为引领的，同时也是教育价值实现的重要保障。教育制度供给是教育供给侧改革中最为重要的供给，它不仅本身作为教育供给的组成部分，同时还以制度形式规范着其他各类型的供给。任何教育理想的实现、教育理念的落实、教育价值的践行以及教育系统的运行都首先依赖于教育制度的建立、发展和完善，教育制度建设是教育改革和发展的秩序性、保障性和支撑性事业，规范和构筑着教育活动的发生和实践。①

（一）制度与教育制度

1. 制度的概念分析

制度是一个多学科的概念，人们从不同学科和不同维度来理解制度。20 世纪后，制度进入经济学研究的视野并得到充分发展，形成了可观的研究框架和

---

① 张旸，聂娇. 近百年来中国共产党教育制度思想发展的本质特征和实践的成功经验［J］. 当代教师教育，2019，12（2）：15－24.

方法,并影响到其他社会科学,制度研究一度成为社会科学研究的显学。以马克思主义哲学为基本立场,综合各学科理解和界定制度概念的出发点,初步对制度进行如下界定:制度是基于人的社会实践需要,在现实的人的生产和交往实践活动中形成和发展起来的,调节社会关系、整合社会力量、解决利益冲突并促进人和社会发展的一系列较为稳定的、可预见的、能有效执行的、具有权威性的行为规则和规范体系。

首先,制度是行为规则和规范体系。将制度界定为"规则和规范"是一种较为流行的观点,在政治学和社会学中,制度多被理解为"组织中的行为规则、常规和全部程序",新制度经济学家的代表人物诺思认为:"制度是一系列被制定出来的规则、守法程序和行为的道德伦理规范。"①作为规则和规范体系,制度是个人和集体行动的根据,是稳定下来的体现一定目标并有客观强制性保障实施的、调整人与人之间社会关系的行为规范。人们在交往过程中基于共同活动的需要产生了零散的、约定俗成的习惯规则,这些规则逐渐稳定下来,成为大家普遍认可的如此行动的准则,正是制度的产生和建立使得人们的行为具有一定可预测性。

其次,从制度的发生过程来看,制度是人的实践活动对象化的产物,它以生产实践和交往实践为基础,并随着社会关系的产生而形成。②"现实的人"的感性对象活动——实践是马克思主义哲学的逻辑起点,在马克思看来,制度是"个人之间迄今所存在的交往的产物"③,作为"交往的形式""共同活动的方式"而存在。人们要满足自己的需要,就必须进行生产实践。为了进行生产,人们就必须以一定的方式共同活动和相互交换其活动,由此相互之间便发生了一定的联系和关系,产生了交往实践。在交往过程中,人们需要进行合作,也可能产生利益冲突,由此产生了能够规范人们行为的规则和规范。一方面,制度一旦产生就能够不断塑造个体行为,人们需要在背景制度安排和约束下行动。但另一方面,个人、环境和制度之间存在一定张力,人们对制度并非仅仅是简单被动地接受,制度也是人理性设计和安排的产物,人以其自身的行动也在不断反作用于制度,推动制度的变迁使其更好地适应和服务于人和社会的发展。

---

① 诺思. 经济史中的结构与变迁[M]. 陈郁, 罗华平, 等译. 上海:上海三联书店,1994:225-226.

② 崔希福. 唯物史观的制度理论研究[M]. 北京:北京师范大学出版社,2010:92.

③ 马克思恩格斯全集:第3卷[M]. 北京,人民出版社,1960:79.

最后,制度具有利益调节和社会力量整合机制等多方面的功能。第一,制度是人类交往实践中调节利益关系和利益冲突的社会机制。① 利益关系是最基本的社会关系,个体站在不同立场有着自身的利益追求,人们能够通过制度这一较为稳定的规则体系来协调利益关系,缓解利益冲突甚至可能达成大多数人的利益共识。第二,作为人与人之间的中介性社会力量整合机制,制度是主体间借以沟通、交往、互动和合作的社会结构。第三,在调节社会关系、维持社会秩序的基础上,制度还能促进人的全面发展和社会的持续发展。

2. 教育制度的概念分析

根据马克思主义立场对制度的理解,教育制度是在一定教育价值观念指导下、在教育实践活动中产生和发展起来的,维持教育秩序、调节教育活动交往主体间关系和利益冲突、保障和推动教育良性发展的较为稳定的权威性教育行为规则和规范体系。

首先,教育制度是指导人们教育活动的行为规范和行动指南。通过一系列的行为规则、规范性制度安排,为人们的教育行动内容、方式等划定边界和范围,成为一定时期和一定地区人们教育交往行为的标杆。制度作用于人们的交往行动,并通过对人们行动的激励—约束使人们的交往活动成为可能。之所以将教育制度界定为"规则和规范",不仅是为了遵从"制度"的词源本义,防止概念泛化的后果,而且是想澄清教育制度与教育体制、教育机制、教育理想等概念之间的区别。② 教育体制是教育机构和教育规范这两个要素的结合体③,教育机制是指教育现象各部分之间的相互关系及其运行方式。从概念的外延上来看,教育体制的外延大于教育制度,教育制度是教育体制的核心内容。

其次,教育实践活动尤其是教育交往实践是教育制度产生的现实基础和基本途径。教育制度是一种关系范畴,是调整教育交往活动主体之间以及教育关系的规则或规范。④ 与制度的发生相类似,教育制度产生于人类有目的的教育实践活动,是人们在教育实践活动中相互交往的产物,根源于人们教育交往中

---

① 崔希福. 唯物史观的制度理论研究[M]. 北京:北京师范大学出版社,2010:111.

② 张旸,聂娇. 近百年来中国共产党教育制度思想发展的本质特征和实践的成功经验[J]. 当代教师教育,2019,12(2):15 - 24.

③ 孙绵涛,康翠萍. 关于教育体制改革与制度创新关系的探讨[J]. 教育科学研究,2009(8):22 - 24.

④ 李江源. 从社会哲学视野看教育制度的现代转型[J]. 学术研究,2005(1):108 - 113.

的某些教育需要。具体来看,教育制度是教育活动中各种教育主体和相关力量相互冲突和妥协的结果,与个人的教育利益追求相关。稳定的教育制度规范和制约着人们的教育行为,而在教育实践的不断发展变化中,教育制度产生变迁并不断发展以适应新的教育实践需要,进一步成为教育活动的行动向导。

再次,教育制度通过规范人的教育行为、调节教育关系保障教育的稳定和秩序,并以促进人的全面、个性发展和社会进步为目标。教育制度的建立使得人们在教育交往活动中能够一定程度地计划并预期可能的教育行为及其可能引起的制度后果,因此减少了协调人们教育活动、教育交往实践的成本,从而推进教育交往实践的展开。恰当的教育制度是极其重要的教育资源。制度不仅是人与人之间教育合作达成的必要信息,也是形成有序和良性教育竞争的中介系统。从内容上来看,教育制度通过对社会知识体系和价值观进行分类和定义,从而界定社会中各个成员的权利和义务以及相应的地位和权力。[①]

最后,从教育制度的外延来看,教育制度作为国家公共服务制度保障体系的重要内容,与基本经济制度、政治制度、分配制度、社会保障制度和其他基本公共服务制度组成了国家制度的所有内容。教育制度不是独立存在的,它必然受到其他制度的影响和制约,背景性制度安排是教育制度存在的基本环境,且具有历史性和现实性。此外,教育制度是技术和价值、手段与目的、合规律性与目的性的统一。社会的规则与秩序问题根本上在于人们持有什么样的价值观和历史观。[②] 教育制度作为培养人的活动,更应该具有价值性。教育制度的价值性不仅体现在其具有某种价值功能,更体现为制度本身以某种价值作为指导而内含的价值特质。

(二)教育制度供给的丰富内涵

1.概念

制度供给是伴随着制度需求而产生的一个范畴概念,指"制度供给者在给定的利益结构、主观偏好、理性水平、制度环境和技术条件约束下,通过特定的

---

① 罗燕.教育的新制度主义分析:一种教育社会学理论和实践[J].清华大学教育研究,2003,24(6):28-34,72.

② 张曙光.实践哲学视阈中的规则与秩序[J].社会科学战线,2016(07):1-15.

程序和渠道创设框架和规则体系并确保其得以执行的相关安排"①。事实上,制度供给就是有关制度的整个实践过程,也就是相关主体通过一系列安排给社会提供有关社会基本交往的模式范本或一种行为规则体制。教育制度供给指教育实践活动相关主体在整个教育活动中根据整体社会制度、现有社会关系等经过理性选择的一系列制度实践活动。本质上来说,教育制度供给就是教育制度从设计、建立、执行、监测到反馈与变迁和创新的不断建构的互动过程。供给虽然是经济学概念,但这里使用"供给"二字主要是体现教育制度的"自为性"和"自足性",教育制度供给概念的使用,可以将教育制度建立、执行、监测等活动通盘考虑,具有统筹兼顾的价值。

制度供给通常与制度需求密切联系,制度主义在研究制度供求或做制度分析时,关注点多在制度变迁,对制度变迁的动力有不同的解释。延伸到教育制度当中,教育制度供给要以教育制度需求为依据,回应并满足日益发展变化的教育制度需求,教育需求最终也必须表现在教育制度供给当中才具有现实意义,而教育制度变迁也正是在教育制度供给和需求的相互影响下才得以实现的。政府作为国家强制机关,是教育制度供给最主要的主体,国家虽然也有自身的教育制度需求,但首先是要作为教育制度供给方出现来满足多元主体的教育制度需求的。从教育制度供给内容上来看,作为公共权力机构的政府需要依据既有教育实践现状,制定根本教育制度、基本教育制度和具体教育制度并保障制度的有效实施,限制、激励、引导教育运行机构正确决策与行为,以"制度"和"治理"相结合增进教育资源配置效率,确保教育体系良好运作且保证质量。

2. 良善的教育制度供给的特征

好的教育制度供给能够推动教育发展,而坏的教育制度供给则阻碍教育发展进步。教育活动本身就是引导人向善的活动,教育制度与善的相通性更加强烈,一个良性的教育环境的形成必然要求良善的教育制度供给。什么样的制度才是好的制度涉及的是制度伦理的问题,即教育制度供给"应当如何"的问题,是对教育制度供给的合理性、正当性的追问。

(1)以"人本"为核心的制度供给价值取向

制度的价值是制度的灵魂,体现和反映着人们的制度理想和制度追求,良

---

① 陈正江.教育制度供给与高职院校发展:基于国家示范性高等职业院校建设计划的研究[J].中国高教研究,2016(7):106-110.

善的教育制度供给必然要以良善的制度理念为引领来进行制度设计和实施的整个实践。以"人本"为核心,首先意味着要贯彻"人是目的"这一观念。教育制度以是否促进自由成"人"来衡量,最大限度地解放人的潜在可能性和创造力,使人最终成长为完整、和谐、充分生长的人。① 其次,在以人为目的的基础之上,对公平正义、道德理想的追求和向往就是制度之善的应有之义。善的制度一定是与制度正义相联系的,正义作为社会存在的基石,是教育制度的基本原则。教育制度供给的整个建立、安排和设计、执行、反馈和矫正必须建立在正义的价值基础之上。当教育制度追求教育正义时,教育活动、学校生活才有可能构成人们形成相互合作、相互友爱的团结关系的基础,成为提升人们的自我价值、促进自我价值实现的根本条件。② 正义的教育制度供给实践必须平等地对待每一个受教育者的任何方面的发展可能,在保护受教育者基本教育权利和义务的自由的基础上对弱势群体予以制度倾斜和补偿,最大限度地提高最弱势群体的前景和期望。

(2)制度供给内容选择和安排的适切性

良善的教育制度供给不仅需要以正确价值理念为引领,在供给内容上也必须具备适切性,其科学合理与否还要看教育制度供给是否符合教育制度自身的逻辑结构和变迁轨迹,是否合乎规范,是否符合人的身心发展规律和教育发展规律等。教育制度供给在内容上应该是形式合理性和实质合理性的统一。在形式上,教育制度供给必须建立一个系统、完整、自洽的制度体系,应当使得教育制度体系效力与实效相当,保证其具有普遍约束力。从系统性而言,良善的教育制度供给对外必须形成一套与其他社会制度相融洽的教育制度体系,同时能够在教育制度体系内部保持各级各类的衔接和连贯。从制度设计开始就必须考虑整体教育制度的系统连贯,保证各层次(根本教育制度、基本教育制度、具体教育制度)、各类型(教育管理制度、教育教学制度、政府投入保障制度、质量保障制度等)、各要素(教育法律制度、教育价值理念、教育规范条例、教育组织架构等)教育制度、体制、机制的相互衔接、协调运转。从内容实质来看,教育制度供给必须符合历史发展方向、符合社会发展规律和人的发展规律、符合教

① 杨建朝.教育制度改革的正义取向:自由成"人":基于哈耶克"无知"的视角[J].教育理论与实践,2015,35(7):16-20.

② 金生鈜.什么是正义而又正派的教育:我国教育改革的症结[J].教育研究与实验,2006(3):1-7.

育活动的基本规律这些最为基础的条件。善的制度以"公平的正义"为基本特质,在这个制度中每个公民具有平等的基本自由权利。① 因此,在制度选择过程中需要充分发挥协商机制的作用,并且能够充分体现个体的正当利益和公共意志。

（3）制度供给主体充分发挥制度效力

一个正义的教育制度,不仅是以善的价值精神为灵魂的制度,还是能够流通于现实教育生活、直接成为治理教育现实的制度。② 制度的生命力在于执行,善制要通过善治来具体实现并真正起到作用。只有通过教育主体的认知、支持并付诸行动,教育制度才可能得到有力执行并发挥制度效力。教育制度作为重要教育资源具有降低交易成本等意义,但如何衡量制度效力发挥程度以及如何最大限度发挥制度效力才是教育制度供给的关键。简单来说,制度效力充分发挥的衡量标准应该是既能为个人提供比较巨大的教育利益激励和比较充分的自由选择空间,也能够为人们建立比较有效的教育利益约束和教育行为规范。③ 只有教育制度供给对个体权利和义务进行合理分配,才可能有效调节主体间利益关系,促进教育实践活动有序进行并得到良性发展。制度供给是历史性的产物,一定的教育制度供给总有其历史局限性和特殊性,只有在不断的制度执行反馈和调整中,教育制度供给才能保持其活力。制度本身作为虚拟性存在、作为社会自身再生产的规则调控系统,与其所调控对象即主体及其活动处于一种双向互动状态。④ 在教育制度供给实践当中,主体一方面根据教育制度行动,另一方面又根据行动中遇到的问题对教育制度供给进行调整。制度变迁与制度创新是制度可持续发展的内生动力,对教育自身发展和社会发展均具有重要的价值。

（三）我国教育制度供给的现状及问题审思

新中国成立以来,我国教育事业总体上取得重要进展和显著成就,政府充分认识到制度供给之于教育事业发展的重要性,不断寻求制度变革,教育制度

---

① 高兆明.制度伦理与制度"善"[J].中国社会科学,2007(6):41-52,205.

② 吕寿伟.论教育正义的"善制"与"善治"[J].湖南师范大学教育科学学报,2017,16(4):74-78.

③ 李江源.从社会哲学视野看教育制度的现代转型[J].学术研究,2005(1):108-113.

④ 高兆明.道德失范研究:基于制度正义视角[M].北京:商务印书馆,2016:98.

供给的意愿和水平均有所提升。目前为止,我国教育制度供给基本形成了以《中华人民共和国教育法》为依托的教育法律制度体系,以政府办学为主体、其他主体积极参与的公办民办学校共同发展的办学体制,分级管理的教育管理体制,政府投入为主的基本保障制度以及学校办学自主权提升下的学校制度。但是,教育制度供给仍然存在不足和进一步提升的方面,如制度供给缺失和不健全、制度僵化、制度失灵、制度虚置的制度执行问题在各级各类教育当中也时有发生。

一是部分教育制度供给的缺失和不健全。教育制度供给首先是有没有的问题,虽然我国教育制度供给经过多年的发展和积累,就各体系、类型教育已经有了较好的覆盖,但目前我国教育制度供给还存在部分缺失和不健全的情况,包括"完全缺失"和"不完全缺失"。"完全缺失"是指在制度的提供中几乎没有某一个方面的制度,这类情况在学前教育和高中教育阶段尤为凸显,具体直接表现为缺少学前教育法以及高中教育法。但是我们也可以看到学前教育法正在草拟当中,相信此类缺失问题可以在较短时间内得到解决。"不完全缺失"是指的确存在着某些方面的制度,但由于缺失与之相关的配套制度,从而导致制度不能完全被实施,进而导致制度的完整性不能体现,也就是制度供给的不健全。这类问题在教育制度供给实践中更为常见,也是比较棘手的问题。

二是教育制度供给的整体性和系统性不足。任何教育制度都不是单独存在和发挥作用的,常常出现牵一发而动全身的状况。事实上,具体教育制度设计和整个教育改革制度设计及其他制度安排必须具有某种程度的一致性和契合度,才可能形成整体制度合力。但问题是教育制度供给的衔接性不够,不同阶段教育制度可能出现自相矛盾、制度缺少逻辑自洽等现状,甚至不同强度的教育制度,如正式制度和非正式制度之间都可能产生制度冲突,引发制度阻力,从而影响教育制度供给的实际效果。制度冲突主要表现为应试教育传统与素质教育改革政策的冲突、学科中心论的课程传统与基础教育课程改革政策的冲突、片面追求升学率的功利主义理念与促进人的全面发展教育方针的冲突。①此外,我国目前的教育制度供给总是倾向于在某一问题出现后再进行制度供给,这种滞后性使得制度的整体性和协调性大大降低,即使针对某一问题长期

① 苏君阳,王珊,阚维.非正式教育制度与正式教育制度的冲突:基于我国当前教育改革实践的思考[J].北京师范大学学报(社会科学版),2015(4):42-50.

关注并进行制度安排也会出现就问题谈问题的片面性局限。

三是教育制度供给实践中的制度异化及其引发的制度失灵。使制度供给成为现实的是制度供给执行这一实践过程。因此，即使某一制度设计较为严密的系统，但在教育主体实践活动中也容易出现各方面力量的计算、妥协、博弈，使得制度本身成为异己的力量，造成制度异化或者制度失灵等事与愿违的结局。一方面，教育制度执行相关组织、机制等的异化会使得教育制度难以朝着既定目标前进，反而成为束缚和制约制度起作用的力量。另一方面，机制和组织终究要表现为具体的个人，制度执行主体是现实的个体，个体之间存在的基本社会关系就是利益关系。作为主要供给主体的政府有着职能职责和自我利益的双重立场，这种立场的二重性会促使其教育改革行动在过程环节一步一步偏离政策设计理念，这点在地方政府的制度执行当中可以窥见一二，其对自身非正当利益的追求和维护致使其出现执行不公、权力寻租等行为，而这最终往往使得实际教育制度安排偏离最初制度设定，难以发挥其原本的作用。

四是由于教育制度供给僵化，教育制度变迁和制度创新的困难较大。"路径依赖"是新制度主义分析制度变迁的重要概念，路径依赖既是某一制度保持其稳定和发挥效率的关键，但在一定时期也会成为制度变革的绊脚石，使得制度变迁和制度创新受到重重阻碍。当某一教育制度持续发挥作用并为人所习惯时，及时出现新的情况，沿用该教育制度的习惯仍旧比进行制度变迁和创新的力量要大得多。由此，旧的教育制度已经难以适应新的现状并反映新的教育需求，甚至可能出现教育制度供给与需求脱节的矛盾。一直以来，我国的教育制度供给总体上表现出明显的城市偏向、高等教育偏向以及精英教育与效率优先的特征在教育制度变迁过程中仍然难以抹去痕迹。教育制度创新是教育改革与发展的根本保障，但制度僵化状态下制度供给主体的创新动力和能力不足，教育制度发展裹足不前。

（四）自足性教育制度供给的价值和实现路径

1. 自足性教育制度供给的价值

自足性教育制度供给是具有教育自足价值引领的教育制度供给。在赵汀阳的价值分类中，其中自足型价值是指如果某一事物能够实现其自身目的的价值。教育活动是作为培养人的活动自成目的，是本身有价值的活动，也就是价值自足的活动。教育制度调节的是人的教育关系，是自然地嵌入教育生活实践当中的有机组成部分。教育制度是人所需的、绝对的、无条件的规范体系，体现着手段与目的合一，因此也是自足的。自足性教育制度供给对教育制度建设本身和教育发展以及个人和社会进步均具有重要的价值，具体可能包括以下几点：

一是对于教育制度建设而言，以教育自足型价值为引领的自足性教育制度供给意味着教育制度供给不仅是与主体之间满足与被满足的关系，不仅是作为具有功用性的规则体系，这样的教育制度供给本身就是好的、善的、值得追求并力求实现的。自足性教育制度在本质上具有合理性与合目的性的统一，作为人们价值共识的体现，不是专制的或强制的，而是基于教育自身内生的，因此本身是无代价的，更大程度的节约交易成本，更能够得到认可并自发遵守和执行。

二是对于教育活动而言，自足性教育制度供给真实地体现出对教育生活的体认与感悟，通过对教育活动的规范与保障以及对个体教育行为的约束和激励使得教育活动不仅能够维持良性秩序，同时还能够保持在一定程度上。

三是对于个体和社会而言，自足性教育制度供给既能为个人的自由全面发展提供制度保障，也能够对社会的进步提供制度特有的力量。教育制度供给的价值是通过教育培养人这一活动展开的，以自足型教育价值为引领，教育制度供给在本质上是为人和社会发展提供了良好的制度环境，尊重和保护人的价值，保障个体教育权利与义务，进而扩展人的自由、促进人的发展。

2.实现路径

（1）突出自足性教育制度供给的价值特质

自足性教育制度供给的实现，必须以落实自足性教育价值为基本条件。从制度设计、建构、执行、反馈等全部制度供给环节都必须凸显这一价值特质。首先从教育制度设计和建立来看，要以关照人的存在为人性前提，为学生的发展创造一种合乎人性的环境，同时以合乎正义精神为价值基础，最大限度地保护每位学生的自由和平等。① 如果说幸福和公正是伦理学的最终价值，作为人才培养和教育价值突出的教育制度供给实践，必须突出其本质性的教育性价值，任何制度供给都不能失却基本的教育性价值。同时，创新和完善多元主体参与教育制度设计的机制，充分维护和保障多元主体的制度设计参与权，是当前完

① 胡金木.现代学校治理的制度之善[J].华东师范大学学报（教育科学版），2018，36（2）：54－59，154－155.

善学校制度建设的核心议题。① 而在教育制度执行过程中,自足型价值则应该体现在制度主体的行为当中,力求将既定制度安排公平公正、普遍有效地运用于整个教育场景当中。此外,对制度的调整和反馈也应该基于为制度完善服务这一目的。

（2）构建体系完善、各有侧重的供给体系

如果说自足型教育价值是自足性教育制度供给的灵魂,那么构建体系完善、各有侧重的教育制度供给体系就是其主体和内容。这一体系构建的要点是在了解需求、尊重差异、兼顾不同制度基础上的。首先,了解教育中主体制度需求是构建教育制度体系的基本前提。人民是教育制度供给的主要需求主体,只有他们才最了解自身的制度需要。因此,必须广泛听取民意和集中民智,通过建立信息沟通、听证制度和需求回应程序,调节教育制度供给与需求的矛盾。其次,不同阶段、类型等教育的制度需求不同,教育制度供给差异和有所侧重是尊重教育事实的表现。从层次上需要构建教育根本制度、基本制度和具体制度相互促进的完整体系,不同教育阶段有自身的真实教育现状和最为突出的教育问题,在教育制度供给上必须予以体现。当然,各阶段也存在共通的制度体系框架,都需要建立一个全方位的包括系统化育人制度、多样化办学制度、法治化管理制度和立体化保障制度在内的教育基础性制度体系。② 此外,其他制度的完善对于教育制度供给来说也至关重要,只有在整个社会范围内进行综合配套改革,强化配套治理,才可能提升对教育制度供给本身的支撑保障能力。

（3）强调主体责任以保障供给执行力提升

教育制度的执行过程是一个蕴含主观能动和价值判断的过程,需要教育活动主体的教育责任意识。教育制度实践价值的生成,关键取决于作为制度运行主体的实践者的主观认识、价值信念和行动方式。③ 制度供给是政府的基本责任,政府能通过强制性的教育制度供给实现教育的公益性和教育公平,尤其能够通过教育法律法规保障体系,建立强有力的制度保障。虽然社会公众有必要也实际地参与这教育制度供给的相关过程,但在众多制度供给主体当中,政府

---

① 缪文升.教育制度设计:基于协商民主式公众参与的分析进路[J].中共天津市委党校学报,2013(4):42－45.

② 刘云生.当代中国需着力建立教育基础性制度体系[J].教育发展研究,2017,37(17):24－30.

③ 高树仁.论教育制度的伦理意蕴及实现逻辑[J].当代教育科学,2017(11):8－11.

是最为主要的主体,为教育制度供给的实际效果担负主要责任。因此,政府的制度执行能力和素质提升是制约制度执行程度和水平的重要因素。政府是教育制度相应实施规则和机制组架的主要责任人,必须寻求制度运行的最佳机制和运转方式,在制度供给实践中不断调整不利于制度效率提升的教育体制机制,要有决心和毅力进行教育体制机制变革。当然,培育人们的制度执行意识,塑造一种良善的制度环境,引导教育活动主体在教育制度允许的范围内进行教育实践,调动教育活动主体的制度创新能力也是政府制度供给能力的重要体现。

(4)在教育制度变革中推动教育制度供给创新和变迁

教育制度供给创新是解决教育难题的关键,如何推动以及推动怎样的教育制度变迁是推动教育制度供给自我更新的关键。制度变迁是指制度创立、变更乃随着时间变化被打破的方式,其实质就是在一定制度环境下所进行的制度安排。中国改革进程中交织着政府供应外部规则和社会成员自愿进行内部制度创新的双重秩序的演化路径。① 教育制度创新的主体既可以是作为主要供给方的政府,也可能是教育实践活动中的各交往主体。制度创新和制度变迁往往出现在"关键节点",这些节点常常被理解为紧急时期,在这些时期,行动所受到的限制通常被取消或者松动了。此时社会的各既得利益集团的权力结构或力量对比发生变化,平衡被打破,制度变革的动力就此产生。因此,制度供给主体要善于抓住"关键节点"带来的机会,打破制约制度发展的"路径依赖",为制度变革提供可能空间。同时,制度变迁还需要在自然演进和理性构建之间寻求平衡,尊重制度自身演化是一方面,另一方面制度作为主体行动的结果,反映在制度变革当中也必须能够充分发挥主体理性安排和设计的能力,使自然演进与理性建构互动协调,相互促进。

---

① 周业安.中国制度变迁的演进论解释[J].经济研究,2000(5):3-11,79.

第三章　教育供给侧改革的现实价值

一、教育供给侧改革是办人民满意教育的应有之义

"教育"是关乎国计民生的热点话题，"办人民满意的教育"是坚持教育民生论的最高宗旨，以人民为中心的教育民生论必然要求办人民满意的教育。只有以教育供给侧改革为契机，从供给方发力提升教育的品质、适应性、灵活性、创新性，才能更好地满足人民多样化、优质化、个性化的教育需求，才有可能完成"办人民满意的教育"这一教育实践的理想追求和崇高使命。因此，教育供给侧改革是"办人民满意教育"的应有之义。

早在"办人民满意的教育"提出之前，将教育视为关乎国计民生的重要社会工程和以人民为中心的教育民生论思想已有体现。2006 年 8 月，胡锦涛在中共中央政治局集体学习时提出要"坚持把教育摆在优先发展战略地位，努力办好让人民群众满意的教育"，这也是党和国家首次明确提出"办人民满意的教育"这一教育改革理念和宗旨。党的十七大报告将"办好人民满意的教育"作为党的重要教育方针，将教育纳入以民生为重点的社会建设范畴。之后国务院颁布的发展纲要更是以法律的形式确立了"办人民满意的教育"的合法性地位。党的十八大报告中再次强调要"努力办好人民满意的教育"，并将教育置于改善民生之首的重要地位，"努力"二字更是表现出党和国家对办好人民满意教育的决心和信心，也逐渐将办人民满意的教育付诸实践。党十九大报告进一步提出："必须把教育事业放在优先位置，加快教育现代化，办好人民满意的教育。"党的二十大报告中，"办好人满意的教育"是"实施科教兴国战略，强化现代化建设人才支撑"的第一要义。由此不难看出，党和国家对"办人民满意的教育"这一教育发展目标和宗旨的重视。此外，"办人民满意的教育"还寄托着人民对高品质教育的热切期盼，尤其是在建设教育现代化和教育强国过程中，人民群众对教育功能和作用的认知越来越全面，赋予教育的期待和价值也就越来越丰富。

　　"办"字强调"办人民满意的教育"的实践性质,是其由口号到行动、理想到现实的关键环节,只有通过不断践行和完善教育供给,才可能满足和实现人民群众对教育的需要和期盼。一个"办"字,深刻体现了党和国家坚持马克思主义实践哲学的重要立场。"人民"这一范畴是社会进步的产物,是一个历史性概念和抽象的集体性概念,是以劳动群众为主体的社会基本成员,在我国代表着广大维护社会主义和拥护国家的广泛群体。办人民满意的教育,也就是办广大劳动群众或者说是老百姓满意的教育。放在具体语境中更为明确地来讲,这里的老百姓,主要指教育的需求主体,指作为教育主要需求主体的学生及其家长,也可以指作为教育实践活动要素构成的教育者和受教育者,以及教育产出环节主要需求主体的用人单位和国家。"满意"一词与"价值"相类似,均属关系范畴,其成立的条件涉及主客体及其关系。客体自身所具有的特征、属性是构成满意与否和满意程度大小的客观基础。满意具有客观性,"办人民满意的教育"不是"办人人满意的教育"。而主体需要、预期是形成满意与否以及满意程度大小的主观因素,"办人民满意的教育"体现了人民群众对教育的理想追求,以人民群众的满意度作为衡量和评价教育的主体尺度和价值标准。因此,"办人民满意的教育"至少包括递进的两点:一是特定时空条件下作为客体的教育供给的规格、质量以及教育产出达到一定的水平,二是这种客体水平必须能够满足作为主体的教育需求者的期望。此外,由于"教育"一词随着时代变迁的不断丰富和延展,"办人民满意的教育"也就成了一个长期的、需要不断努力实现的工程。总体而言,"办人民满意的教育"就是让人民在教育发展改革中获益并享有更多的获得感,其核心追求是全面提高教育质量、实现教育公平、走内涵式发展的道路,全面落实教育优先发展战略。①

　　"办人民满意的教育"首先需要了解什么样的教育才是人民满意的教育,也就是了解教育需求者真实、合理、有效的教育需求。在教育供给侧改革概念的条件分析中,作为教育供给侧改革概念成立的基础性条件,一个能被称为"教育供给侧改革"的活动,它首先必须去了解与该活动相关的所有需求主体的真实、有效以及合理的需求。而只有找准人民对教育的真实需求,才能够实现有效的供给和精准的供给,才可能实现"办人民满意的教育"这一理想目标。不论是教

---

　　① 吴佳莉,郑程月,吴霓."办人民满意的教育"的内涵、演进与实践路径[J].清华大学教育研究,2018,39(6):74-79.

育政策改革的制定者,还是教育供给的实践者,都与教育需求者直接或间接地相关联,"办人民满意的教育"需要教育供给主体真正去了解"为了谁"和"依靠谁"供给教育,真正把人民群众也就是教育需求主体的切身利益作为理解、把握、解决教育问题尤其是关键问题的根本出发点和落脚点。教育供给侧改革成立的基础条件就是了解需求者的教育需求,这就与"办人民满意的教育"不谋而合。也只有依靠教育供给侧改革这种立体式的教育改革,才可能真正做到"办人民满意的教育"所内含的对人民真实、合理、有效需求的了解和把握。"撤点并校"就可以说是一个反面案例,正是因为没有深入了解人民群众的教育需求,这一政策的制定和执行才不能使人民满意,并且损害了人民群众的切身利益,与"办人民满意的教育"背道而驰。由此可以看出,只有以教育供给侧改革这种对需求的精准切入,才能够将人民真正可能满意的、能够代表最广大人民群众和利益相关者诉求的内容凸显出来。

随着我国经济发展和社会进步以及民众生活水平的提高,人们对教育的需求已经转向对"上好学"的追求,也就是对教育的需求由数量到质量的转变。教育领域内的主要矛盾也就成了更加多样、更加个性化、更高质量的教育需求与不平衡和不充分的教育供给不能满足之间的矛盾,而且优质教育资源供给不足和人民对高质量的教育的需求之间的矛盾将在较长时间内存在。人民生活水平和精神层次的不断提高使其对教育的需求也日渐呈现出多样化、特性化的趋势,原有的教育供给已经无法满足现在的需求,导致教育的发展面临诸多困境。在教育领域矛盾转换的前提条件下,"办人民满意的教育"重点任务就集中在如何适应、满足甚至引导人民群众对教育的新需求,也就是如何构建高品质的教育供给的问题。在总体优质资源缺少这一现状制约下,通过不断调整教育结构、优化资源配置教育领域、提升教育供给的品质来办人民满意的教育就成为更为重要的教育改革关键点。一般的教育改革主要着力和止步于满足当下的教育需求,从需求侧出发而甚少能够考虑到教育的长期发展。与一般的教育改革不同,教育供给侧改革不仅关注需求侧的相关内容,去了解需求者的教育需求,满足教育者合理、真实、有效需求,更是转变已有教育改革的观念和思路,从教育的供给侧发力,联动教育实践的供给和需求两侧,构建供需平衡的教育实践框架,通过创新创造教育产品,进而满足、引导甚至创新民众的教育消费和投资。这样一来,教育需求者的需求与教育供给主体的供给通过教育供给侧改革这一实践得以紧密联系,相互促进和协调发展,从而得以满足甚至超越人民群众日益发展的教育需求,努力办好人民满意的教育。

新中国成立以来,我国教育发展已经硕果累累,基本建立了规模和质量可观的教育体系结构,但依然存在优质教育资源有效供给不足、供给质量有待提升、供给结构矛盾突出、现有供给不能满足升级后的需求等问题。当我国发展进入新时代,教育质量问题和结构转型已经迫在眉睫,在民众教育需求不断升级,对教育产品和服务需求质量不断提高的现实背景下,出现了大量合理的教育需求得不到有效满足的现象。当教育供给的产品在质量和结构上都不能满足需求主体现有和新增的需求时,客观上就需要从供给侧入手进行改革,从供给侧发力来满足民众对美好教育的需求。因此,推进教育供给侧改革刻不容缓,这对于更好地满足民众对优质而公平的教育需求、办人民满意的教育具有很强的现实意义。学前教育"入园难""入园贵",义务教育阶段"择校热"问题和优质均衡发展的新目标,高等教育阶段创新性人才培养以及"就业难"和"招工难"的双重矛盾问题,职业教育供给质量和水平较低等都不断表明当下现有的教育供给还不能够令人民满意。此外,总体上优质教育资源不足,人们合理的教育选择不能得到实现,导致高端教育需求外溢等也显示着教育有效供给不足以及缺少选择性等供给方面的困境。目前,人民群众对教育不满意的关键点主要集中于各教育阶段优质教育资源供给不足、教育资源配置不合理、教师供给不足、教育发展的不均衡和不充分、教育质量不高等深层次问题,而这些问题必须从供给侧进行深入的综合改革,才可能得到一定程度的缓解。第十三届上海民进教育论坛上,袁振国提出,解决目前大家共同关注的普遍性教育问题,如课业负担较重、教师质量下滑、唯分数论、社会资源投入不足等,正应从供给侧改革入手,从政府供给和校内入手。只有通过教育改革,更多从供给侧出发的,解决教育供给中难以让人民满意的结构、质量、制度、体制机制等顽疾,才能实现教育真正发展。新时代办人民满意的教育就是要坚持新的教育供给理念,全面彻底地深化教育领域综合改革,破除各种体制机制障碍,促进教育公平、提高人才培养质量。为了更好地解决人民群众关心的教育难题,必须通过调整教育供给的结构来提高教育对人民需求的适应性和灵活性,尤其是需要满足民众日益增长的多元教育需求,由此来形成更加丰富、个性化和有选择性的教育供给。此外,通过提升教育供给端的质量和品质、创新性,以此满足、引领甚至创新人民的教育需求。新供给创造新需求,教育供给的创新在一定程度上可以成为引领人民形成更加合理、有效的教育需求,提升人民对教育的品味。总体而言,能够让人民群众满意的教育,才是教育供给侧改革应该努力的方向,教育供给侧改革是"办人民满意的教育"这一理想追求的应有之义。

二、教育供给侧改革是教育质量提升的必由之路

教育质量是教育发展和教育改革的永恒内在追求,而教育质量的高低正是衡量一个国家或地区教育水平和实力的重要指标,不追求教育质量的教育很难称得上是真正的、好的、有价值的教育改革。从 21 世纪开始,各国多数教育改革都将目光聚焦于教育质量或是针对教育质量来进行调整和优化以促进各类型各阶段教育的不断进步和发展。我国的教育供给侧改革就是这样一个以提升教育质量为核心目标和宗旨的教育改革,也是我国面临教育质量提升困境的必然选择,公平而有质量的教育更是我国教育现代化和教育强国建设的重要追求。一直以来,党和国家都将提升教育质量作为教育改革的核心任务。习近平同志多次指出要不断推进教育改革,提高教育质量,培养更多、更高素质的人才。《国家中长期教育改革和发展规划纲要(2010—2020 年)》中提出把提高质量作为教育改革发展的核心任务。2016 年的全国教育工作会议更是以"全面提高教育质量,加快推进教育现代化"为主题。教育质量提升是教育现代化发展和建设教育强国的必然要求,也是教育自身发展的应有之义,教育整体质量的提升还要依靠教育改革,尤其是系统的、长期的教育改革,教育供给侧改革正是这样一种系统的、长期的、从供给侧全盘考虑影响和制约教育质量的关键因素的教育改革,推动教育供给侧改革是教育质量提升的必由之路。

教育质量是教育本质规定性的纯真程度,教育是培养人或形成人的活动,教育质量的高低就是教育培养的人的质量的高低。[1] 教育质量是一个多维度多层次的概念,不同国家和地区、不同教育需求者对教育质量的要求不尽相同,各级各类教育对教育质量的关注点也不相同。教育制度、教学的内容和方法、学生与教师的素质和水平以及教育活动的组织和实施过程等都会影响教育质量的高低。因此,教育质量提升是一个涉及多方面因素的复杂问题,单靠某一个主体或某一个教育实践环节很难完成。不同的时代对教育质量有不同的要求,

---

① 郝文武.提高教育质量的永恒追求与时代特征[J].陕西师范大学学报(哲学社会科学版),2015,44(2):157-166.

人才培养质量通常被用来衡量教育质量,在教育发展的初期又具体化为升学率和就业率这种一定程度上容易且能够被测量的对象,但这种对教育质量的追求还不符合教育质量的本真追求,符合时代要求的教育质量追求应该是以人的价值提升、教育自身品质的提升和社会长期发展为主要目的,其可衡量和可观察的对象就成为长期的国民素质的提升、公平而有质量的教育的发展程度。教育公平与教育质量的联系是十分紧密的,新时代的教育质量和教育公平是不能脱离对方而独自发展的,有质量的教育公平和以教育公平作为衡量教育质量的重要标准才是教育发展的合理追求。没有教育公平为根本的教育质量,是不合格的质量,没有教育质量为基础的教育公平,是不合理的公平。① 从国际教育发展的趋势来看,提供公平而有质量的教育越来越成为教育强国建设的有力方向,也正是通过推进有着公平内涵的质量建设才可能形成真正具有教育质量的教育供给。

从教育自身的发展进程来看,我国教育的体量速度增长极快,在短短的几十年内规模和数量不断增加。新中国成立以来,我国已经基本建成了规模可观、类型丰富的教育体系。学前教育办园数量不断增加,义务教育普及和控辍保学工作俨然可观,高中教育也已基本普及,职业教育和高等教育发展势头迅猛。但从教育质量来看,学前教育阶段由于发展较为缓慢,目前还处在追求普及普惠的学前教育供给阶段,而义务教育在控辍保学的基础上,更加注重优质均衡发展,高等教育和职业教育则更为强调内涵式发展,无论从哪个阶段学校教育来看,都还不能提供公平而有质量的教育供给。与之伴随而来的是社会对教育质量的质疑,正是在这种外界压力和内部发展困境的双重作用下,教育的旧有发展模式显示出不适应性,教育培养的人才质量也不能被社会所认可,一些教育的"老大难"问题依旧存在,严重困扰着深化教育综合改革和教育质量的整体提升,而影响和制约提高教育质量的诸多关键因素构成的一侧,就是教育质量的供给侧,这些有关供给侧的问题不解决,教育质量就难以提升。

在教育发展的初期阶段,教育发展往往倾向于在投资、规模、数量上下功夫,但基于外延式发展的教育发展方式在后期发展中往往表现为动力不足和发展迟滞,自然而然地推动着教育转变发展方式。21世纪以来,提升质量成为世

① 李政涛. 中国教育公平的新阶段:公平与质量的互释互构[J]. 中国教育学刊,2020(10):47-52.

界上老牌教育强国不约而同的战略选择,这是一个更加重视质量的世纪。教育数量的增加和教育规模的扩大是教育质量提升的基础和前提,但具有一定的教育规模并不意味着有着较高质量水平的教育供给,与国际教育发展的趋势相一致,我国教育强国的建设要求教育必须在稳定健康发展教育规模的基础上,更加注重提升其供给质量。当下我国教育的质量提升不是一般意义上的教育质量的提高,而是以教育内涵式发展为方向的整体质量提升,有着更为丰富的内涵和要求,质量标准和内容等都有一定程度的升级和调整。教育内涵式发展是以提高质量为核心的规模、质量、结构、效益、公平五个变量协调统一的发展。①内涵式发展下的全面质量提升要求在控制和稳定教育规模的基础上,更加注重优化当前教育结构体系,促进不同层次、类型和性质的教育实现合理、细致的战略定位,提升办学效益,形成公平而有质量的教育供给。这必然涉及包括变革各种制约效益提升的体制机制,理顺相关主体间的复杂关系。改革开放以来,以经济体制改革为契机,教育在重要领域和关键环节进行了全面深入的改革,对教育管理体制、办学体制等主要体制机制不断进行摸索和实践,但此类改革往往是建立在体系框架内的修修补补,且由于体制的惯性和相关利益者的消极应对而显得变化不大,一系列变革较为被动地适应和满足经济社会发展的时代潮流,很难具有前瞻性和引领性。目前来看,我国各项改革都已经进入深水区,教育改革和发展也进入了新的攻坚克难阶段,对于教育转变发展方式下的内涵式发展路径,只有以大决心大毅力调整和改变教育发展的长期影响因素——供给侧因素,才可能从整体上提升教育供给的质量。供给侧改革可以从资源分配方式的提升,供给结构的不断优化,布局结构、层次和科类结构的调整以及减少政府不必要的行政干预等途径着手,最终都需要落实到提高教育供给主体的供给质量和效率上来,具体包括人财物供给的质量、制度等服务的质量以及人才培养的质量等多个环节和方面。当然,教育内涵式发展是对外延式发展的突破,但这并不意味着以数量和规模为主的发展模式就走到了内涵式发展的对立面。教育数量是教育质量的基础,有了教育数量不一定有教育质量,但没有教育数量就一定不可能有教育质量。因此,教育质量提升并不是说不要数量,而是在保证一定教育规格的前提条件下尽可能提升教育质量。未来一段时间,我国教育在注重质量和结构调整的供给侧改革的同时也要适当调整规模,注重需

---

① 瞿振元. 高等教育内涵式发展的实现途径[J]. 中国高等教育,2013(2):12-13,21.

求侧管理和供给侧管理的联动可能是更为明智的选择。

现有的教育质量多以质量标准和质量保障体系的形式介入并指导教育供给实践,在形成国家教育质量标准的基础上再细化为区域、学校甚至教学过程质量等的衡量标准。这种标准往往是具体化为一些可测量的指标,且最终需要落实到教育的过程性质量当中,与学校教育教学环节紧密联系。因此,优化学校教育供给也是教育供给侧改革的重要环节,而这也是教育过程质量。其中,深化课程教学改革,大力提升学校教育内涵,优化教育内容和方式的供给是学校教育供给改革的核心。人类的任何改革活动都需要在某一特定场域中进行,从这一意义上来说,学校就是教育改革的具体场域。事物在发展的过程中会受到各种因素的影响,而改革就是推动其发展的不竭动力,教育供给侧改革在一定程度上可以激发学校的办学活力。一方面,可以推动学校办学理念的更新。在过分追求升学率、就业率等外在指标而忽视学生自身发展的情况下,教育供给侧改革可以促使学校重新审视自身的发展特点,理清办学思路,并在这一过程中提出新的更注重学生发展差异的办学理念。另一方面,可以推动学校管理的优化。科层管理形式在很大程度上限制了教师工作和育人的积极性和创造性,阻碍了学校多样化发展的可能性。教育在供给侧改革的过程中,可以逐渐改变这种科层化的管理方式,实施扁平化的管理模式,最大限度地发挥民主的积极作用,激发教师和学生的创造性,实现教育的内涵式发展,为教育质量提升创造有利条件。

三、教育供给侧改革是优化教育结构的重要抓手

优化教育结构对提升教育质量有着重要意义,其本身也正是教育改革关注的重点项目。供给侧改革的全称是"供给侧结构性改革",其关键是推进供给的结构性调整,通过创新供给结构引领需求的结构调整与升级,包括调整产业结构、区域结构、要素投入结构、经济增长动力结构和分配结构等主要的结构性问题,从而促进经济健康平稳发展。教育供给侧改革也是如此。教育供给侧改革事实上也就是教育供给侧结构性改革,是以教育供给结构的调整和创新满足、适应并引领需求结构的优化和升级。结构调整既是手段也是目的之一。从供给侧视角来看,教育的诸多问题主要是结构性的障碍没有得到根本性的解决,即因供给机制未能得到有效顺利的执行而导致协调机制的系统性失效。而教

育供给侧改革能够较好地解决教育结构性问题,通过调整教育结构体系和优化教育结构来促进教育的健康发展。教育供给体系结构是教育内外部因素通过一定方式相互作用和关联的关系形式,既涉及一个国家或地区教育供给系统中各级各类教育机构间的总体构成样态,也包括与经济社会发展间的协调统一。教育结构是一个比较大的概念,从宏观或者较为广泛的视角来看是教育的整体构成样态,也就是教育系统的整体结构,微观上还包括专业结构、课程结构等教育教学环节的结构,可以看作教育活动结构。从类型上划分,又包括纵向的相互衔接的教育层次结构,也就是各教育阶段的比例结构,以及横向的按类别区分类型结构,办学形式结构、教育管理体制结构、布局结构、学科结构、课程结构等。教育供给侧改革对教育结构的调整和优化一方面是要丰富现有的教育供给结构,即在现有的教育公共服务体系基础上提供形式、内容和性质更为丰富的教育服务,为受教育者提供具有选择性的教育服务,以打破性质、类型过于单一的供给现状。只有建构多元、丰富、有选择性的教育结构,才可能满足多元且丰富的教育需求。此外,要调整总体的供给结构以及通过优化要素配置调整微观教学活动结构,以提高教育对社会发展等的适应性和灵活性。也就是说,供给侧改革对教育结构的优化既体现在促进各级各类教育的和谐发展,同时也需要促进教育活动内部诸要素的协调统一。

经济社会的不断发展越来越需要具有更高素质一级类型丰富的人才,这就要求以形态丰富的教育供给作为人才培养和智力支撑的高地。反思当下的教育服务体系,传统的以制度教育为主的教育供给已经仅仅成为人生整体学习的一个阶段,国民教育体系包括了以制度教育为主体和非制度教育包括继续教育、网络教育等多种形式。而层次上分为学前教育、基础教育、高等教育,类型上分为普通教育和职业教育的传统教育体系结构的分类方法需要作出一些改变。需要根据不同个体的终身教育学习需要,以技术创新、制度创新为内核的教育供给侧改革来推动和建设更为丰富多彩的教育实际供给,提供更加开放、丰富、多元和差异化的教育资源、教育环境和教育服务。基础教育与高等教育、普通教育与职业教育、职前教育与职后教育、公办教育与民办教育的合理布局既是优化教育结构最基本的内容,也都是教育供给侧调整和优化教育结构的重要着力点。21 世纪以来,基础教育阶段着力推进义务教育的均衡发展、高中教育的普及和特色化发展,高等教育阶段以“双一流”建设为抓手提升高等教育质量,但就目前来看,各阶段教育发展都还存在不少问题,尤其体现在各阶段教育的供给方面。因此,教育供给侧改革要做好整体规划,在保证义务教育阶段稳步发展的前提下,也要更多关注发展较弱的学前教育和高中教育阶段,以弥补教育供给的弱势领域和环节,更要以高等教育作为教育改革发展的尖刀,攻克"钱学森之问"的难题。在民办教育和公办教育的结构上还需要进一步斟酌,民办和公办教育在师资、经费投入和教育教学质量等方面差异较大,实现教育均衡发展的改革目标还要进一步以制度供给和创新来推动公办教育和民办教育健康和有序发展。形成公办教育与民办教育共同发展的教育生态格局,既是扩大教育供给的可选择性、满足多元化教育需求的一条重要途径,也是教育领域供给侧改革的一项重要内容。在类型结构方面教育供给侧改革还需要更加关注和丰富处于薄弱领域的职业教育,从供给理念上转变旧有的职业教育定位,能够从深层次上释放和引领人民群众对职业教育的有效需求,改变普通教育和职业教育地位不对称的现状,打造一支能够培养出大国工匠和作为国之重器的职业教育教师队伍。此外,要更加充分地利用现代技术进步,实现制度教育和终身教育有序衔接的教育体系和线上与线下混融的教学方式,以更丰富的教育供给内容、方式来面对人民群众日益增长的教育需求。还要优化教育布局结构,各阶段教育都还存在一个共同的问题,即区域、城乡、校际之间教育发展仍旧存在较大差距。推进教育均衡发展是实现教育公平的必然要求,教育供给侧改革在推进教育均衡发展方面起着重要作用,通过对较为弱势的地区、农村、学校进行供给倾斜,能够有针对性地实现弱势地区和学校的供给创新和质量提升,从而实现教育的优质均衡发展,进一步推进教育的布局结构优化。

经济供给侧结构性改革将调整和优化要素结构、推动要素升级作为重要的改革内容,同样,优化要素结构也是教育供给侧改革优化教育结构的重要方面,教育体系结构的发展状况与教育要素的质量结构密切相关,要素升级尤其是制度要素的创新升级成为体系结构完善的重要动力机制。教育实践本身就是诸要素的有机结合,优化要素结构与优化布局结构、课程结构等都具有相通性。我国教育供给的体系结构基本上是在不断调整适应中形成的,与教育发展的一般趋势相一致。无论是供给体系结构的层次、功能与定位等方面问题的化解,还是构建优质多元、结构合理的教育体系,提高教育供给体系对现阶段教育需求的适应性和灵活性的现实要求,都需要通过教育供给侧改革来进行调整。教育供给侧改革对以创新驱动和制度驱动供给体系完善以及内部要素的结构性优化配置和合理流通具有重要价值。它可以通过合理配置人财物资源以提高资源要素的使用效率,通过资源要素的有目的的倾斜来优化教育布局调整的结构。此外,还能够推动教育类型的丰富以及科类结构优化和课程结构的合理安排,降低出现无效供给的可能性。教育供给侧改革的重要选择是依靠教育技术进步和制度创新对教育内部要素的流动配置、结构关系及效率产出进行调控,如对人才培养的要素优化、智慧课堂建设、教育管理方式的转变等。教育供给侧改革是以矫正要素扭曲、优化要素配置结构为方式方法的,因此有利于优化教育要素配置和结构调整,从而优化教育供给结构。教育实践活动的形成和发展受资源存量和结构,以及这些要素通过配置和流通在教育运行过程中形成的教育技术方法和制度等要素影响,主要可分为资源性要素、技术性要素以及制度性要素。具体来说,包括教育的投资及其利用效率、人力投入及其投入的质量和层次(教师的数量和质量、行政人员管理能力和工作水平)、图书馆藏、校舍面积和专业设施等人财物的要素,细化到教学过程还包含了课程设计、教材、教学设备等要素,教学方法以及规范和制约这些要素配置的各种制度规范。由此来看,教育是一个极其复杂的活动系统,其质量与各要素的质量及其结构的质量高度关联。教育发展前期,在旺盛的投资需求下往往倾向于扩大要素存量,推动教育的数量和规模扩大,但当最初的要素投入增量对教育发展的刺激达到瓶颈期,加大对要素量的投入不仅是对有限教育资源的浪费,同时教育也容易陷入发展困局。此外,要素配置的低效往往呈现为要素扭曲和要素效益过低,以人力要素投入等的低端要素投入结构应该被更为适宜的要素投入结构所取代。今后,教育供给的提升以及发展方式的转变需要更多依靠以结构路径、技术路径和制度路径作为基本框架和有效整合机制。① 供给侧改革重视以制度要素推动整体变革,这也是优化教育结构的重要方面。

四、教育供给侧改革是推动主体协同运转的动力机制

"教育"这一实践活动面临着供给主体和需求主体众多且角色不断转换的复杂现状。在不同供给环节和供给阶段甚至发生变化的情况下,如何协调众多主体的关系,推动各主体协同运转就显得极为重要,需要依靠以体制机制创新

---

① 卢伟,褚宏启. 高等教育发展方式转变的内在机制与可行路径:一种要素分析的范式[J]. 现代教育管理,2014(12):14-20.

为特征的教育供给侧改革作为动力机制,形成合理的教育供给和治理关系。

教育供给侧改革能够推动供给主体协作参与教育供给,形成合理的教育供给和运行机制。萨缪尔森和张五常分别从消费和供给的角度对公共产品进行了论述,都不否认其他供给模式的存在,加之现行教育供给存在的问题已经无法适应当前社会发展的需要,市场供给的介入应运而生。这种说法进一步说明了仅由政府单一供给教育极易出现供给不足的状况,也进一步证实了市场参与供给的重要性和必要性。政府提供教育这一公共产品并不意味着必须参与生产环节,这就为政府主导的多元主体复合供给提供了新的供给运行机制的空间。以往政府的决策机制是自上而下的、缺乏有效的供给谈判机制,导致公共产品在供给决策中无法体现民众的意志,可能会出现供不达求的现象。但市场供给则体现了自下而上的供给机制,会根据不同阶段民众需求的变化而转变,可以体现民众最直接的价值诉求。供给侧改革对市场活力的激发能有效推动义务教育资源的优化配置,发挥市场供给对需求的灵敏反应,缓解政府供给压力,提高社会参与办学的积极性。随着经济体制改革对义务教育办学体制改革影响的不断深入,计划经济体制下政府单一供给体制被打破,市场供给教育的作用越来越大。但"政府保障公平,市场带动效率"的二元论只是理想状态下的一种美好意愿,回归现实,在教育供给过程中依然存在政府和市场二元供给体制下的盲区。基于此,构建教育多元供给格局,发挥社会参与办学是突破此类困境的最有效途径。社会参与办学可以极大地改善教育供给现状,为政府和市场供给的平衡搭建桥梁,在教育供给"政府失灵"和"市场失灵"的状况下,发挥社会的补充作用。但就实际情况来看,社会公益参与力度较弱,还处于起步状态,多元供给格局的形成依旧困难重重。这就需要教育供给侧改革不断推进新的主体协作格局的形成和完善。从现实来看,我国人口基数大且结构复杂,民众对教育的需求也不尽相同,仅由政府提供和管理教育势必无法满足部分人的特殊需求,市场和社会等主体的参与也势必会出现一些新的问题。基于此,要积极发挥政府的主导权,在公平机制的引导下合理协调各主体间的矛盾,在供给教育的同时监管市场秩序,最大限度地发挥其宏观调控的作用。

在国家治理能力和治理体系现代化的总体要求下,教育治理体系的构建和教育治理能力的提升是教育改革的必然要求。经济供给侧改革实质上正是为了更好地发挥市场配置的决定性作用以及更好地发挥政府作用。教育供给侧改革也要更好地发挥政府和市场的作用,处理好众多主体之间的权责关系。治理理论强调在政府、市场和社会三者之间形成张力,以解决单一力量难以解决的公共危机。政府在多中心网络中处于调控和协调全局的作用,政府、市场、第三方组织等治理主体的权力配置等方面关系也是教育供给侧改革的重点。教育治理体系建构,既包括治理主体的结构变化,也包括主体间关系的制度安排。教育治理是共治主体依据规则开展的教育管理活动,涉及管理的多主体、多层级、多因素、多环节。① 教育供给侧改革要以始终坚持推进教育治理体系和治理能力现代化,构建全社会共同参与建设、共同参与治理、共同分享成果的教育发展新格局为重任。教育供给侧改革是推动教育多元主体协同治理的重要切入点。从党的政策文件看,教育部近年来对建构新的教育治理格局十分关注,无论是政府职能的转变和"省级统筹"等权力下放的"放管服"、推进"管办评分离",要求提升学校面向社会办学的权力以及社会或第三方参与教育治理,还是学校内部治理体系的完善,都反映出教育治理的复杂特点。教育多元主体的协同治理是构建现代化教育治理体系的必然要求,其目的在于以制度引导和规范教育供给主体的实践活动,约束和监督权力运行,由此最大限度激发学校办学活力和发挥教育主体供给的能力。新时代下,教育治理不再依赖于政府这一单一主体的命令式管理,迫切需要政府、学校自身、社会力量等多元主体的共同治理。但受制于长期以来教育体制的束缚,在短时间内打破原有权力结构可能会受到来自各相关主体以及其他相关因素的阻碍。教育供给侧改革将推动和实现政府职能转变下的简政放权进一步到位,从而构建政府、学校、社会的新型互动关系以及多极治理格局,打破主体间的"非对称性依赖"。②

总体上,教育供给侧改革有助于进一步梳理教育供给主体间的复杂关系。"放管服结合"以及"管办评分离"的制度变革是教育供给侧改革推动主体协调运转的重要抓手。以制度变革推动"放管服"进程,为学校简除烦苛,减少过多的行政程序,释放学校的办学活力和积极性,为教师潜心育人、埋头实干创造良好的外部环境,以精干的师资队伍提升人才培养质量。党的十八届三中全会《决定》明确要求深入推进管办评分离,就是要处理好政府、学校、社会之间的关系,建成"政府适度管教育,学校规范办教育,社会科学评教育"的教育供给健康

---

① 褚宏启.教育治理:以共治求善治[J].教育研究,2014(10):4-11.
② 陈良雨.高等教育治理主体间非对称性依赖关系研究:基于高等教育治理现代化的视角[J].内蒙古社会科学(汉文版),2017,38(1):151-156.

生态。《关于深入推进教育管办评分离促进政府职能转变的若干意见》也再次表明教育领域综合改革必须致力于建立"管办评分离"的良性治理结构。具体来看,教育供给侧改革首先有助于推动政府进一步简政放权,构建服务型政府,发挥好政府的"元治理"功能。为此,教育部取消了国家重点学科审批等一系列行政审批制度,《深化教育督导改革转变教育管理方式的意见》的出台也都体现出政府职能转变和简政放权的发展趋势,这也是对推进"管办评分离"政策的呼应。国家深化教育领域综合改革的总体布局要求教育供给侧必须通过进一步明确政府职能定位,全面提升各级政府的教育治理水平。政府管理教育方式的创新是教育供给侧改革制度创新的重要内容。因此,要以供给侧结构性改革为契机,进一步明确政府和市场对教育的权责以及管理边界,在充分发挥市场对教育资源合理配置主导作用的同时,强化政府在依法监管、服务教育等方面的作用。供给侧改革推动建构的服务型政府,可以提供较之前更为优质的公共产品和服务,进而更好地满足民众不同且多样化的教育需求。在此过程中,新的治理理念必将超越之前的公共管理理论,将政府责任界定为直接供给和宏观调控,将重点放到社会管理上。在教育体制建立的很长时间内,我国教育实行的是集权制的管理模式,政府的统包统管使其出现举办教育后继乏力和权力寻租等办学和管理上的问题。供给侧改革通过减少政府不必要的干预来降低教育治理成本,提升政府通过权威政策合理分配社会公共利益的能力,促使政府放权和赋权给有能力的相关职能主体。同时,教育供给侧改革在一定程度上可以调动社会公益参与的积极性,推动多元供给网络的形成。教育作为一项社会公共事业,其供给也必不可少需要社会的深入参与,供给侧改革的价值和意义也被再度深化。赋予学校更大的办学自主权是推动政府、学校、社会构建新型关系的重要举措。教育行政部门的简政放权要求从体制机制上破除学校和社会办学的阻碍,以教育供给侧改革不断激发学校和社会组织办学的活力和内生动力。通过制度创新,允许市场和社会力量(如各种非政府组织志愿团体等)参与教育治理,才能有助于激发教育活力,才能形成高效且有利于科学发展的教育体制机制。同时,也只有使教育治理制度化和规范化,社会参与教育治理才可能落到实处,而社会参与的专业性、权威性等也需要通过第三方组织自身的升级以及外部政策的有力保障。

五、教育供给侧改革是化解教育供需矛盾的根本途径

从经济学角度来看,无论是供给侧改革还是需求侧管理,其目的都是要解决经济学的基本问题——供给与需求的平衡问题,教育领域同样如此。教育供需矛盾是推动教育实践活动的动力源泉,正是在教育供需矛盾不断产生和化解的过程当中,教育才得以不断发展。教育供需矛盾是一定时空下教育供给与教育需求的不匹配和不平衡的状态,因此具有明显的时代和地域特征。随着我国社会主要矛盾的转变,教育领域的主要矛盾也在不断发生变化,总体来看是发展不平衡、不充分的教育供给与教育需求者的美好教育需求之间的矛盾。既包括人民群众日益增长的对优质、多元、公平的教育需求与教育供给发展不平衡和不充分之间的矛盾,也存在着国家对多样化、创新型人才和高素质公民的需求与人才培养质量和水平难以满足之间的矛盾。这些都很大程度上制约着教育的进一步发展,唯有以教育供给侧改革才可能满足人民和国家日益增长的教育需求。

随着党中央全面深化改革战略部署的实施,我国的教育综合改革工作也取得了一定的成果,但当中国特色社会主义进入新时代,教育需求层次和结构不断升级,教育资源有限性和教育机会平等间的矛盾以及高质量的教育需求和中低端的教育供给间的矛盾凸显。回顾以往需求侧主导的改革思路,其强调的重点大多是国家、社会、市场和个人需要的是什么,而没有更多地考虑政府和学校等主体能提供什么,怎样才能更好地满足国家、社会、市场以及个人日渐多样化的教育需求。从长远角度来看,过度注重需求侧的路径依赖必定会使教育在供给的过程中遇到越来越多的问题。因此,以供给侧改革为主的政策措施着眼于实现长期稳定的发展,能够缓解深层次、系统性的教育供需矛盾。通过创新制度供给、提高供给质量、提升供给利用效率等一方面提升供给品质,另一方面能够同时联动需求侧,满足、引领甚至创新主体的教育需求。教育供给侧改革的实质就在于以更高质量的供给机制来实现教育的可持续发展,只有更注重从供给侧发力才能更有效地从根本上化解教育的供需困境,满足人们对教育机会均等和国家对教育均衡发展等强烈诉求,实现教育资源的按需分配,避免无效和低品质的教育供给,进而提升教育公共服务的品质。

当前,我国经济发展进入新常态,大力实施创新驱动发展战略对加快提升

劳动者素质和受教育水平提出了新要求。随着生活水平提高,人民群众对教育的期待越来越高、越来越多样化。

　　教育供给侧改革能够更好地满足个体自我素质提升和自我实现等发展需求以及家庭对更美好的幸福生活的追求。随着终身教育体系的建立和教育内涵的不断丰富,在不同地点、以不同方式、接受不同类型的教育对个体来说已经成为事实。总体上,在接受教育这一需求基本被满足后,人们对教育的需求出现升级,且个体和家庭对高等教育需求的层次和内容都出现了不同程度的提升。不同群体间家庭接受高等教育的意愿水平不一,其对教育的支付能力也存在差异,不同家庭的经济资本、文化资本持有的分层导致城乡家庭以及不同阶层家庭之间接受教育的意愿差异较大。同样,有强烈意愿的群体也可能出于不同的目的而接受教育,这使得教育的个体、家庭需求变得十分复杂。

　　面对复杂的需求状况,教育需求的升级与教育供给难以满足之间的矛盾愈加突出,教育供给就必须通过供给侧改革优化资源配置方式,实行高质量的、差异化的供给,从而满足个体的需求升级和不同群体的多样化需求。教育供给侧改革能更好地满足个体和家庭对更高质量教育的需求。各阶段教育的普及和平均受教育年限的增长使得接受教育已经成为家庭的基本需求,但优质资源紧缺、体系不够丰富的教育供给还不能够满足家庭以及个体对高质量教育资源的选择性需求。在舒尔茨的人力资本理论影响和个体成本收益理念等教育投资驱动下,接受教育尤其是接收高质量的教育早已被视为投资的重要途径之一,也是平等地分配社会领域内各种利益以实现更有效的阶层跃迁的重要路径。知识经济时代经济、社会、科技各方面转型对个体能力提出了更高的要求,教育作为个体能力提升的重要通道,反过来个体和家庭对教育也就寄予了更多期望,对教育能够提供的综合技能与素质的需求更加迫切。由于高等教育资源还较为紧缺,个体接受公平、高质量的教育的需求就很难充分地被满足,在教育公平与教育质量的问题更为突出的当下,个体对教育的收益期待就转换为对优质公平教育的需求。从价值逻辑上讲,教育供给侧是通过合理分配教育资源和优化教育供给结构来办人民满意的教育过程,也就是不断增加公平且有质量的教育供给的过程。从个体发展的需求来看,个体接受教育并非完全为了未来职业生涯的需求,也有着自我提升、自我实现的需求,尤其是在终身化学习背景下,学校教育也只是个体接受教育的阶段而非终点。个性化的教育追求对教育形式的多样化、内容丰富化提出较高的要求,个人可能因为学习知识、掌握技术、提升能力等不同而又具有相似性的教育需求而选择接受教育。多元化需求和个性化是人的全面而自由的发展的必然之意，人的全面发展是教育培养的最本真的目的。怎样才能在有限的教育供给条件下尽可能实现更多人的教育需求，只有通过教育供给侧对接和连通个体的多样化需求，在学校办学、课程设计等多个环节做出适宜的调整，才可能为个体提供可选择性的、能够激发个体潜能实现和有益于其长远发展的能力提升的教育。当然，这种满足个体发展的需求从本质上来说与国家的发展利益必须且应该是相一致的。

同时，教育供给侧改革还是新时代下国家现代化发展对教育人才培养、技术进步、创新驱动等多重需求的强力引擎，推动教育从供给侧发力，有助于引领国家现代化发展过程中对高层次、多样化人才以及技术创新的需求，其中既少不了学前和基础教育阶段的初步培养，更离不开高等教育阶段专业化和精细化的培养。我国的现代化进程主要呈现为工业化和城镇化特征，以人的现代化和科学技术现代化为核心的现代化转型是实现全面现代化的必然趋势。在现代化总体布局下，作为人才资源占有量丰富的教育更应该对接国家重大发展战略的要求，培养具有积极进取、开拓创新等现代性精神的人才。当下以人工智能为核心和引领的经济革命和科技革命势头迅猛，新一轮的技术革命正在不断推动着经济社会的转型和发展，也驱动着教育改革和创新。这意味着国家在面对自身发展和国际综合竞争过程时，对人力资源的品质和能力要求更加严格。社会发展经济发展必须重视供给与人力资源升级相结合，创新创业以及教育制度改革，①那么教育要如何提升自身人才培养的质量，基础教育阶段如何为下一阶段输送可塑性强的人才，高等教育阶段如何培养更高水平的人才以及推动技术进步、科技成果转换的速度都是极其重要的。人力资源、技术创新等是供给侧的核心要素，通过教育供给侧改革促使教育成为经济发展的尖刀和技术创新的阵地。经济社会转型升级依赖技术进步和创新，推动经济发展的要素在不断升级，教育尤其是高等教育作为科技发展和智库建设的战略阵地，其科研创新及成果转化受到重视，甚至基础研究所具有的潜在能量对于科技发展来说也越来越重要。就国际水平看，我国教育尚未达到一流水平，"从跟跑到领跑"的技术创新、前沿技术发展还需要教育供给的质量提升。

伴随我国正在经历的经济与社会转型和从人力资源大国向强国的转型，科

---

① 吴敬琏，等.供给侧改革:经济转型重塑中国布局[M].北京:中国文史出版社,2016:89.

学技术作为国家核心竞争力的地位使得社会对专业人才的需求升级,不仅对培养人才的数量有所要求,同时也表现为对人才质量和多样化人才的要求。一个国家文明程度的提高要依靠全民整体素质的提高,而全民整体素质的提高则要依靠基础教育,尤其是义务教育。义务教育作为基础教育的核心环节,其在培养一个什么样的人和怎样培养人等方面具有奠基性的作用。义务教育的特殊性质就决定了其在提升国民素质,促进人的全面发展过程中的不可替代的作用。当前我国义务教育发展过程中所出现的供需错配一定程度上阻碍了义务教育提升国民素质功能的发挥。因此,只有进一步从供给侧发力,推动教育供给侧改革,才能更好地发挥教育功能,促进国民综合素质的提升。当前国际竞争的关键就是人才的竞争,国家和社会的进步要依靠科学技术的进步,而科学技术的进步就需要多层次的人才供给。同时,随着经济发展和社会结构的不断改变,社会分工更加明确,国家对人才的要求更加具有层次性,这就促进了教育专业培养的细化和人才培养梯度化。高层次人才是一个相对的概念,在不同时代和背景下其层次可能具有不同的标准,人工智能时代对人力资源和高层次人才将重新界定,简单重复性和具有可替代性的人力资源不再具有发展的潜能,自然也不可能成为高层次人才的标准。社会发展总体上需要具有创新和进取意识、综合解决问题能力、适应能力的高素质专业人才。从类型上来看,又需要不同方向和领域内熟知和引领前沿科学发展动态的研究人才,以及复合型、应用型的创新人才,还需要具有掌握尖端科技的技术型人才。这就对现有的教育人才培养模式提出了更高的要求。现行的人才培养还停留在质量不高、类型较为单一的低水平同质化培养上,这使得社会发展需求与教育人才供给之间出现供需矛盾,且主要是质量上和结构上的矛盾。矛盾的主要原因并不在社会发展的需求上,而在于教育的供给方面。教育要想培养出与经济发展相适应的高素质人才,就必须从供给侧发力调整供给结构,通过教育制度创新、人才培养模式创新、课程机构创新等主动适应并引领国家对多样化高层次人才的需求。

第四章　学前教育供给侧改革

一、学前教育供给的变迁逻辑与优势

(一)学前教育供给的变迁逻辑

学前教育是学校教育制度和终身教育的起始阶段,也是基础教育的重要有机组成部分,我国的学前教育主要指由以幼儿园为主的学前教育机构对3周岁到入小学前的学前儿童实施的保育和教育。作为整个教育体系中的薄弱环节,学前教育供给与需求之间还很不平衡,数量上还达不到普及普惠目标,质量上也不能满足人民日益增长的教育需求。为了较好地解决"入园难""入园贵"等主要供需矛盾,办人民满意的学前教育,必须以学前教育供给侧的改革服务和引领学前教育的发展变革,构建优质普惠的学前教育公共服务体系。对学前教育供给变迁逻辑的分析是了解和把握学前教育供给的发展过程和现状,打通学前教育供给历史、现实与未来脉络的重要途径。学前教育的供给实践过程是在确认供给理念(为谁供给)、供给主体关系(谁来供给)、实际提供能力(能够供给什么)、学校运行水平(学校教育教学环节的实际生产能力)以及作为润滑剂和联结机制的政府协调服务水平(怎样安排和配置各类物和人)这五个重要方面的基础上进行的,分析其变迁逻辑有助于了解学前教育供给的真实状况,为进一步优化和完善教育供给奠定基础。

1. 供给理念:从社会福利性供给到学前教育公共性的凸显

学前教育的供给理念主要指那些对供给什么、为谁供给等问题起着指导作用的认识和看法,是对学前教育价值追求的真实反映,这里主要探讨影响学前教育供给主体构成和供给机制等的重要因素——学前教育的定位和性质的变迁逻辑。总体来看,新中国成立以来,我国学前教育的供给理念主要经历了从社会福利性供给到学前教育公共性的凸显这一重要转变。

从学前教育本身性质定位即其定位影响下的学前教育供给的目的来看,幼儿园或托儿所等学前教育机构的开设最初是以解放女性劳动力,为社会生产和社会建设服务为初衷的,表现为以保育和看护为主的城市偏向的二元供给。[①]1952 年教育部颁发的《幼儿园暂行规程(草案)》中指出幼儿园、托儿所为职工提供劳动保障和社会福利的基本性质,开设幼儿园的目的是减轻母亲对幼儿的负担,以便母亲有时间参加政治活动、生产劳动、文化教育活动等。虽然其中提到关注儿童身心的健全发育,但也仅是出于减轻家长负担的保育功能而考虑。对保教结合的逐渐重视也是供给理念不断改进的重要方面,1979 年《城市幼儿园工作条例》首次以规范形式确定了保教结合的学前教育性质和原则,梳理了二者之间的关系。1999 年颁布的《幼儿园教育指导纲要(试行)》再次明确学前教育要坚持保育与教育相结合这一原则。学前教育的主要功能不是对幼儿进行培养和教育,而是为了分担女性就业的后顾之忧,尤其是保障父母参加社会生产而无人照顾的幼儿进入幼儿园,进而为社会建设和社会生产服务。即使是在改革开放后,学前教育的定位仍然在于为广大群众尤其是城市职工减轻教养子女的负担,让他们能集中精力为我国经济建设服务。如《城市幼儿园工作条例》中指出幼儿园工作的任务也在于减轻家长在教育孩子方面的负担,使其能够安心生产、工作和学习。

同时,由于计划经济下学前教育供给主体性质单一,学前教育更多被作为单位福利,具有社会公共福利性质。学前教育首先的受益群体是被解放了劳动力的家长,作为单位福利事业的学前教育供给扩展到一定范围就具有了社会福利性质。1973 年国家确立幼儿园归属后勤服务开支的准则更是强化了学前教育机构的单位福利属性。1987 年在《关于明确幼儿教育事业领导管理职责分工的请示的通知》中明确指出学前教育是一项社会公共福利事业,具有福利事业的性质。2003 年,十部委《关于幼儿教育改革与发展的指导意见》进一步指出发展幼儿教育对提高国民素质和全面建设小康社会这一目标的重要意义。2018 年《中共中央国务院关于学前教育深化改革规范发展的若干意见》中提出,学前教育是终身学习的开端,是国民教育体系的重要组成部分,是重要的社会公益事业。由此,政府供给学前教育以及将学前教育作为重要的民生工程也

---

① 袁媛,杨卫安. 新中国成立 70 年学前教育的社会属性定位与供给制度变迁[J]. 教育学术月刊,2019(10):43 - 49.

就成为必然。学前教育首先是对儿童自身发展有着重要意义和本体价值,在此基础上才可能辐射出促进社会发展的作用。

2. 供给主体关系:从政府和单位的公办园供给到政府主导下多元主体参与的供给探索

供给主体关系是学前教育生产、提供等诸多环节所有主体为了办好学前教育这一共同目标所形成的联结关系。总体来看,我国学前教育供给主体关系变迁主要经历了从政府和单位的公办园供给到以政府的公办园供给为骨干和示范、以市场化的社会力量供给为主再到政府主导下多元主体参与的供给探索这一转变。

新中国成立初期,按照总体的改造和接收旧教育的指示,学期教育领域也开始收归私立园改为公办,依照相关条例接收并改造外国设立的孤儿院、慈幼院、育婴堂等婴幼儿慈善机构。1952 年教育部通知要求将全国幼儿园全部由政府逐渐接办,到 1954 年年底所有私立园均已收归公办。学前教育供给主体主要是政府部门,机关、团体、学校、公营企业等单位办幼儿园,虽然在主体类型上看似较为丰富,但由于这些举办者的公有或者集体性质,此时的学前教育供给也就多属于公办性质。"文革"期间,学前教育发展几乎停滞,大量学前教育机构被迫停办,直到 1973 年后经过调整才有所好转。十一届三中全会过后,随着改革开放启动,计划和市场的讨论也让学前教育领域有了关注市场供给学前教育的可能。1979 年《全国托幼工作会议纪要》提出"坚持'两条腿走路'方针,恢复、发展、整顿、提高各类托幼组织",除地方政府举办的幼儿园外,主要依靠部门、单位和集体、个人等方面力量发展幼儿教育事业。1988 年国家教委等多部门联合颁布的《关于加强幼儿教育工作的意见》也明确提出要动员和依靠社会各方面力量,通过多渠道,多种形式发展幼儿教育事业。但社会力量举办学前教育并未能得到实现,事实上以政府和公有制单位为主的公办园占学前教育供给的主要比例。

市场经济体制改革给公办园尤其是单位所办公办园带来危机的同时,也为市场化的社会力量供给学前教育带来机遇和挑战。1995 年国家教计委等颁布《关于企业办幼儿园的若干意见》,指出要积极稳妥推进幼儿教育逐步走向社会化,使企业脱离社会职能。随着公办性质园的改制与骤减,大批公办园向民营化转制,学前教育走向社会化。1997 年《全国幼儿教育事业"九五"发展目标实施意见》中"以社会力量兴办幼儿园为主体"的政策导向更是吸引了大量如社会团体、组织和个人等主体投资办园,民办园、私立园、街道园、独资园等大量出现,以公建民营、民办公助、集团化运营、股份制办园等公民合作办学前教育的形式也开始出现,学前教育供给主体逐渐多元化和市场化,给原有的政府和单位供给的学前教育体系带来冲击。进入 21 世纪,社会力量举办学前教育的进程逐步加快,公办和民办并举的供给体制逐步确立,尤其是民办力量的进一步发展使得民办供给成为学前教育供给的主体。2003 年《关于幼儿教育改革与发展指导意见》明确指出学前教育供给中公办和民办的定位与发展方向,即"形成以公办幼儿园为骨干和示范,以社会力量兴办幼儿园为主体,公办与民办、正规与非正规教育相结合的发展格局"。2010 年《国务院关于当前发展学前教育的若干意见》逐渐确立了政府在学前教育供给中的主导地位,要求在政府主导下,鼓励社会力量以多种形式举办幼儿园。目前来看,我国学前教育供给主体主要包括教育部门、其他部门、地方企事业单位、民办、中外合办等。

3. 实际提供能力:从以增量为主的基本供给到优质普惠的全面供给的转向

实际提供能力指在一定资源条件下学前教育供给表现出来的综合特质,是学前教育供给主体供给偏好和供给能力的结合。从学前教育发展的整体脉络来看,主要经历了从以增量为主的基本供给到优质普惠的全面供给这一实践转向。

新中国成立初期,在有步骤有计划吸收和改造旧的幼稚园以及慈善机构开设的幼儿教育机构基础上,我国初步建立了新的属于社会主义的学前教育体系和结构。计划经济体制下,由于政府的财力和能力有限,学前教育整体发展较为缓慢,主要是以增加幼儿机构数量满足部分家庭适龄儿童,尤其是因为参加生产劳动而无人照看的家庭适龄子女的保育需求为主的。尽管倡导保教结合,但事实上初期的学前教育供给主要是以保育为主,为城市职工家庭提供看护,同时由于学前教育供给属于单位福利,家长缺少选择权。而在农村很多地方只开设了为期一年的学前班,其发展起步较城市更晚,从数量和质量上均与城市学前教育供给有较大差距,入园率较低,保育和教育的水平也较低。但总体上由于民众尤其是农村地区对学前教育的需求并不旺盛,学前教育供给还能够做到基本满足教育需求。在学前教育摸索发展的过程中也遭遇到一些挫折,如"大跃进"时期《关于教育工作的指示》中提出"全国应在3—5 年的时间内基本完成使学龄前儿童大多数都能入托儿所、幼儿园的任务"这种不切实际的要求,使学前教育供给受到重大打击，"文革"更是使得学前教育供给几近瘫痪，到1961年调整和整顿才有所恢复。随着学前教育一定程度上的普及和终身教育思潮的影响，人们越来越意识到学前教育在人的终身发展中重要的奠基作用以及接受学前教育所具有的社会公益性质，对学前教育的需求也逐渐由"幼有所育"转向对优质普惠的学前教育供给的需求。与此同时，客观上经济体制的转型使得社会力量逐渐参与学前教育供给，学前教育供给资源禀赋的占有等方面都有所提升。在学前教育供给能力和需求升级的双重作用下，更好地普及学前教育以及推进普惠、优质、公平的学前教育发展就成为学前教育供给的新任务。如2010年《国务院关于当前发展学前教育的若干意见》中就指出发展学前教育必须坚持公益性和普惠性。优质普惠的教育需要全方位推动学前教育供给体系的构建，供给主体从学前教育专项资金投入、师资建设、提高保教质量、增强制度规范等多方面来推动普及普惠的学前教育供给体系，同时还不断推进学前教育机构的多样化发展，以政策支持和鼓励建立民办普惠幼儿园，以解决"入园难""入园贵"现象，针对农村地区和边远山区学前教育现状因地制宜多种形式发展学前教育，缓解区域学前教育发展很不均衡的问题。甚至针对具体问题进行专项治理，如幼儿园小学化现象，针对城镇区域设置小区配套园，加快学前教育的普及。目前来看，学前教育总体入园率近年来有一定幅度的上升，入园难问题已经得到初步解决，但实现"幼有所育"还任重道远，需要学前教育供给主体不断提升供给能力。

4. 政府协调服务水平：从无限责任下的政府集中管理到责任担当下的主动调控

政府协调服务水平是指政府在众多教育供给主体当中作为主要供给主体和管理主体所表现出来的平衡各方利益、处理主体间关系能力的高低，不仅涉及学前教育管理体制相关问题，还与政府在学前教育供给中的作用方式紧密相关。总体上，政府协调服务水平表现出从无限责任下的政府集中管理到责任担当下的主动调控的变迁逻辑。

新中国成立初期，教育所有权力均收归中央，学前教育也由国务院、教育部等中央部门直接管理和领导，并在教育部下设幼儿教育处以便统一管理学前教育。1956年《关于托儿所幼儿园几个问题的联合通知》对学前教育机构的领导和管理做了初步说明，要求托儿所和幼儿园中的托儿班由卫生行政部门领导或进行业务指导，幼儿园以及托儿所中的幼儿班由教育行政部门领导或进行业务指导分别管理。民政部门所办的救济性质的托儿所、幼儿园仍由民政部门主管,主办单位需要向当地卫生、教育行政部门汇报工作。"文革"期间学前教育遭到严重破坏,政府对学前教育的管理工作也随之停滞。1978 年,教育部恢复了学前教育处,地方教育行政部门也逐步恢复或重建学前教育行政领导机构和教研机构。次年,中共中央、国务院下达《转发〈全国托幼工作会议纪要〉的通知》,在国务院设立托幼工作领导小组及其办事机构,负责研究和贯彻有关托幼工作的方针、指示,制订事业发展规划等,并划分了有关部门的工作职责。

随着体制机制改革和政府职能的转变,权力逐渐下放到地方政府,由各级地方政府负责制订规划、举办幼儿园、监督管理等,中央政府对学前教育的控制一定程度上减弱。同时,横向权力结构上除教育部门外,卫生部门、财政部门、计划部门等与学前教育供给实践相关的部门也参与学前教育的各类制度的研究制定。1987 年《关于明确幼儿教育事业领导管理职责分工的请示》中要求实行"地方负责,分级管理"和有关部门分工负责的原则,同时明确了教育部门和其他部门的具体职责。1989 年,国务院批准了《幼儿园管理条例》,要求由地方各级政府主管本地幼儿园的设立与发展问题。1997 年《全国幼儿教育事业"九五"发展目标实施意见》中要求发展幼儿教育事业必须由地方政府统一领导,按照"地方负责,分级管理和有关部门分工负责"的原则管理学前教育。2003 年《关于幼儿教育改革与发展的指导意见》中要求建立和完善政府领导统筹、教育部门主管、有关部门协调配合、社区内各类幼儿园和家长共同参与的幼儿教育管理体制。对中央、省、市、县、乡镇各级政府的具体职责加以规定,指出由国家制定有关幼儿教育的法规、方针、政策及发展规划,省级和地(市)级人民政府统筹制定规划、组织实施、促进幼儿教育的均衡发展。但一些地方政府责任落实不到位,学前教育市场化和社会化使得学前教育供给缺少政府监督,出现良莠不齐等各种教育问题。从《国家中长期教育改革和发展规划纲要(2010—2020年)》可以看出政府主导推进学前教育普及的努力和决心,2017 年,教育部等四部委联合印发《关于实施第三期学前教育三年行动计划的意见》,首次提出"国务院领导,省地(市)统筹,以县为主"的管理体制。至此,政府对学前教育的主导回归,承担起应有的把控学前教育发展方向、制定总体发展规划等宏观责任,对关乎民生的问题和市场难以解决的问题进行把关,如对校车问题、食品安全问题进行专项治理。同时,分级管理一定程度上区分了中央和地方政府的权力和责任,加大了地方统筹管理的力度。地方政府统筹规划,由县一级政府因地制宜,作为主要直接责任人负责区域内学前教育发展,除教育部门外相关部门也通过协作方式保障学前教育的健康发展。

5. 学校运行水平:小学化倾向到以儿童为中心的课程设计

学校运行水平是指学前教育机构利用、创造性发挥供给主体所能提供的教育资源禀赋的能力。学校运行是学前教育实践真正发生和发展的具体场域,其运行水平的高低很大程度上决定着教育供给的质量和品质。

新中国成立初期,我国教育主要是以苏联教育体系为模板,依托老革命根据地的教育和改造等教育建立起来的。学前教育领域通过学习苏联的分科教学模式,以苏联模式为主拟定课程大纲设置,聘请苏联学者来华讲学和任教,翻译和引进苏联学前教育类书籍,举办了一批学习苏联的实验性幼儿园,如北京六一幼儿园、北海幼儿园、分司厅幼儿园等。在建立起新的属于社会主义学前教育体系的同时,学习苏联模式也使得我国幼儿园在很长一段时间面临着"小学化"倾向的难题。从 20 世纪 50 年代《幼儿园暂行规程》《幼儿园暂行教学纲要(草案)》中都可以看出,依循苏联分科课程模式、重课程而轻游戏、强调集体活动高于个别活动、不重视户外活动等都加剧了学前教育"小学化"的倾向。其中《幼儿园暂行教学纲要(草案)》对不同年龄班幼儿的年龄特点和教育要点做了阐述和规定,并对六类教养活动(体育、语言、认识环境、图画手工、音乐、计算)的目标、教材大纲、教学要点和设备要点做了规定,使幼儿园教育有了更加明确的目的、计划和学科教学思想。80 年代,受终身教育思潮的冲击,学前教育的重点目标转向对整个人生发展都将发生重大影响的道德修养、人格形成、智力开发、人际关系以及基本生活习惯的培养上,十分重视幼儿的整体发展,也很重视面向全体儿童。学前教育课程设计了个性化、生活化、游戏化的许多内容。1981 年《幼儿园教育纲要(试行草案)》主要提及了不同幼儿年龄特点与教育任务、教育内容与要求、教育手段及注意事项。强调游戏是幼儿生活中的基本活动,上课应以游戏为主要形式,重视游戏在幼儿发展中的重要作用,要求防止幼儿园教育的小学化。21 世纪初,学前教育无论从课程理念、教学方法等方面都有很大的进展。作为小学缩影的幼儿园逐渐发展出属于自身的一套课程体系,创造了适宜儿童发展的幼儿园环境,通过各种谈话、游戏、体验等一系列方式方法推动学前教育教学的儿童中心转向。2001 年《幼儿园教育指导纲要(试行)》颁布并实施。该纲要将教育内容由学科转化为领域,从形式上改变了延续半个世纪的分科教学模式。"教育资源"课程内容观的提出拓展了课程内容的广度和课程实施的场域,同时也为知识课程范式向活动课程范式的转型提供了有力的支撑。2012 年《3—6 岁儿童学习与发展指南》和 2016 年《幼儿园工作规程》延续了世纪初的教育理念,强调幼儿的主体学习地位、以活动为组织方式、将教育性活动纳入课程、视幼儿生存与全面发展为目的。

(二)学前教育供给的优势

新中国成立以来,随着我国社会主义学前教育供给体系的建立,我国学前教育供给取得了较为瞩目的成就。党的十八大以来,我国学前教育事业快速发展,三期学前教育行动计划的推进和实施更是初步解决了不少学前教育领域的难题,短短几年时间就实现了学前教育供给的跨越式发展,学前教育供给资源不断增多、普及水平大幅提高,保教质量逐步增强,制度供给不断增加,"入园难"问题得到基本缓解。"幼有所育、学有所教"是重要的民生工程,在党和国家对学前教育的不断重视和民众对优质学前教育的期待下,学前教育供给正向着普及普惠、安全优质不断迈进。

1. 供给规模和质量稳步提升

新中国成立初期,我国学前教育体系在改造旧教育的基础上得以恢复重建,1950 年我国幼儿机构数量仅有 1799 所,在园幼儿数 14 万人,直到 2010 年我国学前教育毛入园率还仅为 56.6%,远远落后于世界平均水平。近年来,政府高度重视发展学前教育,为了满足人民群众日益增长的对优惠普惠学前教育的旺盛需求,在不断增加学前教育资源供给的同时注重提升保教质量。经过三期学前教育行动计划的推进和实施,我国学前教育普及水平稳步提升,学前教育供给规模不断扩大,保教质量显著提升。教育部 2021 年统计数据显示,我国学前教育毛入学率为 88.1%,普及率大幅上升,全国共有学前教育机构 29.48万所,在园人数 4805.21 万人。幼儿园教职工 564.64 万人,其中专任教师数为307.65 万人,约占教职工数的 54.49%,总体上教职工数量有一定增长。此外,学前教育经费供给逐步增多,2021 年我国学前教育生均一般公共预算教育经费、事业费支出等增幅都为各级教育中最高,分别为 9505.84 元、9029.65 元。近年来,政府对学前教育的专项资金逐步增长,2011 至 2020 年中央财政累计为学前教育发展提供资金 1520 亿元,2019 年高达 168.5 亿元。此外,各地通过央地合作、以租代建、购买服务等多种模式,显著增加了学位供给,①初步缓解了适龄幼儿"入园难"的问题。

为了提升学前教育供给质量,政府主要从优化学前教育师资供给以及提升课程供给等方面入手来不断提升学前教育的保教质量。幼儿教育队伍专业化建设不断推进,学前教育师资规模和师资水平都有一定程度提升。制定公办园教职工编制标准、教师职业行为规范、师德考核办法与负面清单为教师考核依据,严格执行学前教育教师准入等各项资格标准,以教师培养培训不断提升教师队伍水平的同时,重视整顿乡村学前教育教师综合素质较低的现状,以提升整体的教师素质。在学前教育课程方面,推动专项治理纠正幼儿园小学化倾向,从转变社会对学前教育的观念入手,通过学前教育宣传月凝聚社会共识,促进学前教育的科学发展,弥合幼小衔接的缝隙,攻坚小学化这一学前教育供给的痼疾。在课程开发上借鉴国际先进经验的同时注重课程模式的本土化和园本化探索,课程的生活化和游戏化被进一步重视,通过遴选优秀游戏案例,以游戏作为幼儿基本活动的政策逐步得到落实。

2. 初步构建了政府主导、社会参与的供给格局

自政府主导学前教育发展的责任回归以来,我国就开始着力构建政府主导、社会参与的学前教育的供给格局,目前来看,学前教育多元供给格局基本形成,多年的计划经济时期政府包办负责、以公办性质学前教育机构为主的供给局面已经完全改变,民办幼儿园成为推动普及普惠学前教育的中坚力量,社会力量和市场参与学前教育供给实践也早已成为共识。

从办学主体来看,教育部门、企事业单位、机关部门、城乡集体、社会团体、个体等都是学前教育机构的供给主体,主要形成了各级教育行政部门、公办大中小学举办的公办园,城市街道和乡镇村委会等的集体办园,政府及有关部门、国有企事业单位、部队、工会等群众团体利用国有资产或国家财政性经费举办的幼儿园,公民个人、非国有企业、社会团体及其他社会组织举办的民办园。学前教育统计数据也主要是以教育部门办学、其他部门办园、地方企事业单位办园、部队办园、集体办、民办作为划分。随着改革开放以及经济体制的转型,学

---

① 学前教育供给侧改革的成功实践[EB/OL].(2019 - 12 - 15)[2019 - 12 - 30].ht-tp://www. moe. gov. cn/jyb_xwfb/moe_2082/zl_2019n/2019_zl29/201912/t20191216_412247.html.

前教育机构供给形式也更为多样,划分出全日制、寄宿制、学前班、混合班等正式与非正式以满足不同群体的学前教育选择性需求。2021 年我国学前教育民办园为 166702 所,约占总园数的 56.54%,民办学前教育俨然成为学前教育供给的主力军,教育部门和其他部门的政府办园依然是保障适龄儿童入园的重要渠道。

经费投入是学前教育供给最基本的投入,多种来源渠道的经费投入是保障学前教育稳定发展的基础条件。近年来,我国学前教育初步建立了政府、社会、家庭共同投入的成本分担机制。2019 年国务院印发的《教育领域中央与地方财政事权和支出责任划分改革方案》规定学前教育实行以政府投入为主、受教育者合理分担、其他多渠道筹措经费的投入机制。具体来看,目前学前教育经费供给主要包括来自政府的财政拨款、由政府或社会力量提供的办学者投入或社会捐赠、由家长合理分担的保教费收入或托管费收入。政府投入按照学前教育机构的隶属关系由中央或地方提供,鼓励社会力量投资学前教育。同时,由于学前教育属于非义务教育阶段,受教育者合理分担也是重要的学前教育资金来源渠道。

3. 以结构调整推动学前教育公平发展

让更多的适龄儿童接受公平而有质量的教育是学前教育发展到一定阶段的必然要求。在普及学前教育已经达到一定水平后,党和政府在做大学前教育体量的同时,也更加重视以结构推动学前教育均衡发展,以实现有质量的公平这一教育发展目标。

支持公办园和民办普惠性幼儿园的发展是政府推动学前教育普惠大众的重要举措。政府举办的公办园是建设"广覆盖、保基本"的学前教育供给体系的重要组成部分,能够较为有效地保障适龄儿童入园这一基本权利,但由于政府开设公办园的财力有限,支持和鼓励社会力量举办非营利性质的普惠民办幼儿机构就成为让更多适龄儿童有条件接受学前教育的重要措施。2012 年我国将建设普惠性学前教育纳入国家基本公共教育制度,2018 年《中共中央国务院关于学前教育深化改革规范发展的若干意见》指出在充分发挥公办园保基本、兜底线、引领方向、平抑收费的主渠道作用的同时,积极扶持民办园提供普惠性服务以满足家长不同的选择性需求。经过政府支持的各省市普惠性资源建设试点以及地方以城镇小区配套园等专项治理政策对幼儿机构的有力整改,2021 年,全国 29.5 万所幼儿园中普惠性幼儿园有 24.5 万所,占全国幼儿园的 83%。

目前来看,国家通过政策引领、财政拨款、专项治理等多种形式推动普惠性学前教育的措施已经初步见效,普惠性学前资源总体增长较为可观。

对区域结构和城乡结构为主的布局结构的调整也是国家推动学前教育公平的主要方向。近年来,政府不断通过政策和资金倾斜支持中西部农村地区、经济落后地区学前教育发展。从 2011 年到 2021 年,学前教育毛入园率增长幅度最大的 15 个省份主要集中在中西部;新增的幼儿园中,80% 左右在西部,60% 在农村,"三区三州"等原深度贫困地区入园率显著提高。东中西地区学前教育发展数量差距明显缩小。总体上农村学前教育资源总体增长较快,新增的普惠性教育资源也主要投放到农村地区。

4. 优化制度供给的进程不断加快

制度供给是教育改革的重要动力机制。近年来,学前教育受到党和国家的高度重视,与学前教育相关的政策文件频出,以制度规范、保障学前教育有序健康发展成为学前教育供给新的增长点。首先,以法律作为规范学前教育发展,保障学前教育公益属性和政府责任的学前教育的立法进程不断加快,教育部专门组建立法起草小组,发布《中华人民共和国学前教育法草案(征求意见稿)》并面向社会公开征求意见,同时组织专家研究论证,借鉴国际经验。如有学者就法案的适用范围、可操作性和立法技术提出了相关建议①,为学前教育政策法律化起到参考作用。在立法实践上,也有多个省市制定和实施了学前教育条例以规范和保障学前教育有序发展,地方性立法也为学前教育法的制定起到重要实践参考意义。这些都加快了推进立法的进程,学前教育法的诞生将为学前教育供给提供最有力的保障。

2010 年将学前教育从基础教育分开来并纳入国民教育体系当中,明确了学前教育在制度教育中的地位,《国务院关于当前发展学前教育的若干意见》对学前教育发展进行全方位的制度安排,学前教育开始进入普及化阶段,对扩大资源供给、优化教师供给、管理等都有所要求。2010 年以后,我国政府十分重视学前教育师资队伍建设,相继出台《幼儿园教师专业标准(试行)》《幼儿园教职工配备标准(暂行)》《幼儿园园长专业标准》,成为规范幼儿园教师队伍标准化、专业化建设发展的重要指导。为解决"入园贵"问题,2012 年颁布了《幼儿园收

---

① 湛中乐.《学前教育法(草案)》的立法特点与完善建议[J].湖南师范大学教育科学学报,2020,19(6):1−4.

费管理暂行办法》以规范幼儿园收费行为,到 2019 年地方相继出台幼儿园收费标准,重视以政策限制最高收费标准,天价费用状况得到一定遏制。为提升保教质量,指导学前教育工作,分别于 2012 年、2016 年颁布了《3—6 岁儿童学习与发展指南》和《幼儿园工作规程》。专门针对学前教育的评估制定方案,2017年《幼儿园办园行为督导评估办法》对幼儿园办园行为督导评估的目的、原则、周期、内容、组织实施和结果运用等做了详尽规定。2019 年《幼儿园责任督学挂牌督导办法》进一步明确要求各地制定督导实施办法,于 2019 年年底前实现所有幼儿园责任督学挂牌督导全覆盖。从 2018 年《中共中央国务院关于学前教育深化改革规范发展的若干意见》可以看出国家对建设更加普惠、优质学前教育公共服务体系的决心,提出了包括到 2020 年和 2035 年的总体发展目标,并就结构调整、资源扩大、经费投入机制建设、师资建设、保教质量等都做了更为深入的要求,学前教育供给进入深化改革阶段。

二、学前教育供给的困境与原因分析

(一)学前教育供给的困境

经过 70 多年的努力,我国学前教育已经基本形成了适应我国经济社会发展的公私并举、向着普及普惠和优质公平不断迈进的学前教育公共服务体系。尤其是经过 2011 年以来的三期学前教育行动计划攻坚战,学前教育供给已经能够基本解决大部分民众"入园难"的问题。但与其他各教育阶段横向比较,学前教育供给仍然是整体学校教育供给的薄弱点,与 OECD 国家(指加入了经济合作与发展组织的国家)学前教育整体供给水平也有较大差距。同时,我国学前教育供给前期发展缓慢,底子差、欠账较多,且自 2010 年以来又普及较快,成果还未能得到巩固,又面临"全面二孩"政策和快速城镇化带来的供求矛盾,人民群众的刚性入园需求与学前教育不平衡不充分发展的矛盾较为突出。现阶段我国学前教育整体供给不平衡不充分的问题还比较突出,"入园难"问题已经变为"入好的幼儿园难"这一新的困境,"入园贵"问题也尚未得到根本解决,实际供给品质与党和国家要求的、人民群众所期盼的"幼有所育"还具有较大差距。总体来看,我国学前教育资源尤其是普惠性学前教育机构不足,供给质量有待提高,制度供给的保障体系不够完善,教师供给和建设滞后,民办园发展缺少监管和保障,供需矛盾还较为突出。

1. 学前教育资源总体供给不足

2011 年以来三期学前教育行动计划的迅速普及,使得我国学前教育资源供给不断扩大,对比而言学前教育事业有了跨越式的发展。但无论是与发达国家资源供给水平,还是与人民对学前教育机会的需求对比,仍存在制约学前教育事业发展的整体资源供给不足的困境,幼儿园供给、教师供给、经费供给在数量上存在缺口,即包括人力、财力、物力的资源供给都还存在不同程度的供给不足。

面对新生儿数量减少的人口变化,学前教育资源供给也需要做出调整。2021 年全国普惠性幼儿园覆盖率为 87.78%,这也意味着有相当一部分适龄幼儿难以享受到普惠性学前教育,而由于总体经费尤其是政府财政性经费投入的不充裕,普惠性质办园也很难持续稳定推进。

另外,学前教育教师队伍建设较为滞后,教职工总体数量缺口仍然存在。2021 年,全国幼儿园园长和专任教师总数超过 350 万人,比 2011 年增加 200 万人,增长了 1.3 倍,生师比下降到 15∶1,基本达到了"两教一保"的标准,但教师流动性问题依然未得到解决。学前教育经费供给也同样存在类似的问题,总体上学前教育经费较为匮乏,学前教育资源供给缺乏稳定的经费来源和有力保障。2020 年全国财政性学前教育经费为 2532 亿元,比 2011 年的 416 亿元增长5 倍,增长较快,但在各级各类教育中所占经费的比例来看,学前教育还处于较为弱势和供给水平较低的程度。中央财政转移支付的力度虽然在不断扩大,但由于精力有限也有心无力,分摊给学前教育的财政性经费较为局限,而地方财政性学前教育经费也一直处于较低的供给水平。

2. 政府主导的多元供给机制尚未完善

政府主导的多元供给机制是学前教育供给的重要机制保障,随着政府主导学前教育的回归,党和国家对学前教育这一重要民生工程进行集中攻坚,对学前教育市场和社会化供给中存在的问题加以整改,同时鼓励社会力量参与学前教育供给。但就目前学前教育供给实践现状来看,政府主导、社会参与的多元供给机制还不够完善,存在着阻碍学前教育供给发展的实践困境。虽然国家一再强调和要求由政府主导学前教育,但事实上在学前教育供给中政府供给的主体作用尚未得到有效发挥,社会力量参与供给学前教育的机制很不成熟,不同主体间的合作办学模式也未能成形。

近年来,政府公办园比例有所下降,其保基础、兜底线、引领方向等作用被压制,而在经费投入供给上也表现出政府分担偏少家庭分担过多的事实,政府的有限分担也存在质量低和配置效率不高等现状,政府间经费投入责任重心主要在地方政府,这导致地方政府财政压力较大,也难以提供较为充裕财政性经费。在政府举办公办园的基础上,鼓励社会力量举办民办园以满足更多人的教育需求,但由公民个人、非国有企业、社会团体及其他社会组织举办的民办园也存在诸多发展困境。总体上,民办园与公办园相比在招生等方面都存在劣势,根据中教投研的调查,近年来民办幼儿园的平均规模也在不断下降,一些收费较低、规模较小的民办幼儿园更是由于账面资金不足难以维持正常运转而不得不寻找资方出售幼儿园。同时,社会力量供给还存在着分类选择的发展方向困境。虽然政府大力支持民办普惠园,但由于营利性和非营利性以及普惠性和非普惠性被强制性关联,要求选择普惠性方向就不得为营利性质(如小区配套园必须选非营利性质),一些民办园对选择普惠性发展方向与否持观望态度,选择非普惠性质缺少未来的发展空间、外在政策和舆论等支持,选择普惠性发展方向却有可能因资金不足而造成运转困难,这重重顾虑都使得社会力量供给学前教育的意愿不断退缩,学前教育社会筹资的渠道也一直难以得到稳定。作为社会力量参与形成的自愿供给也还存在着实践层面的难题,我国缺少独立、成熟的第三方社会组织,在学前教育供给上也难以形成较为稳定的供给,对政府政策和扶助的依赖性较强,甚至一些非营利性组织背离初衷从事营利性活动,导致第三方自愿供给发展迟滞。此外,学前教育供给非公即私的比例较大,缺少合理的公私合营探索,"公私合作"的健康运行还需要严格的法律环境的保障和契约精神的支持。[①]

3. 资源配置低效和单一供给导致的结构和质量困境

21世纪以来,重视学前教育质量建设成为国际学前教育发展的主要趋势,而我国学前教育发展速度缓慢,在2010年以后还处于扩大学前教育规模和迅速普及的阶段,即使同时要求提升保教质量,但学前教育供给的重心还是放在普及上,到2018年对学前教育深化改革的要求才真正开启了学前教育供给的质量实践进程。就目前学前教育供给的现状来看,学前教育资源配置低效不公

① 朱莉雅,唐爱民.我国学前教育"一主多元"供给机制的运行困境及其优化[J].当代教育论坛,2020(3):12-19.

平所引发的结构问题是学前教育发展不平衡的重要制约因素,而低效和单一的学前教育供给也很难满足人民日益丰富多元的学前教育需求,难以适应学前教育优质公平的发展方向。

学前教育资源配置效率较低所引起的供给结构失衡是造成学前教育供给质量不高和发展不均衡的主要原因。由于各地基础不同,地区发展的差异较大,全国学前教育资源配置效率存在明显区域差异,总体发展水平上东部是高出中部和西部的。农村地区、少数民族地区、集中连片特困地区普惠性资源总体不足,一些乡镇甚至没有公办的中心幼儿园,这都显示出学前教育发展不充分和不平衡的现状。此外,城乡供给也存在不协调的问题。有研究者通过2017—2019 年在华北某县的调查数据发现,城镇幼儿园不仅在班级规模、幼师比等结构性质量上显著优于乡村,并且在空间与设施、保育、课程计划与实施、游戏活动等过程性质量(主要指师生互动的质量)上表现出优越性。① 在师资供给上,农村地区学前教育教师性别、年龄结构都存在失衡,在专业背景、学历结构和职后培训等方面都显示出师资质量上农村地区与城市还有较大差距。2019 年,农村幼幼园教师学历合格率为97.5%,比城市低1.9 个百分点,其中专科及以上学历教师比例为77.2%,比城市低 11.5 个百分点。② 留守儿童、进城务工子女、特殊儿童的学前教育供给仍旧是整个学前教育发展事业的短板。

我国学前教育的快速普及是在政府政策导向下短期内攻坚完成的,学前教育供给的总体质量不高,无论是各地新建、改建的大批公办幼儿园,还是政府政策支持下举办的民办普惠园,都无可避免地存在着学前教育资源的有效供给与人民对优质学前教育需求之间的供需矛盾。公办园专任教师在编比例偏低,一些地方公办幼儿园编制核定不够及时,教师身份不落实,还有一些地方一边空编一边使用编外教师,教师待遇缺乏保障,队伍不稳定。普惠园建设是以为受教育者及其家庭提供方便就近、形式丰富、灵活多样的学前教育供给为宗旨的,学前教育服务的可选择性和可接受性是衡量学前教育供给质量的重要因素。③

---

① 宋映泉,康乐,张晓,等. 城乡儿童发展与幼儿园质量差距:以华北某县为例[J]. 北京大学教育评论,2020,18(3):32 – 59,187 – 188.

② 中国教育概况:2019 年全国教育事业发展情况[EB/OL].(2020 – 08 – 31)[2020 – 09 – 11]. http://www. moe. gov. cn/jyb_sjzl/s5990/202008/t20200831_483697. html.

③ 丁秀棠."普惠性"目标定位下民办学前教育的现状与发展[J]. 学前教育研究,2013(3):16 – 21,32.

但是,目前学前教育机构的形式和服务模式还较为单一,不能很好地满足不同群体对学前教育的多样化需求,园长、专任教师以及其他教职工素质整体不高,幼儿园办学理念不明确,缺少特色和多样性。尤其是很多幼儿园资质不够,课程设计上也未能将游戏课程化较好地运用,难以为幼儿提供适宜的发展环境。

4. 学前教育供给缺少体系化的制度保障

为学前适龄儿童提供基本而有质量的学前教育是政府供给学前教育的主要责任,而有效的制度供给是政府保障学前教育有序良性发展的重要工具。由于缺乏相应的管理制度、经费制度、公共服务体系、办园规范制度、法律制度等体系化的有力保障,学前教育发展缺少可以依据的制度保障,经费来源不稳定、办园不够规范等情况时有发生。

从整体制度供给来看,学前教育制度较为零散,政策规范等很多来自对整体教育的宏观要求缺少针对学前教育自身发展现状和特点的制度设计和安排。学前教育法的缺失是我国学前教育无法可依现状的主要源头。虽然十三届全国人大立法规划中已有对学前教育法的设想,但对学前教育立法相关的基本问题、研究方法的研讨还处于起步阶段,需要加快出台学前教育立法修订案。学前教育相关管理和实践运行多依靠层次较低的规范、暂行办法等,缺乏履行职责和行使权力的法律依据。学前教育虽然已经从基础教育中独立出来,成为国民教育供给体系的重要组成部分,但从管理体制、办学体制等现有的一些政策规范来看,我国学前教育政策尚处于初级阶段,内容上设定不够完善,对各主体的权责规范并不够明确。我国在2019年对教育领域中央和地方财政事权和支出责任划分进行改革,但主要是对义务教育阶段做了较为明确的说明,其他阶段包括学前教育都还处于较为含混的阶段,需要进一步研究和制定更为适宜的规范。从管理体制来看,政府职能定位和范围还不够清晰,政府主导责任是对哪些学前教育供给事务的主导、与市场之间是怎样的互动关系、民办园的监督管理工作如何进一步落实都未能明确,专项治理的见效很难保障学前教育长期的平稳规范发展。同时,由于学前教育所隶属的管理机构较多,卫生部门、建筑部门等都与学前教育发展相关,各机构之间的权责划分不清晰,管理部门人员配置和管理能力也有待提升。此外,教师政策和农村学前教育政策的缺失也使得教育队伍建设和农村学前教育发展迟滞,教师基本权利和薪资待遇无法保障,职业吸引力不高、流动性大,这在很大程度上制约了我国幼儿教师队伍的培养进程。

（二）学前教育供给困境的原因分析

我国是世界上学前教育供给体量较大的国家之一，在我国这样一个人口大国，为每一位适龄学前儿童提供合适、优质、普惠的学前教育服务必然是一个艰巨的需要长期努力的事业。我国学前教育发展起步较晚，底子薄且体制机制欠账较多，总体上补足的速度还远跟不上人民对学前教育需求升级和变化的速度。来自理念与实践的隔阂，城镇化这一经济发展历史背景下的理性选择，学前教育众多需求主体日益复杂的利益关系以及"政府主导"和"市场供给"路径选择过程中此进彼退，诸多历史、现实、理念、实践、经济、文化、制度的因素共同交织在一起，成为学前教育供给困境产生以及制约学前教育供给进一步发展的重要影响因素。

1. 供给理念生成和实践过程中的隔阂

理念的变革是教育变革最深刻的先导性变革，自改革开放以来，以"回归人、回归生活、回归经验为基本立场"[①]的学前教育基本供给理念得以重构。整体来看，从社会本位到儿童本位价值取向的学前教育供给整体转变逻辑是较为清晰的，党和国家在多个政策文件当中强调儿童的全面发展、维护儿童应有的权利等儿童立场的学前教育供给理念，而素质教育、终身教育思潮的涌现，以生为本等观念转向也都为学前教育价值确立和儿童价值的进一步发现奠定了基础。但从学前教育实践这一事实来看，以儿童发展为基本理念立场基础上的社会进步等价值融合还并未成为教育实践过程中所遵循的原则，整体的学前教育理念、儿童观还比较混乱，一些不够科学合理的学前教育理念仍在滋生，甚至社会本位取向在某些时期和地域阻碍了学前教育本真价值，也就是儿童身心健康这一根本目标的实现，进而影响了学前教育整体供给品质、教育教学过程中师生互动质量。

学前教育的性质、功能和定位是其供给理念的直接体现。近年来，学前教育公益性和普惠性的性质定位和作为重要民生工程的意义逐渐得到重视。但是，托幼服务功能和单位职工福利性质的功能和性质定位导致我国学前教育发展从一开始就采取"城乡分治"的策略，形成了学前教育供给城乡二元化鲜明的

① 张斌，虞永平. 基本立场的回归与内在本质的高扬：改革开放 40 年我国学前教育观念的流变[J]. 学前教育研究，2019(1)：3-8.

结构特征和以单位为主体的分散化经费投入体制。[①] 同时,很长一段时间我国对学前教育重视程度较低,对学前教育的公益性普惠性认识不到位,对学前教育之于个体终身发展、国民素质整体提升、国家和社会稳定发展等重要作用缺少意识。一方面重视经济发展而忽视学前教育投入,而在各级教育中,有限的财力优先则保障义务教育和高等教育的普及和发展,学前教育被置于边缘化的位置,缺少基本的财政支持,相对于教育总投资的比例极低,公办园少,民办园贵,难以从根本上满足日益增长的学前教育需求。此外,作为福利性质的学前教育在我国存留时间较长,形成一种学前教育自筹自办的惯性和传统,这严重制约了政府尤其是地方政府供给学前教育的积极性和主动性,市场供给的活力也未能激发,整体学前教育公共服务体系也很难建立。"幼儿园小学化"是学前教育供给品质不佳的重要表现,虽然其本身深受教育领域内在课程等方面学习苏联模式,尤其是分科教学范式的影响。幼儿教师为了迎合家长的需求,在教学中采用小学化的模式及课程内容,未能考虑到儿童所处发展阶段的身心特征。但从本质上来看,它还是学前教育供给理念实践偏移的产物。学前教育实践中并未坚持儿童中心或儿童立场,尤其是教师坚守儿童立场的教育实践尚有偏误,忽视及时用心去循声倾听儿童、动态铺设的课程轨道偏离儿童学习与发展目标、教师在儿童发展中的支持引导作用被边缘化,[②]难以建立良好的师生互动。当然,作为与儿童有着亲密关系的家长,其幼教观念以及表现出的家庭教育方式均存在问题,如家长对游戏性学习认知的不完善在某种程度上助长了幼儿教育机构忽视游戏对于儿童的重要意义。

2. 我国城镇化发展进程中的理性选择

城镇化是我国现代化发展过程中的重大选择,也是我国社会主义现代化建设的重要进程。在推进学前教育普及的同时,城镇化进程不仅影响了区域间学前教育发展的不均衡和城乡资源配置的不均衡等学前教育供给问题。

城镇化是推进现代化的必由之路。我国的现代化步伐是沿海向内陆不断推进,城镇化进程也遵循此种规律。城镇化进程较快的区域相对经济发展实力更加雄厚,这在客观上决定了政府可用于学前教育发展资源的多寡,由此按照

---

① 刘焱. 对我国学前教育几个基本问题的探讨:兼谈我国学前教育未来发展思路[J]. 教育发展研究,2009,29(8):1-6.

② 高敬. 学前教育实践应坚守怎样的儿童立场[J]. 教育发展研究,2020,40(12):38-45.

城镇化发展的水平形成东中西部的梯度差异。同时,在非均衡发展战略支撑下,学前教育也容易出现追加投入的不均衡。越是经济发展较快区域及作为骨干和示范的重点幼儿园就越容易获得政府追加的资源投入,这种不平衡就在此过程中不断加大。而这些资源投入又往往被用于办学条件的改善、建设精致的贵族幼儿园,成为少数人的特权,加大了群体之间接受学前教育的不均衡。城镇化过程中人口迁移给我国城乡之间和不同群体的学前教育供给带来较大的影响。城镇化是影响我国学前教育资源宏观配置效率的重要因素,也是造成我国城镇与农村幼儿园在园学生规模差距逐渐扩大的主要因素[①]。作为人口迁入地的城市和县镇,学前教育资源投入尤其是现有的学位难以满足不断增加的需求,"入园难""入园贵"等问题较为突出,而农村地区又因为适龄儿童的流失而紧缩教育规模,供给品质相对堪忧。同时,由此产生的流动儿童和留守儿童的学前教育问题也成为学前教育供给这一薄弱环节的薄弱方面,表现为在政府政策倾斜下依旧难以根除的现状。

新中国成立初期,我国学前教育就确定了面向工农大众办学的性质,基于工农群众参与社会生产生活的需要举办托儿所和幼儿园等学前教育。但这种城乡二元的结构本身就是造成城乡学前教育发展水平不一致的主要源头,由于社会生产活动形式等的不同,农村学前教育从一开始就与城市学前教育有很大不同,农村开设的主要是基于农村生产活动性质的季节性幼儿园或半日制幼儿园。1994 年实行的分税制财政体制改革在调整各级政府财权和事权的关系过程中,出现了越是基层地方政府财权与事权失衡状况越严重的问题。为了缓解中央政府举办学前教育的财政压力,学前教育基本处于城镇乡社自筹自建的状态,分税制改革下地方财政实力和水平的差异立即映射到学前教育资源供给方面,受制于各地经济发展的不平衡,各地政府举办学前教育的能力差别较大,而农村教育的责任主体更是在乡镇一级的村委会。作为政府最基层单位承担着学前教育供给的主要责任,过低的责任中心无形中削减了学前教育经费的总体投入,使得学前教育发展的各项资源供给难以得到保障,也造成了区域以及城乡学前教育供给的不均衡现状。尽管近年来学前教育整体上在办学规模和有学上方面大有改善,但一些农村幼儿园甚至在办学规模和活动场地、环境创设

---

① 冯婉桢,吴建涛. 城镇化与我国学前教育资源宏观配置效率研究[J]. 教育研究,2016,37(3):84-91.

等硬件设施上也还达不到要求。

3. 多元主体升级变化的复杂需求

学前教育发展越迅速，所涉及的学前教育主体需求越复杂，协调和平衡与主体关系也更加困难。学前教育的供给困境与其自身的不足相关，但从供需两侧共同分析，供给和需求相伴相随的特性使得学前教育供给深受教育需求变化的影响和制约，学前教育供给的困境与多元供给主体需求升级变化的复杂特性密切相关。整体上受各主体不断升级的需求影响，不同主体有不同的诉求，同一群体内部也可能表现为不同的需求特征。我国学前教育供给往往忽视差异性的需求，这使得学前教育供给往往只能满足部分人的需求，造成很多无效的低水平的供给。

不同举办主体对学前教育有自身的利益诉求。社会力量参与学前教育供给受到政府政策的制约和规范，教育举办者有着共同的获利需求，而在城市小区配套园的普惠推进中，事实上也受财政性资金限制是由市场运营，但政策安排上未能考虑这一现实需求，要求举办者必须选择非营利性质，而忽视其内在需求。忽视不同举办者差异化需求的政策很容易导致供给形式单一。在学前教育功能、价值等尚未得到认知前，民众对接受学前教育这一权利的意识较为淡薄，学前教育机构起到的是看护和托管的作用，因此基本的学前教育供给还基本能够满足人民的托幼需求，但随着人口政策调整等现实影响以及对学前教育价值的重新认知，主体对学前教育的刚性需求愈加旺盛，且不再局限于基础的身心发展需求。家长的共同需求从内容上看主要包括当下的生理心理健康和安全的基本需求，师生、生生互动等过程性质量需求，以及较为长远的未来发展的需求。这些对学前教育的旺盛需求在不同群体身上表现出不同程度的关注，不同文化、经济等资本持有程度群体对学前教育的需求有着客观上的差异，不同经济阶层（高收入和低收入）、城乡家庭、特殊群体（留守、流动）的需求是有差异的。农村家长仍处于基本需求与满足阶段，尚未认识到学前教育的核心价值。缺少对高品质学前教育供给的感知，没有接受高品质幼儿教育的意愿和自觉，在可支付水平上也达不到接受高水平幼儿教育的能力。政府的政策很难考虑到这种差异化的需求，办人民满意的学前教育是政府政策制定的基本立场，但对人民满意的学前教育所具有的特征，人民真实、有效的教育需求还了解不够，甚至对已经明了的教育需求也不能很好地满足。接连曝光的幼儿园虐童事件就反映出实际的教育供给尚且不能满足安全这一基本需求，其背后的学前教育师资建设、政府监管责任、资源投入等问题更是体现出未能处理好相关主体的需求。

4."政府主导"和"市场供给"路径选择的此进彼退

我国虽然选择了政府主导的多元主体供给机制,但由于发展还不够成熟,在政府主导和市场供给之间存在此进彼退的困局,"政府主导"和"市场供给"的路径选择主要涉及多元主体提供机制中政府在作为生产者直接供给学前教育和作为提供者购买市场服务之间如何妥善处理。探讨适合国家发展需求的学前教育混合供给模式是学前教育改革的难点。一般来讲,"自由市场"和"政府主导"两条路径对学前教育发展的三个关键定位包括供给的数量可获得、成本可负担以及质量有保证。① 事实上,只强调政府主导责任的学前教育供给机制将受制于政府自身财力水平和治理能力制约而难以负担成本,很难保证学前教育供给的目标群体能够接受充裕的、均衡的、多样的学前教育,但政府责任缺位的学前教育供给却必然会出现教育不公和质量。另外,市场供给是扩大学前教育资源、提供可选择的灵活多样的学前教育服务以及激活学前教育供给主体活力的重要渠道,排除市场力量介入公共服务,或是市场力量供给的能力不能很好地发挥,缺少政府和第三方机构相应的标准调控和监管也是不可取的。

我国学前教育发展的境遇很大程度上与政府责任的程度相关,过于集中的政府包办或过于分散的政府缺位和退位都不利于学前教育的有序发展。事实上,学前教育发展对市场供给的需求程度越高,就越需要政府对学前教育的主导和调控。在我国学前教育供给实践的历史发展过程中,政府管制时期市场和社会力量退出,但政府的主导责任事实上也并未落实到位,在学前教育规划、投入、办园、监管等环节不同程度存在缺位现象,公办园数量不足、民办园问题频发等现状都受政府主导作用发挥不到位的影响。以 20 世纪 90 年代的学前教育市场化供给为例,学前教育供给的市场化选择这一本身企图缓解政府财政压力、以市场竞争提升学前教育供给数量和质量的供给策略在事实上并未取得预期的效果,甚至由于对"市场化"的误解,只强调学前教育属于非义务教育阶段的现实,而忽视了学前教育在整个教育体系中的奠基作用,严重加剧了学前教育"入园难""入园贵"的问题。政府对学前教育发展缺少引领和监管,尤其是一些地方对"鼓励社会力量发展学前教育"的政策歪曲理解,一大批幼儿园收到

---

① 聂晨. 自由市场还是政府主导? 后危机时代英法两国学前教育政策转型的比较及启示[J]. 广东社会科学,2020(5):200－211.

"关、停、并、转、卖",地方政府的缺位在一定程度上将责任转嫁给市场,反而出现一定程度的发展速度减缓和质量下降,进而造成了学前教育在财政投入、师资建设、公平保障等方面存在很多遗留至现在而难以缓解的问题,幼儿园小学化倾向也难以彻底根除。同时,政府参与学前教育供给方式以及程度的变化一定程度上影响着学前教育在特定时期的发展状态,如关注直接供给学前教育以扩大规模反而可能在一定程度上弱化其总体规划、对质量公平等问题的重要保障作用。

三、学前教育供给侧改革的重点思路

随着"入园难"问题的基本解决,学前教育事业的发展也从"广覆盖、保基本、有质量"的规模扩张阶段不断向"普及普惠安全优质"这一规模与质量并重的供给阶段转变。党的十九大报告中"幼有所育、学有所教"的理想对学前教育提出了更加严格的要求,学前教育发展进入新的攻坚阶段,短期的刺激已难以解决其根本问题,必须以学前教育供给侧改革来解决深层次的问题。学前教育供给侧改革是从学前教育的供给端出发,以调整不适宜的学前教育供给机制和结构为核心,以制度创新为动力机制,以提升学前教育质量、构建普及普惠安全优质的学前教育供给和服务体系为目标的学前教育改革。

(一)坚守学前教育公共性原则的供给理念

教育变革是以培育并实践新的教育理念为先导的过程,学前教育供给侧改革本质上是以学前教育现代化发展和儿童终身发展为宗旨的,这些都必须建立在教育公共性原则的基础之上。

公共性是现代教育的基本特征,学前教育作为一项公共事业,其公共性是在历史发展中展现而非人为主观赋予的结果。公益、公正、平等是教育公共性的核心内涵,这要求在宏观制度安排、政策设计等方面体现教育公益性和公正性,微观教育目的、内容等方面指向培养具有公共品质的人,教育过程上体现教育平等。[①] 学前教育服务或产品属于准公共产品,有着纯公共产品的效用不可分性,但仅在一定程度上满足消费的非竞争性和排他性特征。然而,基于其较

---

① 张茂聪. 论教育公共性及其保障[M]. 北京:商务印书馆,2012:49.

强的正外部效应,学前教育应该是政府应当予以保障的公共服务体系之一。作为社会公益事业的学前教育不仅对个体的健康和终身发展具有重要的奠基性价值,而且对于国家和社会发展具有长效的收益功能。学前教育投资是极其重要的人力资本投资,长期来看将给社会带来较投资七倍以上的收益,学前教育还是国际社会教育反贫、阻断代际贫困的重要领域。就我国当下学前教育供给实践来看,受"天价学费"等"入园贵"问题的影响,我国学前教育的公益性受到严重的挑战,即使国家不断强调学前教育的公益普惠性质,但事实上供给主体只看到和关注学前教育作为非义务教育这一特征,而对其正外部性、公益性、基础性等根本特性认识不足,这严重影响了相关主体对学前教育投入的积极性。中国的公共教育囿于政权功利性和经济功利性之中①,急需价值秩序的重构。因此,政府应当深入认识和明确定位学前教育的性质、功能和地位,继续加大对学前教育公益性与普惠性的宣传力度,转变多元供给主体对学前教育公益性认识不清或者漠视的现状,明确公益性这一学前教育的根本属性也是政府保障学前教育的正当性和社会公众参与学前教育事务的必然要求。

从儿童本质的教育哲学理解出发,学前教育的公共性要求不站在任何特殊利益群体一边,即学前教育的公共性就是为了一切儿童利益,站在儿童立场上。教育中的儿童立场是指教育站在儿童一边,以儿童为出发点,把儿童当作评判教育实践适宜与否的根本的唯一的尺度和原则。② 儿童立场是供给学前教育所选择的逻辑出发点,这并不意味着已经在儿童本位和社会本位之间做出选择,事实上在儿童立场下完全可以兼顾儿童本位和社会本位分别对儿童利益和社会发展的关注。教育公正是教育追求的永恒使命,学前教育均衡发展需要公平与效率的协调统一,明确学前教育的性质地位,在普及和提高之间、数量和质量之间形成合理的张力。早期教育公平中,平等原则首先强调的是教育机会平等,是指儿童平等地享有接受早期教育的机会,包括教育的起点平等和过程平等。除平等性公平外,还包括补偿性公平和差异性公平。学前教育需要能够弥合来自不同背景学生之间在眼界等方面的差距,减弱家庭资本的调节作用,通过为弱势群体儿童创设良好的家庭教养环境来支持弱势群体儿童的发展。

学校是教育观念生发的重要场所,只有将学前教育公共性的理念融入幼儿

① 樊改霞.教育与公共性:公共教育的现代性转型[M].福州:福建教育出版社,2012:200.
② 高敬.学前教育实践应坚守怎样的儿童立场[J].教育发展研究,2020,40(12):38-45.

园的日常教学实践当中,才可能真正扭转"学前教育小学化"等急功近利的观念。幼儿园在教学中要树立全面的健康发展观,遵循"四个回归"办教育,即回归常识、回归本分、回归初心、回归梦想,以幼儿全人格养成教育为根本和宗旨,儿童健全人格的养成应该成为学前教育的内在本质,在顺应儿童发展规律的同时,发掘儿童的特长兴趣。幼儿教师教育观念与每天幼儿自主选择和自由活动的时间、教师按计划组织活动的程度呈现高度正相关,教师教育观念越好儿童活动的自主性就越强。[①] 因此,培养教师正确的儿童观,认可儿童的自主选择、活动等能力是提升儿童自我感知的重要途径。教师在学前教育供给实践中应该坚持平衡主义的儿童立场,在儿童－教师中心之间寻求动态平衡[②],引导、呵护儿童自由成长的空间、尊重儿童的独特文化。

(二)形成普及普惠优质的实际供给格局

学前教育供给侧改革的主要目的就是要实现充裕和高品质的教育供给,让更多的学前适龄儿童得以接受并享有优质的学前教育供给和服务。形成普及普惠优质的实际供给格局,需要不断扩大学前教育各类资源的供给数量以推进普及普惠,如确保学前教育发展有充裕的经费、充足的教师队伍和充分的教学场地,而优质的学前教育供给在此基础上还要依靠高素质的幼儿教师、结构合理的资源配置、高质量的师生互动等各方面保障。事实上,推动学前教育供给普及、普惠、优质在某种程度上是共通的,普及学前教育就必须以推进普惠性幼儿园发展为抓手,向民众提供具有普惠公益性的幼儿园才可能使得更多的民众有条件接受幼儿教育,尤其是作为弱势群体的流动儿童、留守儿童和特殊儿童。办好让家长满意、儿童终身受益的学前教育是供给侧改革的重要价值,学前教育供给的普及普惠都必须以其品质优良为标准。目前我国学前教育的普及和普惠水平较低,从学前教育的长期来看,优质的普及普惠才是学前教育发展的持久动力。

从现有学前教育供给的体量来看,进一步扩大学前教育供给规模,提升学前教育毛入学率是学前教育供给侧改革的首要任务。在幼儿园规模和布局调

---

① 王艳芝,孙英娟,孟海英.幼儿教师的教育观与幼儿活动质量的关系研究[J].中国健康心理学杂志,2007(4):322－324.

② 高敬.学前教育实践应坚守怎样的儿童立场[J].教育发展研究,2020,40(12):38－45.

整方面,需要结合本地服务半径、服务人口、交通资源、城镇化进程和适龄人口流动和变化趋势,合理配置教育资源,因地适宜设置幼儿园。① 学位供给上需要通过学位需求的监测预算合理布置学位,如超大城市要较大规模地增加学位供给以满足适龄儿童增长和流动人口带来的学位需求,而一些新增适龄儿童较少、需求已经基本饱和的地区要相对控制学位供给的速度,更多在保教质量上下功夫。公办教育是保障学前教育普及普惠的基本供给方式,要加大公办性质幼儿园的建设,提升公办幼儿园的覆盖率,利用现有闲置房舍等资源建设、改造扩建新的公办园,保证一定服务半径内公办幼儿园有足够覆盖,原则上至少保证每个乡镇有一所公办中心幼儿园,尽快达到公办幼儿园占总园数50%以上的目标。为保障儿童接受学前教育的权利兜底的同时,更要注重幼儿园质量提升,建设一批优质的公办园。

从民办幼儿园所占份额和近年的增量来看,提升学前教育毛入学率和扩大普惠性学前教育资源就必须提升民办园的学位供给能力,通过支持企事业单位、城镇街道、农村集体、个体等举办收费合理、品质优良的普惠性民办幼儿园。政府有责任引导民办园理性选择办园性质和方式,在鼓励和扶持民办性发展为普惠性质的同时,也要为非普惠性办园留下一定生存空间。在选择民办普惠园扶持对象上,可以使用教育券制度而不是由政府遴选幼儿园,通过合理的市场竞争激发民办幼儿园办学活力和办学质量。同时,为了解决"入园贵"问题,必须对民办园进行监管,完善对普惠性民办幼儿园的认定和退出、扶持与监管等政策,严格把好普惠园准入关,提高民办园的规范程度和保育质量。此外,为了提升学前教育普及率,可以分地区实行学前一年免费教育,但必须有步骤、有针对性地完成这一目标,不可操之过急,引发诸如只注重普及而达不到基本办园标准的问题,可以根据各地的经济发展水平,让有条件、有资质的地区先实现,并不断总结经验以便推广。

稳定和充足的经费投入是学前教育普及普惠以及质量提升的必要物质基础,因此必须加大各主体对学前教育的资金投入力度和稳定程度。要提升财政性经费在总经费投入中的比例,尤其是普惠园的推进更是需要各级政府的资金支持。中央政府要加大对学前教育专项转移支付的力度,地方政府要建立针对

① 余宇,单大圣.努力发展普惠而有质量的学前教育[J].行政管理改革,2019(2):16-22.

学前教育发展的经费长效增长机制,充分利用民间资本力量,激发志愿组织供给学前教育的动力,提升学前教育经费筹措的能力。为了解决幼儿教师队伍不稳定、教师素质差等制约学前教育普及和质量进程的供给困境,供给侧改革要提供充分优质的学前教育师资供给,打造一支稳定而有质量的幼儿教师队伍。要提高幼儿教师行业整体薪资水平和社会认可度。科学核定和落实幼儿教师编制制度,严禁长期使用代课教师、空编、有编不补等行为;有条件的地方率先试点实施公办园以及民办普惠园幼儿教师生活补助或津贴补助等,对照公办园教师工资水平确定民办园教师工资最低标准;优先扶助农村地区和偏远地区幼儿教师,稳定此类幼儿园教师队伍,对编制外的教师也应该设置相应的奖励政策。另外,要重视建构职前和职后一体化培养和各类型教职工的针对性全员培训。推动学前教育教师专业化发展,根据目前需要增加学前教育专业招生计划人数,注重学前教育专业学生相关能力和素质的培养,入职后展开系列培训观摩活动,重视师德师风建设,培养教师责任感和使命感;开展园长培训项目,培养园长规划幼儿园等的胜任能力;重视以职前培训提升保育人员素质,开展儿童看护相关知识的专业学习和常态化的培训实践。而在教师结构方面,应适当调整幼儿教师的年龄结构、性别结构,为教师培养提供适宜的发展空间。

(三)构建基于多元主体需求的丰富公平的供给结构体系

学前教育供给侧改革是从供给端出发,以调整和优化教育供给为主的改革,但供需两侧紧密联系的特质使得关注、满足、引领、创新需求成为供给侧改革的必然要求。如何从广度和深度上了解、把握社会各阶层多样化的学前教育需求,是引导配置有效供给的前提和基础、促进供给侧改革的关键。① 供给主体、供给内容和供给机制的选择无不需要建立在大规模需求调查和评估的基础之上,基于学前教育需求主体多层次的复杂需求特性,要解决学前教育供给的困境,就必须丰富和调整供给结构,形成具有灵活性、可选择性、多样性、公平均衡的供给结构和服务体系,满足多层次的教育需求,甚至可以通过不断丰富的供给引导学生和家长未被觉察到的潜在需求成为现实需求,提升其需求的品味,推动和实现新一轮供给和需求的动态平衡。

---

① 秦金亮.多元需求条件下办人民满意的学前教育政策旨趣[J].教育发展研究,2017,37(2):64-68.

从供给主体和供给形式来看,我国"一主多元"的供给机制还不够成熟,多元主体还未能协调运转,形成多样和差异化、特色化的学前教育供给。按照多元供给理论所理解的供应和生产分离的原则,政府供给学前教育的方式既可以是已购买服务等方式为主的供应,也可以是直接供给。一方面,政府及其相关部门举办幼儿园是学前教育公共服务基本保障的重要渠道,也是构建普惠性学前教育供给体系的必然要求。必须保证一定比例的公办园,以满足大多数人接受学前教育这一基本需求,为学前教育托底。尤其要重视发挥政府在农村地区以及老、少、边、穷地区的教育托底和保障作用,尽量以达标的学前教育供给满足其基本的接受学前教育的需求,还要通过提供有品质的教育服务激发和提升这部分群体的需求层次。另一方面,以市场力量举办的民办幼儿园作为学前教育供给的主体。如果说公办教育更多作为学前教育供给的基础保障,那么民办教育则需要提供差异化、可选择的学前教育服务,打造具有品牌特色的供给模式。在学前教育供给的市场竞争中,只有不断满足差异化和个性化教育需求的教育供给才是能够被接受和选择的供给。除政府作为主导的供给以及市场供给外,要充分发挥社会力量尤其是公益性志愿组织供给的重要补充作用,除志愿组织自身供给学前教育外,政府和志愿组织以及其他社会力量的主体间合作供给也是重要的供给方式。北京和上海等地通过政府委托办园、减免房租、以奖代补、间接向民办幼儿园购买普惠性服务、发放教育券等形式展开公私合作伙伴模式(PPP)的探索,促进政府购买学前教育服务的多样化,①必须通过多样化的供给形式充分释放政府购买教育服务和社会组织参与学前教育供给的活力。此外,还需要培育成熟的第三方监督机构来规范政府和社会力量的合作。总体上,为满足多元主体学前教育需求,就必须构建起政府主导供给、市场供给和志愿供给相结合的多元主体供给模式。

构建丰富多样的学前教育供给体系最主要的目的就是通过提升学前教育供给的可选择性和可接受性来满足和引领人民群众日益升级的学前教育需求。根据不同年龄儿童的身心特征和不同群体的多样需求设置多样化和个性化的学前教育供给机构。从丰富学前教育的对象结构来看,将0—3岁婴幼儿看护和早期教育逐渐纳入学前教育供给体系,在能力所及范围之内,从OECD国家

---

① 周玲. 我国学前教育发展公私合作伙伴关系(PPP)研究[M]. 北京:北京理工大学出版社,2017:175 – 177.

发展情况来看,《教育一瞥》年鉴指出,在 2010 年至 2018 年之间,七个国家成功地增加了至少一年的幼儿全面入学率。虽然我国已经发布《关于促进 3 岁以下婴幼儿照护服务发展的指导意见》,在一些学前教育机构当中也有针对低龄幼儿开设的托班和托幼服务,但如何建立完整的婴幼儿看护体系还需要进一步斟酌和规划。政府必须做好顶层设计和整体安排,这部分教育还有巨大的潜在市场和社会需求,有条件和资质的幼儿园应该开设相应年龄段的班级,也可以探索形成专门招收 0—3 岁婴幼儿的看护机构。合理均衡配置学前教育资源是推进我国学前教育公平的重要途径,不同发展区域需根据区域内教育发展特征和存在的重难点问题来针对性展开攻坚项目。中西部农村地区是我国学前教育事业发展的薄弱地带,在继续实施学前教育行动计划的基础上,要由政府主导和兜底,着重扩大和推进中西部农村地区普惠性学前教育供给的进程,同时还要从过程性质量提升的基础保障、持续动力及微观路径出发,通过加大师资投入、挖掘园所良好内生文化、善用游戏教学等具体措施逐步实现城乡学前教育均衡发展。①

马克思主义的公平观强调权利原则、贡献原则和需要原则。其中,需要原则优先于贡献和权利原则。因此,在扩大学前教育机会促进公平的基础上,对不同适龄儿童群体差异化地提供他们所需要的、基本而有质量的学前教育才是有效的公平。② 除了提供符合要求的正规学前教育机构,还可根据实际情况开办季节性、流动式的幼儿活动站、季节班、游戏小组、巡回辅导站等灵活多样的非正规学前教育。成立针对特殊群体的学前教育专项项目,并进行动态式的监管、反馈和调整。如针对流动儿童的支持项目包括资源链接、课程支持及课外活动、教师能力建设、社区公益项目四类,如"四环游戏小组"等针对流动儿童的学前教育项目就是很好的借鉴。③

---

① 杨宁,任越境,罗丽红,等. 过程性质量转向:城乡学前教育均衡发展的新着力点[J]. 中国教育学刊,2020(5):21 - 27.

② 秦金亮,等. 基于证据的学前教育需求与质量研究[M]. 北京:北京师范大学出版社,2018:7.

③ 陆建非. 中国都市外来务工人员子女学前教育发展研究报告[M]. 上海:上海教育出版社,2016:67 - 72.

（四）塑造特色化活动中心的儿童成长氛围

幼儿园是学前教育供给（主要指0—3岁的教育）实践发生的主要场域。作为学前教育产品服务的直接提供者，教师和儿童的互动以及与之相关的课程、环境创设等是学前教育供给侧改革必须关注的领域，建构特色化有活力的学校供给生态是身处其中的全体教职员工和儿童互动的要求和结果。课程改革以来，我国各阶段教育都引进了一批优秀的课程模式，学前教育也不例外。但只注重形式上引进而致使背后的理念失落的课程变革未能引发幼儿教师和儿童的良性互动，小学化教学倾向也在一定程度上侵蚀着课程变革的空间和可能。任何一种课程模式都不是万能的，无论是瑞吉欧教育方案，还是光谱教育方案，甚至是安吉游戏，他们都只是扎根于当地的或者说是地区适宜性的课程模式，而事实上每个地区、每所幼儿园都可以也应该形成自己的课程模式。在对优秀课程模式的借鉴方面，我们更应该关注的是他们对孩子兴趣、创造性等的尊重，而不是具体的游戏方式课程设计等。以发展适宜性为原则①，年龄适宜性、个体适宜性、文化适宜性、教师教学有效性是创造我国儿童可持续发展模式的重要思考维度，最终还是为了考核针对儿童的设计方案是否有益于其生活质量提升。

学前教育机构基础设施和硬件设备的安排以保障儿童基本发展和安全为第一要义，要对幼儿活动基础设施以及生活区、活动区、游戏区等进行合理规划，在空间和功能上尊重儿童身心发展的规律。活动内容应该以游戏为核心开展各种区域活动，选择上需要结合地域特色因地制宜地安排实践活动，如农村地区可以根据生产生活实践安排课程。这样一来，既能就地取材，又能贴近儿童生活实际，更容易为其所理解和接受。活动方式上，以游戏为本，灵活采取多种形式，激发幼儿兴趣，提高学前教育对儿童身体和智力开发的效能。此外，还要构建丰富的学习内容和形式，以及灵活多样和完整的课程体系。课程内容要关注自然生活、社会生活以及儿童的当前需求等，课程设置要从儿童身心发展特点和多方面发展出发，不囿于课本，运用丰富多样的形式让儿童真正感受大自然和大社会。其中，尤其要注意课程体系的完整性和地区差异性，注意满足

---

① 格斯特维奇. 发展适宜性实践:早期教育课程与发展[M]. 霍力岩,等译. 北京:教育科学出版社,2011:8-11.

儿童的好奇心和感性思维，努力做到让每一个儿童都能快乐成长。游戏是儿童的工作，为儿童游戏创设适宜的环境，就是要从空间和功能两个层面重构幼儿园游戏环境，为儿童的游戏活动提供全面且有效的环境支持。① 一方面要打破室内环境与室外环境之间的界限以满足儿童游戏活动多样化的需要，另一方面要突破儿童发展领域之间的区隔，关注儿童的全面发展及个性化学习需求。幼儿园应加大区域活动在整个课程体系中所占的比例，完善活动课程，提升教师专业能力，为儿童的个别化学习提供有效的外部支持。要加大对区域活动的运用，为儿童的个性化学习创造更为适宜的探索环境，通过丰富儿童游戏活动的形式来拓展儿童的游戏空间。

课程组织和具体实践必须依靠良好的师生、生生互动，学前教育是为儿童生命发展打底的关键时期，良好的行为习惯、学习能力与意识、社会适应性、语言能力、社交能力、身体素质、情感控制与体验、生活能力等方面素养正适合在此阶段进行培养。因此，幼儿教师在与儿童的互动中，可以通过主题活动、自主游戏情境等锻炼儿童的协作能力与社会交往能力，进一步强化他们的社会角色规范与社会角色意识，促进儿童社会化发展。提升幼儿工作者的专业素质能力同样重要。作为统率全园工作的园长，其行为胜任力需要不断在实践中提升，如新加坡 Principal Matters（园长要事）园长培训项目在一定程度上对此起推动作用②。教师也需要在一些关键素养上下功夫，如美国优秀教师认证机构 NB-PTS 明确提出，优秀幼儿教师的五条核心素养，即：能够对儿童和他们的学习负责；既精通学科知识又擅长根据儿童特点将这些知识教给他们；能够对儿童的学习进行组织、管理以及监督；不仅能够对教学实践活动进行较为系统的自我反思，而且能够提升未来的实践教学能力；能够融入并参加学习型组织。③ 事实上，真正影响并作用于幼儿教师核心素养的是其参与儿童教育与社会活动的过程，要通过高质量的师幼互动来引导儿童的学习走向更高的水平，营造良好的师生互动氛围。教师个性化教学，对儿童学习规律和特点的认识与理解，活动设计和实施水平的不断提升，都有赖于师生互动的过程。最后，需要建设教师、

① 冯鑫.幼儿园开放性游戏环境的创设[J].学前教育研究,2020(10):93-96.
② 洪秀敏,朱文婷.聚焦园长行为胜任力的提升：新加坡 Principal Matters 园长培训项目的探索与启示[J].外国中小学教育,2018(12):50-57.
③ 陈秋珠.卓越幼儿教师核心素养的内涵、构成及实现路径[J].西北师大学报(社会科学版),2020,57(2):85-92.

儿童、家长的生态共同体,从而推动儿童的多方面、个性化发展,通过家长讲堂、家长开放日等活动激发家长参与的自主意识和能力。

四、学前教育供给侧改革的制度保障

学前教育事业的健康、可持续发展需要强有力的制度保障,法律法规、管理制度、办园和投入制度的滞后是影响我国学前教育供给的深层次体制机制制约。① 制度供给和制度创新是教育供给侧改革的动力机制,也是规制学前教育权力运行的重要保障。以学前教育法为核心的学前教育法律保障体系是学前教育有法可依的基础,在法律法规明确的基础上,从办园和投入制度保障、管理制度保障以及质量制度保障推动学前教育向普惠优质公平发展。

(一)以法律制度保障学前教育实践的合法权威

建立完备的学前教育法律和政策规范体系是维护学前教育供给实践合法权威、保障学前教育供给各项工作有法可依的重要武器,以法律制度作为学前教育发展的基本和刚性支撑是构建学前教育制度保障体系的首要任务。

全国性学前教育立法的缺失是教育供给缺少保障的最主要因素,加快学前教育法立法进程,尽快出台学前教育法,将学前教育纳入国民教育系统当中是完善法律制度保障的当务之急。近年来,我国学前教育立法进程不断推进,相关人员和学者也就立法草案进行完善和修改,《中华人民共和国学前教育法草案(征求意见稿)》中也已经围绕对儿童受教育权利的保障以及对政府、幼儿园和其他举办者相关主体管理、办学行为的规范展开论述。现下仍需要在现有法律草案的基础上,结合现有学前教育工作规程等学前教育政策内容,继续组织专家和社会广泛研讨,尽快落实和出台学前教育法。在立法内容上要以关键性问题为导向、系统性规划为目标,体现学前教育法律的全面性和前瞻性,紧密结合我国目前学前教育供给存在的困境,对学前教育质量提升、教育均衡发展等民生要求有所回应和体现,把政府主导责任、加强监管、缩小差距、优化品质等作为供给制度保障的重点。学前教育法要以法律形式明确学前教育公益普惠

---

① 洪秀敏,庞丽娟.学前教育事业发展的制度保障与政府责任[J].学前教育研究,2009(1):3-6.

的性质和地位,明确政府主导学前教育发展、统筹规划和监管等重要责任,划分各级政府在学前教育管理方面的责任范围、财政供给上的支持力度等,对扶持农村地区、偏远落后地区、弱势儿童群体等涉及学前教育公平和均衡发展的事项也要以法律形式明确,同时要关注和确认儿童权利和教师身份地位。为了进一步规范学前教育供给实践,要针对学前教育发展中的相关事务出台相应的政策规定,如以相关配套的法规政策等规范约束社会力量办园的条件、权力和行为,对园长、幼儿教师、保育人员也需要出台分门别类的从业资格认定和职业标准等细则,制定学前教育质量标准等。学前教育的进一步普及是国际学前教育发展的重要趋势,应该逐渐将学前一年教育纳入免费范畴,提早规划和布局较大规模的婴幼儿和早期学前教育的发展,以此规范0—3岁保育市场,打通现有学前教育制度体系造成的0—3岁早教和3—6岁幼儿园教育之间的隔阂,构建0—6岁一体化的学前教育公共服务体系。

从学前教育法律法规的制定过程来看,学前教育立法需要遵循"两性"与"五立足"的宗旨和价值追求[①],在确认学前教育公益性和普惠性基础上,坚持以国家发展的战略布局为依托,办人民满意的学前教育,重视和发挥学前教育在个体健康发展、国家和社会受益等各方面的功能。学前教育法律法规体系的建立有多种途径,比较容易和常见的是通过学前教育政策法律化这一途径建立。政策的灵活性促使立法机关在对某一社会问题形成较为成熟的解决方案之前,往往借由政策发挥"试行法"的作用,让政策替代法律承担更多的社会治理功能。随着这些政策经过实践检验并被认为是成熟、有效的,立法机关再依据法定程序将其上升为法律,由此赋予政策国家强制力之保障。[②] 当然,政策法律化不是学前教育立法的唯一途径,立法过程必须关注民意,以现实问题为导向。此外,在制定过程中,要加强学前教育法律法规制定的科学性和严谨性。我国也应逐渐建立由政府主导、专业部门协作的学前教育立法学术研究机制,积极吸纳国际学前教育立法研究的精粹,使中国学前教育立法研究具有国际性、前瞻性和创新性。学前教育法律法规制度的执行和落实是学前教育领域有法必依的重要体现,首选必须推进执行部门依法行政的观念,提升其依法行政

---

① 庞丽娟,王红蕾,贺红芳,等.加快立法为学前教育发展提供法律保障[J].中国教育学刊,2019(1):1-6.

② 湛中乐,李烁.我国学前教育立法研究:以政策法律化为视角[J].陕西师范大学学报(哲学社会科学版),2019,48(1):45-53.

的能力,政府部门在发展和管理学前教育工作中,必须做到有法必依。从美国对学前教育立法的有效性评估实践来看,未来我国政府也应与学术机构合作,开展大规模的学前政策评估与质量分析。① 只有通过实践的不断检验,才可以发现制度设计的不合理之处,提升法律制度的可执行性和可操作性。同时,通过政府有关政策和信息的社会公示、传媒等信息通道发挥社会舆论和群众监督的作用,为普及普惠安全优质的学前教育发展提供强有力的政策保障体系。

(二)以办园和投入制度保障学前教育公共服务体系

学前教育办园和投入制度是构建学前教育公共服务体系的基本制度保障,办园投入体制涉及学前教育机构的举办主体和投入主体划分,《国家中长期教育改革和发展规划纲要(2010—2020年)》中已经要求学前教育建立"政府主导、社会参与、公办民办并举的办园体制"和"政府投入、社会主办者投入、家庭合理负担的投入机制"。

为建成"广覆盖、保基本"的学前教育公共服务体系,学前教育办学体制的改革应该打破绝对的公办民办的壁垒,以建构学前教育公共服务体系为目标指引,以提供普惠性服务为价值取向。② 坚持政府办园中的主导地位和社会力量举办学前教育的主体地位,在加大学前教育普惠性质办园力度的同时,必须完善民办与公办并举,普惠与非普惠、营利与非营利共存的多元主体办园体制。政府要保障公办园的数量和布局合理,允许和规范举办者理性选择适当的参与方式。为了充分调动社会各方面力量参与学前教育发展,需要建立和完善政府支持社会主体办园的激励机制。以PPP公私合作模式为基准,探索政府和非政府、社会组织等力量的合作契约新型关系。设置举办各种类型和性质幼儿机构的准入规则,如民办普惠园的转入和退出机制,要确保普惠园政策落实到位,在现有政策倾斜的基础上,通过鼓励多元主体参与的方式,如发放教育券、合同外包、政府补助、政府购买等激励个体举办学前教育。同时,要建立政府对社会力量办园的经费支持、人员编制方面的保障以完善社会力量参与办园的体系,最终构建以普惠性资源为主体的办园体系。政府必须建立和落实价格听证制度,

---

① 钱雨.美国学前教育立法的发展、经验与启示[J].湖南师范大学教育科学学报,2020,19(3):16-23.

② 袁秋红.改革开放40年我国学前教育办学体制改革的历程与方向[J].河北师范大学学报(教育科学版),2018,20(6):119-125.

对学前教育定费、收费等各个环节设定基本标准,在此基础上制定弹性收费价格标准,从申报、认定、招生、收费、办园、退出、监管等各方面对幼儿园办学行为进行规范。

学前教育投入保障制度主要包括经费投入、师资投入和场地设施等投入保障,而经费投入是师资、设施等投入的基础。学前教育经费上要完善财政性经费投入保障机制和成本分担机制。完善财政性经费投入保障制度,必须将学前教育投入纳入财政立法中,明确各级各类投入主体的权力和责任,规范财政的投入、分配过程,稳定提升财政性投入的比例。此外,可以将区域间和区域内学前教育财政性经费均衡的责任上移至中央和省级政府,通过财政资金的增量调整和存量调整,直接扩大县级政府对学前教育经费的供给能力。① 具体而言,各级政府要单独列出学前教育经费投入项目开支,保障学前教育专项经费。中央政府应该明确规定学前教育财政性经费在各级教育财政性经费中所占最低比例,地方政府需要根据本地区经济发展水平、学前教育发展规模和程度等设置具体的财政性经费比例,并逐年增加该比例,建设财政性经费增长的长效投入机制。在生均经费投入核定方面,我国各地对于学前教育生均公用经费主要由省级政府制定经费基准定额,市县政府根据本地区具体情况出台经费标准。同时,完善学前教育财政管理制度对强化经费有效投入具有重要作用,通过监控学前教育费用投入及其执行情况,使经费使用制度化和规范化,从而保障资金使用的合理性和有效性。在现有学前教育经费尚不充裕的现实条件下,完善财政管理制度,提高学前教育经费的使用效率是较为可行的方法,具体需要建立学前教育财政使用审计制度,将学前教育财政投入与使用公开和透明化。其次,要健全经费投入和成本分担机制,完善社会力量参与学前教育供给的方式和程度。在政府、社会、个体投入之间保持一个较为稳定和平衡的水准,调动社会力量投入的积极性和效率。最后,建立向弱势地区和弱势群体倾斜的学前教育资助机制②。财政专项转移支付对提高经济欠发达地区县级政府的基本公共

---

① 赵海利.构建财政性学前教育投入增长的保障机制:基于经济学需求与供给的视角[J].教育发展研究,2016,36(20):21-26,40.

② 庞丽娟,孙美红,王红蕾.建立我国面向贫困地区和弱势儿童的学前教育基本免费制度的思考与建议[J].教育研究,2016,37(10):32-39.

服务效率的重要性远大于经济发达地区①,通过专项转移支付和一般性转移支付有针对性地向落后地区进行补偿,同时向长期在偏远地区、条件艰苦地区工作的幼儿教师和儿童予以倾斜。

(三) 以管理制度保障强化政府责任落实和第三方评价与监督

在学前教育供给的整个过程中,管理制度是保障学前教育资源、主体等多项因素协调运转的重要保证,建立"省市统筹,以县(区)为主,乡镇(街道)参与"的学前教育管理体制是落实政府责任的必然要求。

政府是学前教育供给的重要主体,以管理制度保障落实政府责任是学前教育制度建设的重要内容。政府在学前教育供给中扮演着多种角色,其主导地位主要体现在包括制定学前教育发展规划,完善管理体制、投入体制、办园体制和教师政策,公平资源配置等方面。中央政府、省级政府要统筹规划本行政区域内学前教育事业发展的总体方向,应设立学前教育专门机构,制定学前教育相关政策法规,明确教育质量评价、督导和监管等相关规定,保证学前教育作为教育体系重要组成部分的高质量普及普惠。对于多头管理带来的学前教育供给困境,则必须加强学前教育相关管理部门之间的统筹与协调,建立常态化的部门间协调机制,促使各部门能够在各自职责范围内做好学前教育管理工作,地方政府各部门也必须统筹、协调本行政区域内学前教育事业发展的重大事项。在政府间关系的处理上,中央政府要赋予各地方政府举办和管理学前教育相关事务的自主权和灵活性,县级政府要对县域内学前教育均衡等起到作用,制定相关政策建立完善的督导评估和质量管理监督体制与机制。另外,政府管理需要向精细化转变。一是要对不同办学性质的幼儿园进行分类管理,即对营利和非营利,民办、公办、混合不同性质幼儿园给予不同程度的扶持,在具体事项上也要有较为细致的区分。二是对发展程度不同和主要需求不同的幼儿园进行差别化扶持。对于办学条件较差的普惠性公办园,加大扶持力度和措施的执行,对基本能够满足老百姓要求的公办园予以基本的扶持。对于那些发展水平较高的幼儿园,尤其是民办园,应该更多放宽其诸多限制,创新金融机制为其拓宽信贷扶持渠道,帮助其进一步提升。对于基础设施已经比较完备的幼儿园,

---

① 王守义.财政分权、转移支付与基本公共服务供给效率[M].北京:社会科学文献出版社,2017:240.

应注重其教师的素质提升。

政府是实现学前教育公平和社会正义的"第一责任人",努力使适龄学前儿童享有高质量的幼儿教育是政府的重要责任。实现学前教育公平是我国教育政策的重大责任,也是我国学前教育政策的必然选择,以制度创新和制度变迁来解决学前教育不公正的现象是从根本上缓解学前教育供给矛盾的重要策略。政府必须成为规范办园行为、兜底幼儿教育的重要责任人,除通过制定政策规定约束幼儿园办园行为,政府还应该推动实施幼儿园责任督学挂牌督导制度,加强对教师资质、保育教育、安全卫生等方面的动态监管。此外,政府对关乎学前教育发展重大方向的问题也要负起责任,更加强调政府对学前教育重大事项的追踪式管理制度。以目前较为严重的幼儿园小学化为例,政府应该展开专项治理,加大幼儿园小学化专项治理力度的精准度,严禁幼儿园提前教授小学教育内容,对不遵从的现象予以惩罚,推进幼儿园和小学科学系统衔接。

政府主导不等同于"政府主办"以及"政府包办",以管理制度的改革创新来保障政府主导责任落实的同时,还要不断推动第三方机构参与学前教育的评价与监督。目前,学前教育体系中责任督学和挂牌督导如火如荼。政府已经将"推动学前教育公益普惠发展"纳入对省级人民政府履行教育职责督查的重点内容,同时开展如小区配套园治理督导评估等专项督导,建立了普及学前教育督导评估制度并及时出台普及学前教育督导评估办法。但是,以政府作为监督和督导的主体难免有自办自评之嫌,对公办幼儿园而言尤其如此。因此,政府应该退出直接督导,培育具有监督和审核资质的第三方机构,彻底实行行政管理体制改革,构建科学合理的供给评价体系。在厘清政府各职能部门职责的基础上,要以社会第三方评价机构来实现对政府、幼儿园的评估,也可以为社会对政府供给绩效的监督和问责提供有效建立途径。只有通过构建制度化的第三方参与的评价指标体系,才能有效约束并激励学前教育多元供给主体的供给实践。

(四)以质量制度保障推动学前教育向普惠优质公平发展

质量是学前教育发展的生命线,质量制度保障是推动学前教育迈向优质普惠的重要抓手。学前教育质量保障体系是以政府为首席的利益相关者协同参与,运用质量保证、质量审计、质量监测等多种手段以改善学前教育质量的综合系统。① 从质量制度保障的主体来看,既要保证政府作为质量制度供给的价值导向和基本标准的地位及作用,又要充分实现幼儿园尤其是幼儿教师作为主要供给主体在保育、教学等环节中质量提升的重要作用。

建立基本的质量保障体制机制,通过制度供给严格把关课程质量、教师质量和管理质量。一是把握重点难点问题,在各项内容上要抓住并解决主要矛盾,重点解决棘手问题。在对课程质量的保障方面要紧抓学前教育课程“小学化”这一主要问题,明令禁止幼儿园教授“小学化内容”的同时,重点应该放在如何构建高质量学前教育课程体系;教师质量制度上要紧抓学前教师资格制度、学前教育专业师范生教师职业能力标准以及保育和教育实践能力提升等的制度保障,通过系统的职前和在职培训制度;管理质量制度方面要注重建立质量落实机制,如将部分内容纳入政府购买范围内。二是构建系统的质量标准政策,保障质量底线。学前教育的质量标准是关键内容,质量标准政策建立需要遵循以儿童身心发展结果为中心和以学前机构保教条件为保障两个方面的原则。内容上需要囊括各种类型教职员工专业标准,完善教师资格证书制度和准入制度等。我国学前教育质量应包含结构性指标和过程性指标两个方面的质量标准,结构性质量如经费投入、场地设备、班级规模、师生比等自然应该包含在质量标准当中。但当下学前教育高质量发展需求下,教育理念、教学方法、教学模式等过程性指标更能体现出幼儿园的育人质量和水平。相比结构性质量,过程性质量是在儿童短期或长期身心多方面发展中更为显著的预测因子。② 因此,质量保障制度的制定更需要关注过程性质量,更多转向提高儿童学习与发展的质量,围绕如何促进儿童活动质量等制定保障措施。

建立学前教育质量监测和评价制度体系。一是树立合理的监督和评价理念作为指导思想。要积极寻求文化回应性的学前教育质量评价,考虑更广泛相关利益者对学前教育的价值诉求和文化观念,从质量的水平鉴别转向质量的文化理解。③ 监督和评价是基于理解和参与式的而非疏离的和居高临下的,质量

---

① 姚伟,许淅川. 构建学前教育质量保障体系的国际趋势研究[J]. 东北师大学报(哲学社会科学版),2019(1):148-153.

② 杨宁,任越境,罗丽红,等. 过程性质量转向:城乡学前教育均衡发展的新着力点[J]. 中国教育学刊,2020(5):21-27.

③ 马雪琴,杨晓萍. 学前教育质量保障与实现路径:基于质量文化的视角[J]. 河北师范大学学报(教育科学版),2019,21(5):114-119.

监测与问责的目的在于质量改进和提升,最终是为了实现质量改善的目的而不是止步于问责。二是成立专门的学前教育质量管理部门,完善学前教育质量评估和幼儿园督导评估指标,明确建立学前教育供给的质量评估制度。一方面,以政策形式明确监督和评估的主体,赋予第三方相应监督和评估权力,也要建立督导、公示、奖励和问责制度,对地方教育行政部门履责情况能够奖惩分明,对其政府主导学前教育发展不力、普惠性学前教育供给不足等情况予以公示和问责;对第三方学前教育评估机构的专业性进行资格评估,激励第三方机构进行公正、客观、专业的评估。另一方面,需要构建评估的指标体系,明确评估对象和内容。各级政府作为制度主要制定者,应将发展学前教育纳入政府职责与考核评估政策当中,政策制定既要注重学前教育机构内部质量提升的相关数据,也要关注学前教育机构真正落实育人目标的相关指标。

第五章 义务教育供给侧改革

一、义务教育供给的变迁逻辑与优势

诺贝尔经济学奖获得者埃莉诺·奥斯特罗姆提出,制度分析和发展的框架由作用和反馈的"内外"两部分组成,即外生变量和内生变量,"社会科学研究者可以去研究横跨各种不同领域场景的人类互动和相应的结果"。[①] 加之义务教育纯公共产品的属性,其赋予了政府在整个供给过程中的政治伦理和社会责任。因此,供给过程中所要满足的供给要件相应地可以分为四个:提供环节的"供给理念"与"提供能力",生产环节的"生产能力",以及链接环节的"管理协调机制"。[②] 在按照历史发展顺序全面梳理新中国成立70多年来义务教育供给过程的基础上,必须充分考虑影响各个阶段义务教育供给设计和实践的复杂且互动的内外部变量,从供给理念、供给主体关系、政府协调服务品质、实际提供能力、学校实践能力五方面分析义务教育供给变迁的内外部逻辑,有助于进一步厘清义务教育供给演进的脉络,把握义务教育供给的优势与困境,为进一步提升和完善供给提供思路。[③]

(一)义务教育供给的变迁逻辑

1. 从工具理性优先的供给理念到兼顾价值理性

供给理念是供给主体在供给选择和实践中所形成的、具有核心地位的关于

---

① 朱宪辰. 自主治理与扩展秩序:对话奥斯特罗姆[M]. 杭州:浙江大学出版社,2012:5-6.

② 吕普生. 纯公共物品供给模式研究:以中国义务教育为例[M]. 北京:北京大学出版社,2013:22.

③ 张旸,吴婷婷. 新中国成立70年义务教育供给的变迁逻辑与展望[J]. 中国教育学刊,2019(10):36-41.

供给的基本认识和观念。供给理念的产生、表达和实践表现为主客观性的统一，是供给主体在具有较强客观性的外部变量的影响下，在表达自身多方面需求并对其进行选择和排次的过程中，对存在于群体内供给行动场景中的内部变量互动的活动及其结果的判断和认识。供给理念在各供给要件中具有核心地位和统领作用，其以隐匿的方式支配和表征着各类主体的供给活动和行为。

新中国成立以后，面对以经济建设为中心的发展战略，加之教育发展对人才的渴求，受工具理性影响的教育供给的工具价值被不断放大和凸显。虽然普及和提高、公平和效率之间的冲突若隐若现，但更为现实更具实效的导向效率的供给理念却愈演愈烈。在要求教育首先为工农兵服务的教育方针下，确定了以普及为主的教育目标，当时的小学教育成为教育发展的重心。此后，受"赶超战略"以及苏联供给模式的影响，加之我国教育资源稀缺的现状，促使工具理性优先、注重效率的义务教育阶段重点校迅速发展。改革开放以后，"发展才是硬道理"成为教育发展的指导思想，"发展导向"的义务教育价值取向开始取代以往的重点校制度。特别是 20 世纪 90 年代以后，国家相继出台了相关措施取消重点校。2006 年的《中华人民共和国义务教育法》和 2013 年《中共中央关于全面深化改革若干重大问题的决定》明确提出要彻底消除重点校，学校不得有重点和非重点之分，学校内部班级也不得有重点班和非重点班之分，极大地推动了教育公平的实现，义务教育供给的价值取向开始由注重"效率"向倡导"公平"转变。2019 年中共中央、国务院《关于深化教育教学改革全面提高义务教育质量的意见》印发，将转变教育理念放在了更为突出的位置，使得义务教育供给理念本应具有的价值理性更加凸显，在此理念指导和要求下的义务教育供给的实践和努力也初见成效。

2. 从单一的供给主体关系到开始注重多元治理

对于义务教育公共服务的性质存在着一定的分歧：事实层面的准公共品，价值层面的纯公共品、有益品或权益–伦理型公共品。其分歧的必然后果之一：不同的产品性质规定了其供给主体的差异。但不管义务教育的性质如何，其强烈的正外部效应决定了政府在供给义务教育中的主导和核心地位及其所应该肩负的使命和承担的责任。但是，这并不是说义务教育的供给主体仅仅只能由政府来提供，因为政府单一供给会陷入政府失灵等困境。

新中国成立以后至 1985 年以前，义务教育供给大多由政府承办的公立学校完成，与高度集中的计划经济体制相适应，这一阶段的义务教育由政府单一供给,计划性和指令性色彩严重,供给的义务教育产品和服务具有很大的局限性。这一状况从 1985 年开始发生转变,《中共中央关于教育体制改革的决定》指出,义务教育的发展要鼓励企事业单位、社会团体以及个人共同参与办学。义务教育供给主体开始注重多元治理,由以往的政府单一供给转变为市场、社会和个人等多主体参与的供给,其融资办学体制也随之产生了新的制度安排。1992 年党的十四大报告指出,要加强义务教育供给,改变国家包办的形式,提倡多渠道和多形式的社会集资办学。此外,义务教育供给主体除政府力量外,社会力量以及民办教育也逐渐成为重要的协同补充力量。1997 年《社会力量办学条例》指出,国家积极鼓励社会力量参与义务教育办学。1999 年全国教育工作会议以及 2002 年出台的《中华人民共和国民办教育促进法》都指出了民办教育的重要性,推动形成以政府办学为主、公办学校和民办学校协同发展的义务教育供给格局。2019 年《关于深化教育教学改革全面提高义务教育质量的意见》的出台,进一步细化了义务教育供给主体的责任,并将家庭教育职责纳入其中,强化了监护主体责任。与此同时,我们也应该意识到,义务教育供给制度的路径依赖导致政府供给依然占据主导地位,多元主体间的关系处理成为义务教育供给的又一难题和挑战,义务教育供给要实现主体的多元治理还有很长的路要走。

3. 从绝对领导的政府协调服务品质到逐步实现宏观指导

政府协调服务品质是在一定的政府职能理念支配下,政府在义务教育阶段所应承担的管理职责和功能作用。作为连接供给和生产过程的关键环节,政府协调服务品质的优质与否直接关乎政府实际供给能力的强弱以及学校生产能力的好坏。

新中国成立以后,我国义务教育供给遵循高度集中的管理体制,与之相适应,这一阶段出台的相关政策也体现出了明显的中央集权的色彩。在学校管理方面,实行了校务委员会制度和校长负责制。改革开放以后,我国义务教育管理体制得到了进一步规范,政府对义务教育学校的管理权也得以不断下放,实行了地方负责、分级管理的原则,这一阶段出台的政策措施为地方政府供给义务教育提供了法律依据。1985 年《中共中央关于教育体制改革的决定》明确提出,义务教育的管理权要下放给地方,并确立了校长负责制并沿用至今,削弱了政府对学校供给的干预。2001 年《国务院关于基础教育改革与发展的决定》进一步提出了以县为主的供给体制,将义务教育的供给重心上移至县级政府。进入 21 世纪,政府供给义务教育的管理体制逐步实现宏观指导,学校争取自主权的意识也更加强烈。《国家中长期教育改革和发展规划纲要(2010—2020 年)》开始强调省级政府对各级各类教育的统筹,并提出要扩大学校办学的自主权。《关于深化教育教学改革全面提高义务教育质量的意见》再次强调要激发学校的办学活力,促进优质学校的成长。义务教育阶段政府协调服务品质虽夹杂着诸多困难与缺憾,但依旧体现着我国义务教育探索的历史和方向。

4. 从供给总体不足的实际供给能力到初步倡导优化配置

不同于供给理念的非专有性,义务教育的实际供给能力主要是就供给主体而言的。各类主体实际供给能力的强弱不仅受到资源禀赋和资源配置能力的制约,而且与主体良好的供给意愿和合理的目标政策紧密相关。义务教育作为纯公共产品,其供给方式的选择都与供给主体的实际供给能力密不可分。

从整体上看,国家经济发展以及政策法规的制定会直接影响义务教育实际供给能力的强弱,体现出了不同阶段政治经济发展对义务教育供给的强大制约性。新中国成立到改革开放初期,我国经济建设落后、政策措施不完善、基础设施薄弱,对义务教育阶段的支出不够,导致这一时期的义务教育供给总体不足。据统计,1952 年小学生年平均开支经费数为 7.40 元,1965 年增长为 19.96 元,虽有所增长但涨幅甚微。[1] 在这种情况下,区域间教育经费投入也呈现出巨大的差距,1998 年东西部地区义务教育平均教育经费额度分别为 157.4 亿元和 50.76 亿元,差距明显。[2] 为此,中央政府开始采取措施缩小区域发展差距,提出在 1998—2002 年间将教育经费占财政支出的比例逐年增加一个百分点的目标。节点来到 2005 年这一具有里程碑意义的一年,为改善义务教育供给不足的现状,提供稳定的经费保障,缩小区域差距,减轻农村义务教育负担,国务院在 2005 年年底发布了《关于深化农村义务教育经费保障机制改革的通知》,其目的在于增加各级政府对义务教育的财政投入,推进义务教育资源的均衡配置,通过实行免费的义务教育减轻民众负担,追求义务教育的公平分配,努力缩小区域间的教育经费差异。此后,2006 年"新机制"改革的顺利进行,2007 年年底全国 368 个攻坚县"两基"目标以及 2008 年全部免除城乡义务教育学杂费目

---

① 杨东平. 艰难的日出:中国现代教育的 20 世纪[M]. 上海:文汇出版社,2003:157.
② 国家教育发展研究中心. 2001 年中国教育绿皮书:中国教育政策年度分析报告[M]. 北京:教育科学出版社,2001:87 – 89.

标的实现,2012 年财政性教育经费占 GDP 4%的突破都为义务教育的均衡发展奠定了财政基础。2019 年政府再度发力,《关于深化教育教学改革全面提高义务教育质量的意见》进一步提出要增加义务教育财政经费投入,改善落后地区教育教学环境,进而实现义务教育资源的优化配置。但也依然存在农村义务教育经费投入总体不足且"中部坍塌"等问题,使得义务教育均衡发展之路仍然任重道远。

5.从被动式发展的学校实践能力到开始争取主动式发展

义务教育阶段的学校实践能力指学校在接受以政府为主导的主体所提供的理念、制度、人财物等方面供给的同时,自身在满足家长、社会和国家等各方需要的过程中所表现出的综合素质,是展现生产环节供给过程及其效益的核心要素,直接决定着义务教育供给的有效性。

我国义务教育阶段的学校实践能力不仅深受政府的供给理念和供给方式、政府和学校关系、各时期经济发展状况与地区差异等外生变量的影响,而且与学校内部的校长治理能力、教师的课程教学实施能力等内生变量紧密相关。新中国成立以后,伴随着对旧教育的接管和教育主权的收回,强调教科书要由国家统一出版,在教学制度上主张学习苏联的经验。这种以国家动员和集中部署的方式,促进了社会主义基础教育初创工作的开展,对于稳定学校教育教学秩序和改造学校供给方向具有深远的意义。但由于当时"我们在评价外国教育经验时更多地以政治和社会制度作为判别是非的标准"[1],使得在全盘引进和应用凯洛夫教育思想的同时,以教师讲授为主的五步教学模式,成为当时中小学普遍采用的教学方式,促使学校供给在很大程度上带有较强的外部控制性和被动接受性。改革开放以后,学校供给的主动性和自觉性得到一定程度的激发,学校供给能力从整体上看在不断提升。义务教育学校的办学条件发生了翻天覆地的改变,课程内容和结构的科学性以及合理性不断加强,教学理念和方式的先进性以及创新性也在逐渐提高。从供给的结果来看,义务教育升学率逐年攀升,初中升高中的学生人数从 1990 年的 40.6%提高到 2018 年的 95.2%。[2] 但

---

[1] 苏渭昌,雷克啸,章炳良.中国教育通史:中华人民共和国卷:下[M].北京:北京师范大学出版社,2013:267.

[2] 各级普通学校毕业生升学率[EB/OL].(2019 - 08 - 12)[2019 - 09 - 13].http://www.moe.gov.cn/s78/A03/moe_560/jytjsj_2018/qg/201908/t20190812_394218.html.

是,义务教育阶段学校供给依然存在减负增效不尽人意、教育教学质量有待提升、学校自主变革的魄力和能力有待加强等问题。

(二)我国义务教育供给的优势

1.注重本体价值供给理念的回归

我国义务教育供给在经历了重点校以及城乡二元供给模式之后,逐渐产生了受工具价值极致发挥后所引发的一系列问题,导致作为纯公共产品的义务教育供给在追求公平优质供给的道路上困难重重,这就迫使人们开始反思义务教育供给的工具价值,在理念与实践上更注重本体价值的发挥,促使义务教育本体价值供给理念的回归。

本体价值是价值存在之根本,是价值评判的最终标准。从价值哲学视角来看,其本体价值注重对美好未来的打造,以促进实践中的人的发展为旨归,其本体所具有的独特性创设了它合理的目标和正确的指引方向,为化解教育供给过程中产生的各种矛盾和困境提供了有效的解决措施,避免在发展中迷失方向。此外,义务教育供给本体价值回归必然会与本体价值之外的教育价值发生冲突,但这并不能成为放弃本体价值的缘由。朱永新指出,教育的职责在于诱导人的价值自觉,而不是执着于畸变了的功利价值。[①] 由此可见,教育的本质在于人的发展,而义务教育供给的本质就在于对人的发展有重要影响的教育公平的追求,人的发展只有在不断实现公平的环境里才能走向完善。因此,义务教育供给的本体价值在任何时候都有其存在的意义和必要性,并且义务教育供给的工具价值还可以在本体价值有效发挥的基础上得到更好运用,二者可以有机融合达到统一,但统一的基础是义务教育供给的本体价值。就现实而言,仅仅追求效率而不注重公平,无法实现义务教育供给作用的最大化发挥,只有首先实现了义务教育本体价值的回归,才能更好地实现对工具价值的运用,这是我国义务教育供给发展到一定阶段的必然选择。

2.政府主导供给优势与特色的凸显

义务教育的特殊性质决定了政府在义务教育供给中的主导地位,但单一的供给无法满足义务教育多样化的需求,市场、社会和个人的参与又必定会对供给产生巨大的挑战。在经济转型的特殊时期,市场经济的缺陷和弊端逐渐显

---

① 朱永新.科学发展观与中国教育改革[M].福州:福建教育出版社,2005:1-2.

现,引发了一些供给问题,只有最大限度地发挥政府主导供给的优势与特色,才能更好地引导义务教育供给走出当前困境。

义务教育是民生教育的基础,具有一定的公共性、公开性和直接性。首先,政府主导供给能够更好地实现义务教育公共性的特征。义务教育是每个学龄儿童都必须接受的教育,因此具有一定的公共性。这也决定了义务教育要作为一种公共资源来满足有这种需求的每一个公民,义务教育巨大的需求量就决定了义务教育供给的公共性很难通过个体或市场调节来体现,政府的干预可以使其供给的公共性最大化。为了保障公共服务基本的公共性特征,就要充分发挥政府的协调服务功能,根据不同区域的发展差异,政府行使主导权也要随之调整,确保义务教育供给的有效性。其次,政府主导供给能够增加义务教育信息公开的透明度。义务教育供给的资源来源于人民又服务于人民,体现出义务教育供给的公开性。义务教育的供给主体可以是政府,也可以是市场、组织和个人,但非政府主体的能力必定不足以维护供给秩序的稳定发展,只有将公民基本权益放到首位的政府才能做到完全的透明公开。最后,政府主导供给能够最直接地满足民众对义务教育的需求。当前我国社会主要矛盾已经发生转变,说明人们对义务教育的需求越来越宽泛,市场和社会等主体的供给毕竟是短期的,不能从根本上满足人民群众对义务教育日益多元化的需求,只有政府才能提供更长远更直接有效的义务教育。政府主导的义务教育供给具有明显的优势和深远的意义,可以有效缓解区域发展不均衡的现状,建立健全义务教育供给体制,明确各级政府供给义务教育的责任,加强民众参与力度,直击民众的切实需求,减少无效供给,推进义务教育供给侧改革的发展。由此可见,义务教育的发展与各级政府对供给方式的选择紧密相关。

3. 经济社会发展变迁对供给调整的推动

新中国成立以来,在经济社会以及管理体制变化的影响下,义务教育供给也随之调整。当前,我国人均国内生产总值已经步入中等发达国家的行列,经济总量跃居世界第二。据统计,2018年中国的GDP较1952年增长175倍,经济的迅猛发展为义务教育供给的及时调整提供了坚实的物质保障。

义务教育财政体制的变化是经济社会发展对义务教育供给影响的最直接体现,同时也是推动义务教育供给侧改革不断取得突破和发展的引导性力量。新中国成立70多年来,在社会主义市场经济体制不断发展和完善的过程中,我国财政体制经历了由"集权"到"分权"再到"适度分权"的演进,其政策变迁经历了由"统收统支"到"分级包干"再到"分税制"的变化,与之相对应的教育财政体制也随之改变。从总教育经费的视角来看,国家财政性教育经费占 GDP 比例连续 7 年超过 4%,2012 年至 2018 年,全国财政性教育经费总投入超过 20.5万亿元。从教育经费支出用途来看,一半以上用于义务教育,为推进有中国特色的义务教育供给侧改革提供了强大的资源支持。随着经济社会的不断发展,教育管理体制的优化升级也为义务教育供给的有效调整提供了强有力的支持。1985 年基础教育开始实行分权改革后,逐步形成了"县办高中、乡办初中、村办小学"的分级办学体制以及"县乡两级、以乡为主"的分级管理体制。2001 年至2003 年间,相关政策的陆续出台,明确了县级政府在义务教育供给上的责任。《国家中长期教育改革和发展规划纲要(2010—2020 年)》明确提出要"加强省级政府教育统筹",逐步形成了"省级统筹、以县为主"的管理体制并一直延续到今天。从这一层面来看,义务教育供给侧改革并不是在独立空间内进行的,而是根植于复杂的经济社会发展以及制度环境变革之中的。

二、义务教育供给的困境与原因分析

(一)义务教育供给的困境

1. 供给侧发力的意识和实践能力不尽如人意

教育的供求矛盾贯穿于教育发展的始终,恩格斯曾提出:"需求和供给始终力图互相适应,也正因如此,从未有过真正的互相适应,双方又重新脱节并转化为尖锐的对立,是一种达不到目的的永恒波动。"[1]因此,供求的矛盾是常态。教育领域同样如此,通过不断化解义务教育的供求矛盾来促进义务教育的发展是一条亘古不变的道路。近年来,为进一步推进义务教育供给侧改革,国家出台了很多政策支持,但依然存在供给侧发力的意识和实践能力不尽如人意。

我国义务教育长期处于资源约束状态,造成了总需求大于总供给的局面,往往导致教育机会供给不足,教育质量无法满足需求。在这一现实困境下,是抑制教育需求还是扩大教育供给成为义务教育发展的两个选项。在我国,教育资源的短缺促使国家和地方政府更倾向于通过以供限需的方式来寻求义务教

---

① 马克思恩格斯文集:第 1 卷[M].北京:人民出版社,2009:74.

育供给的平衡。在早些时候,针对流动儿童教育问题的解决,就出现过以城市教育资源不足为由限制流动儿童在父母务工地区接受义务教育的现象。现如今,推行"公民同招"和"电脑摇号"的招生办法也一定程度上体现出了对教育需求的抑制。作为新时期的纲领性文件,《关于深化教育教学改革全面提高义务教育质量的意见》提出,为全面提高我国义务教育质量,要推进义务教育学校免试就近入学全覆盖,民办义务教育学校与公办学校同步招生,对于超过招生计划的人数,实行电脑随机录取。这一措施的实行在 2019 年的夏天引发了强烈的反响和巨大的关注。从策略自身来看,"公民同招"和"电脑摇号"的招生办法可以有效抑制民办学校的"择校热",而且民办学校面试招生的办法也违背了义务教育免试入学的原则,体现了制度善意。但从实际情况来看,《关于深化教育教学改革全面提高义务教育质量的意见》的实施引发了部分家长的焦虑,这种纯粹依靠运气的入学方式让很多家长无所适从。正如有家长所说:"如果是统一招生考试,我们可以督促孩子学习。如果是面试入学,我们也可以参与争取。但是电脑摇号派位,我们连怎么努力都不知道。"在推行"公民同招"和"电脑摇号"招生的同时,我们必须同样注重这一部分家长的意见。总的来看,如果仅仅是通过采取一些措施来抑制家长和学生的需求,而没有从根本上缩小学校间的办学差距,努力提高义务教育的整体质量,就无法从源头化解义务教育供给的现有困境。导致民办学校"择校热"的根本原因并不在于民办学校本身,而在于公办学校办学质量的不均衡以及依据单一分数标准评价选拔学生的升学模式。

2. 供需错配格局下的教育产品难以满足需求

随着义务教育改革的不断推进,教育服务体系日益健全,但仍然不能有效满足民众对高质量、多样化义务教育的需求,体现出了供需错配格局下义务教育发展的困境。通常民众对义务教育供给产品和服务的满足体现在三个方面:一是市场所供给的产品是民众真实需要的;二是市场所供给的产品数量要等于或大于民众的现实需要;三是民众对所需要的产品有相应的购买力。只有同时满足这三方面的条件,民众对更高质量义务教育的需求才能得到满足。从义务教育供给的现状来看,义务教育供给的部分产品并不符合民众的切实需要,这种由供给结构失衡所引发的供需错配一直存在于义务教育发展的实践中。

近年来,义务教育阶段"择校热"现象高温不降,最典型的例子就是高价学区房在全国各地渐次出现。在全面普及九年义务教育之后,民众对教育的供给显然提出了更高的要求,但随之也产生了一系列问题,究其根本就在于义务教育的供需错配。就现实而言,政府通常采取就近入学的方式来限制家长跨学区择校行为。在就近入学政策的驱使下,家长会采用购买"学区房"的方式变相择校,由于"学区房"数量有限,价格飙升不可避免,进一步加剧了弱势群体入学的不平等。这种思维方式是典型的治理需求,"天价学区房"正是在这种治理方式下产生并愈演愈烈的,义务教育的供需错配也被进一步凸显。此外,《世界日报》等数据显示,近年来我国民众的高端教育需求外溢严重,消费外流的趋势不断上涨,"低龄留学"已经从中产阶级家庭转向寻常百姓的家中,对义务教育发展产生强烈冲击。2019—2020 年度,中国仍然是最大的留学生来源国,有接近100 余万学生在境外高等教育机构就读。根据《2022 中国留学白皮书》中的调研数据显示,在中小学阶段有意向送孩子出国的家庭占比超七成。由此可见,现如今我国出国留学人数庞大且呈现持续增长的趋势,自费留学人数占比最大,"低龄留学"已经成为义务教育阶段家长希望孩子能够摆脱应试教育的新选择。这些问题和困境的出现,无不体现出义务教育供给过程中因供需错配而导致的民众对现行教育产品和服务的不满。"择校热"和"低龄留学"等现象的愈演愈烈,不利于儿童身心的健康成长以及正确价值观的养成。因此,当前义务教育供给侧改革的重要任务就是要解决教育的供需错配,引导教育消费的回流。

3. 坚持公平导向下的教育有效供给不足

有效供给理论是发展经济学中的一个领域,其在资源有限的前提下,研究如何实现资源的最优配置,而教育供给则需要处理如何应对多样化的教育需求以及如何提高现有教育资源的使用效率。新中国成立以后,义务教育不断得到重视,其发展也取得了一定的成果。现阶段,我国已经实现了义务教育的全面普及,从数量上看已经基本充足,但供给质量和资源利用效率不高的问题依然严峻。

一方面,坚持公平导向下的义务教育供给质量有待提高。供给质量是供给主体发挥其教育资源禀赋及其配置功能后,其生产绩效优良程度和资源利用效率的直接体现。供给质量的好坏直接影响着义务教育供给的发展进程,其目的是促进学生的全面发展。其中,教师综合素质的程度直接影响学生全面发展的实现。从近几年义务教育供给的实际情况来看,义务教育阶段结构性经费短缺,教师队伍培训内容缺乏针对性,语数外和音体美等学科资源分布不均,难以实现学生的全面发展。据调查,部分学校校长提出,学校聘用的代课教师工资、寄宿制生活教师工资、优秀教师资金奖励、学校的安保资金等都没有固定的来源,大多是从绩效工资中安排,但教师的绩效工资又是从个人工资的30%提取重新分配,体现出义务教育阶段结构性经费和人员经费的短缺,导致教师待遇较低的现状无法得到有效缓解,一定程度上会影响教师工作积极性。[①] 同时,还存在教师培训的内容与现实需求脱节的现象,缺乏一定的针对性,培训的现实意义和有效性被削减,难以实现教师综合能力的有效提升,进而影响教育教学质量的提升。此外,有统计数据显示,义务教育阶段语数外等科目的教育资源配备情况要远好于音体美等学科,这与我国促进义务教育阶段学生全面健康发展的美好意愿相背离,很大程度上影响了义务教育质量的提升。义务教育有效供给不足的最直接体现就是教育供给的质量,因此在坚持教育公平的原则下促进义务教育供给质量的提高迫切而艰巨。

另一方面,坚持公平导向下的义务教育供给效率有待提高。任何教育活动的开展,都必定会消耗一定的资源,也就存在资源的节约和浪费问题。我国是一个发展中国家,教育资源稀缺现象会在未来很长一段时间里一直存在。我国的现实国情就要求义务教育在供给的过程中更加注重资源的利用效率,减少资源浪费和无效供给。就现实而言,我国义务教育供给仍然存在资源浪费的现象,供给效率仍需进一步提高。有研究结果显示,我国只有不到一半省份的基础教育资源实现了优化配置,东部、中部和西部地区均存在基础教育财政资源浪费的现象。[②] 此外,从现有资源的利用效率来看,存在着明显的校际差异。在人口相对集中地区的重点学校,实际供给规模大多会超过最大供给规模,而人口相对分散的非重点学校在校生数量则严重不足。近年来,随着帮扶倾斜政策的不断推进,农村地区学校建设焕然一新,办学条件得到了极大改善,但基于对更高质量教育的追求,部分学校的学生数量远远达不到正常标准,造成了不同程度资源的浪费。可见,校际办学质量和水平的差距直接影响了教育资源的利用效率,其结果只能是强校更强、弱校更弱,教育教学质量和效率的差距越拉越大。

---

① 中国中国基础教育质量监测协同创新中心"教育供给侧研究"课题组. 义务教育阶段教育供给的主要矛盾和问题[J]. 教育经济评论,2017,2(4):21-35.

② 贾婷月. 公共基础教育配置效率:资源优化还是资源浪费[J]. 上海财经大学学报,2017(1):49-60.

4. 实际供给能力的差异化供给有待提高

现阶段,我国义务教育的供给格局是以政府供给为主,市场供给份额有限。随着我国经济社会发展进入新常态以及社会转型所带来的影响,以政府供给为主的义务教育供给结构表现出了一定的不适应性,区域间供给投入的差异以及师资供给差异等现象严重影响了义务教育供给质量的提高。

就区域间供给结构而言,由于地区间自然条件和经济发展水平的差异,加之义务教育供给投入的非均衡,导致义务教育供给表现出了明显的地区差异。从普通小学生均一般公共预算教育经费支出来看,2020 年和 2021 年全国普通小学生均一般公共预算教育经费分别为 12330.58 元和 12380.73 元,最高为北京市的 35411.73 元和 35473.59 元,最低为河南省的 7665.53 元和 7099.14 元,两省 2020 年和 2021 年全国普通小学生均一般公共预算教育经费的极差分别为 27746.2 元和 28374.45 元。由此可见,普通小学生均一般公共预算教育经费支出的极差呈不断扩大的趋势,经费最少的省份较经费最高的省份相差较大,且远低于全国平均值,教育经费两极分化问题日趋严重。由此可见,虽然城乡义务教育办学条件差距在逐渐缩小,但区域间投入差距依旧明显。此外,随着经济社会的不断发展,公立教育和私立教育之间的教学质量差异凸显了,形成了畸形的择校竞争。教育集团化办学中出现的营利性教育集团对非营利民办学校的控制以及公办学校品牌输出等一定程度上也制约着义务教育的均衡发展,对教育公平的追求还有很长的路要走。

就师资供给差异而言,城乡存在一定的差距。据统计,2021 年普通小学阶段专任教师数城区和乡村分别为 2488913 人和 1697712 人。2020 年调查显示,29 岁以下年轻教师占整个教师队伍的比例,乡村为 22.2%,高出城区 6.1 个百分点,但是乡村教师老龄化问题依然严峻,55 岁以上教师占比为 8.8%,高出城区 5.5 个百分点。从师资力量分配来看,2021 年普通小学师生比为 1∶14.44,全国乡村小学平均师班比只有 1.88∶1,乡村小学专任教师配置明显不足。

5. 供给主体间的权责错位现象依然存在

义务教育的公共品性质决定了政府供给义务教育的责任,以往政府对义务教育的"单中心"供给保证了义务教育的正外部性,但也存在一定的价值矛盾,即政府在履行供给义务教育的职责与供给能力上的不平衡。当前,我国义务教育供给主体的事权与支出责任随着财政体制的变革而不断发生改变。中央供给义务教育集权化路径的结束、政府供给义务教育事权和支出责任的不断下放以及规范化政府分权模式的开创使得我国义务教育供给侧改革取得了一定的积极成果,但在这一过程中也不可避免地暴露出了一些问题,事权与支出责任界定不明晰、事权与支出责任划分财力不匹配以及转移支付制度不完善等一定程度上阻碍了供给侧改革的继续推进。因此,如何进一步明确供给主体间的事权与支出责任成为下一步改革的关键。

首先,义务教育供给主体间事权与支出责任界定不明晰。我国现有法律对义务教育财政收入分配有明确的界定,对义务教育事权与支出责任进行了原则性的规定,但并没有将支出责任细化到具体的层级政府,缺乏具体法律条文的规范,容易产生供给主体间的支出责任推脱。此外,各级政府间在对义务教育供给的责任划分中存在职责交叉重叠的现象,导致供给效率不高,上一级政府通常会将供给责任逐步下放至基层政府,导致地方政府财政压力激增,无法保证自身供给责任的履行。虽然中央政府通过财政转移等方式加大对地方政府的补助,但仍然无法有效解决基层财政不足的现实困境,进而导致供给无法满足民众的现实需求,也会进一步加剧供给主体间的权责错位。

其次,义务教育供给主体间事权与支出责任划分财力不匹配。通过对1992年至2018年间中央与地方财政收入与支出情况的数据分析可以看出,1992年我国地方财政收入占总收入的比重为71.88%,地方财政支出占总收入的比重为68.72%,地方财政收支差距不大。1994年分税制改革以后,这一数据发生了一定的变化。这一年地方财政收入占总收入的比重下降为44.30%,地方财政支出占总收入的比重上升为69.71%,地方财政收支差距较大,地方政府的支出明显高于收入,地方政府巨大的财政压力必然会导致其供给能力的下降。2018年地方财政收入占总收入的比重逐渐上升至53.40%,相对应的地方财政支出占总收入的比重也上升至85.20%,但从总量上来看,地方政府支出的188196.32亿元也远远高于其收入的97903.38亿元,体现出了地方政府严重的事权与财权的不匹配。① 义务教育供给支出责任不断下移,其供给实际上是由县级和市级政府承担,形成了上级政府负责分配、基层政府承担责任的不合理分配格局。

最后,义务教育供给主体间转移支付制度不完善。义务教育供给的转移支付是针对中央政府对义务教育供给不到位而采取的补助措施,但从实际情况来

---

① 国家统计局.中国统计年鉴:2019[M].北京:中国统计出版社,2019:209.

看,一般性转移支付占多数,义务教育专项转移支付的数额较少,难以切实缓解基层政府供给义务教育的财政压力。此外,义务教育的转移支付体制缺少对经济落后地区的帮扶倾斜,导致转移支付的资金与地方实际需要产生偏差。例如,经济发展落后的地区财力薄弱,但与其他地区接受同等的转移支付金额。这类地区供给不能满足需求的境况依然无法得到实质性的改变,地方政府供给义务教育的财政缺口依旧不能通过财政转移得到有效补充。

6. 学校实践能力的特色化内在驱动乏力

在义务教育资源配置实现初步均衡之后,学校改革的重点需由外向内,真正将关注的焦点由政府外部的教育资源直接供给转向学校内部教育资源的主动生产和学生核心素养的全面提升,在现有资源的引领下,着重在"人"和"质"上下功夫,通过学校自主发展的转变,促进义务教育质量的全面提升。但现阶段学校供给多注重政府的外在推动而忽略学校的自我内在驱动,注重规模效应而忽略自身发展规律,注重同质发展而忽略特色化办学,进而导致学校自主供给能力的缺乏无法满足学生健康个性发展的要求。

首先,义务教育学校供给的管理体制有待进一步优化。新中国成立至改革开放初期,受计划经济体制的影响,学校供给大多附属在政府供给之下,一味注重政府的帮扶政策以及外在力量的拉动,容易滋生供给对象的依赖心理,诱发学校自主发展的惰性。长此以往,忽略学校主体作用的发挥和自我发展能力的提高,必然会导致事与愿违的结果。此外,校长和教师作为学校教育供给的主体,是体现一所学校办学水平的主要力量,其领导魄力和教学水平的发挥决定着一所学校的办学能力,更直接影响着学生个性而全面发展目标的实现,学校自主供给能力提升的关键一点就在于校长和教师整体素质的提升。在现实生活中,一些经济落后地区的学校,由于地理位置和信息交流渠道的局限,加之部分领导者自身素质的欠缺,导致其对学校的发展理念、管理方式和整体规划等都存在漏洞和缺陷,未能真正承担起学校运行体系的建构者、提供者和执行者的责任。同时,由于部分地区基础设施简陋、办学条件差、教师引入机制不完善,导致师资队伍薄弱,教育教学理念更新不及时,学校的培养模式越来越缺乏主动性和创造性,进而不能很好地满足学生多样化的教育需求,陷入了供给决心强大而实际却力不从心的现实困境。

其次,义务教育学校供给缺乏对自身发展规律的探索。20世纪末,针对薄弱学校办学条件差的现实问题,学校布局调整被提上日程。其初衷在于方便学生就近入学,改善薄弱学校办学模式,实现学校布局合理、结构优化、经费充足的目标。但由于政策自身的模糊性和非强制性,加之政策执行的简单化和断章取义,出现了不顾现实的盲目"撤点并校",结果不仅学校办学条件差的问题没有解决,而且部分地区学校和教学点数量急剧减少,出现了学生"上学难"的问题。据统计,2000 年至 2010 年的十年间,我国农村小学减少 22.94 万所,减少了 52.1%,教学点减少 11.1 万个,减少了 6%,平均每一天就有 63 所农村小学和 30 个教学点消失。① "撤点并校"的实施增加了家校间的距离,间接增加了学生接受教育的成本,损害了学生的受教育权利。很多偏远地区学生上学困难加大,上学路途变远,不得不起早摸黑,将大量时间花费在路上,校车使用数量的增加也存在很多安全隐患,最终导致学生和家庭的受教育积极性受到影响,出现求学危机和辍学率反弹等现象。此外,在对优质教育资源需求的驱使下,片面追求规模办学和集团化办学也使学校管理出现了一系列的问题,最突出的一点就是降低了学生的参与度。学校和班级规模的不断扩大,会减少教师对学生的关注度,忽视学生身心健康的发展,降低学生对学校的归属感。

最后,义务教育阶段学校缺少特色供给。义务教育学校供给并不是对所有学校同一标准和同一要求,而是提倡不同学校根据自身发展情况,走多样化的特色发展道路,实现办学水平的提升。但在此过程中,由于价值取向的偏差,极易导致学校的同质发展。一方面,注重学校的标准化建设,就容易忽略不同学校的实际情况,抹杀学校的特色。就现实而言,学校的标准化建设无论多么科学全面,毕竟只是一个引领规范学校发展的一般性框架,但每一个学校是千差万别的,其发展方式是多维的,不存在统一的绝对的标准。标准化的建设过程,难以实现教师和学生等主体诉求的表达,必然不利于学校长久的发展,同质化的管理也必然会导致学校本土文化的流失,难以实现学生个性化全面的发展。另一方面,过分强调督导评估的共性,也会导致忽视学校的个体差异。中央和各级地方政府都高度重视对义务教育供给的督导评估,并建立了相应的指标体系,但这些指标体系都不约而同地指向了学校的办学条件、学生的分数、师资力量以及学校的硬件设施,都未曾涉及地方学校的办学差异和特色化供给,用这种以共性为基础所形成的体系标准来评价个体差异不同的学校,一定程度上背离了义务教育学校供给的内在逻辑。

---

① 张灵.中国农村学校每天消失 63 所[N].京华时报,2012-11-18(4).

（二）义务教育供给困境的原因剖析

1. 高中心逻辑下的教育价值失衡

义务教育供给差序格局的形成是历史积淀的结果，遵循着复杂的历史逻辑，其供给理念的转变影响着义务教育供给制度的生成。新中国成立初期，经历多年战乱的中国财力匮乏，教育事业百废待兴，为了更好地落实穷国办教育，以工具价值为主导的效率优先成为指导教育发展的理念，形成了"高中心"的教育发展逻辑、"低重心"的管理体制、"精英化"的政策取向以及"城乡失公"的非均衡供给模式。

新中国成立至改革开放初期，财政赤字严重，在国家财力严重匮乏以及中央财政教育经费投入捉襟见肘的现实背景下，中央政府逐渐向地方政府分派供给责任以此减轻自身供给压力。此后，为尽快推进经济改革，弥补历史欠账，1979 年中央政府采取了扩大就业、调整工资、减免税收等一系列措施，无形中增加了地方政府的财政压力，导致地方政府也无力承担过多财政供给。此外，面对人才断档的现实困境，在以经济建设为中心的"梯度发展"战略的指引下，义务教育国家财政投入开始遵循"人民教育人民办"的供给原则，根据"分级管理、分灶吃饭"的要求，将义务教育的供给责任最大限度地下放至地方，地方政府通过征收教育附加费、学杂费等将发展义务教育的责任转嫁给群众个体，极大地加重了学生家庭的经济负担，形成了"低重心"的义务教育管理体制，打破了原有的制度均衡。

为了更好地适应社会对人才的迫切需求，我国开始将投入的重点转向对经济发展产生直接影响的高等教育，这种"高中心"的教育发展逻辑导致了义务教育供给经费的短缺，加剧了义务教育供给压力。义务教育供给结构的失衡很大程度上还取决于"精英化"的政策取向，其核心体现便是重点校政策的实施。早在新中国成立初期，就提倡办重点学校，到改革开放以后，又多次强调重点中小学的建设，后又出台一系列方案措施巩固重点校的发展。20 世纪 90 年代以后，又涌现出了同一办学思路的示范校，成为精英教育政策的另一种表达，在违背教育公平理念的原则下，加剧了供给结构的非均衡。

义务教育供给不管是在办学条件、师资配备还是财政投入方面，都体现出了明显的"城市中心"的价值取向。长期以来，在城乡二元体制的深刻影响下，"重城轻乡"的政策偏差已经体现在方方面面。例如在师资资源配备上，优先考虑满足城市需求,且城市小学编制较多,城乡实施不同的师资配备标准,导致农村缺乏吸引优秀教师的能力,甚至出现农村优秀教师单向的"趋城性流动",进一步加剧了城乡义务教育办学质量的差距。

2. 现代化寻求中的阶层分化与差异

我国是一个拥有五千年历史文明的国家,也是一个受封建专制统治两千年的国家,浓厚的社会等级观念根深蒂固,影响至今。从历史的角度来看,教育始终是为统治阶级服务的工具,"学而优则仕"是受教育者的最高追求,教育供给方式和内容的选择也是围绕培养"士"的需求而设置的。因此,学校阶层的分化以及社会阶层的差异必然导致义务教育供给陷入进退两难的境地。马克思曾指出:"在过去的各个历史时代,我们几乎随处可见社会被完全划分为不同等级,以及由各种社会地位构成的多级阶梯。"①

在现代化进程不断推进的过程中,在等级观念的影响下,人们打着充分利用有限资源扩充优质学校数量、提高教育质量的旗号,将学校人为地划分为三六九等,重点校、重点班应运而生。教育的供给围绕培养少数重点人才进行,筛选分层成为义务教育供给的主要功能,应试教育成为学校供给的主要形式。受传统观念的影响,大多数人仍然认为读书是孩子的唯一出路,加之义务教育基础性的特殊地位,家长都不愿子女输在起跑线上,都希望子女通过接受更优质的教育提高自我生存和社会竞争力,择校之风愈演愈烈,教育的生态秩序被严重破坏。

现代化进程的不断推进,加之社会主义市场经济体制的建立,打破了传统的工人和农民阶级,人们根据社会资本运作下的权力、经济、文化等差异变量自动划分新的社会结构分层,效率优先的供给理念驱使社会阶层差异逐步拉大,不同学历、不同职业人群社会地位和收入差距明显。大量数据表明,来自不同社会阶层的子女接受义务教育的机会不同,教育质量也存在差异。家庭环境、父母的受教育水平以及为子女提供的学习条件差异,一定程度上导致了来自不同阶层家庭的学生学习成绩上的巨大差异。同时,社会较低层次家庭父母对义务教育价值认识的偏颇也加剧了义务教育在供给过程中教育机会的分化。简言之,现代化进程中的阶层分化与差异加剧了教育机会的不均等,也成了义务教育供给非均衡发展的重要社会因素。

---

① 马克思恩格斯选集:第1卷[M].北京:人民出版社,1995:466.

3. 政府与市场供给失灵的利益逻辑

在古典经济学的视域中,公共服务的市场供给存在很大的缺陷,在教育领域,我们将其归结为市场失灵。市场失灵主要是由于市场机制的不健全而无法实现教育资源供给的最优配置,不能遵循最优化原则提高公共产品和服务。义务教育供给的非竞争性和非排他性所产生的"搭便车"现象就是市场失灵产生的根源。萨缪尔森曾提出:"每个人对该产品的消费不影响其他人的使用,但是也不能将任何一个享受者排除在外,或者排除成本太高,以至于我们无法支付。"①基于义务教育供给的特殊性质,市场供给所应遵循的"谁使用谁付费"的原则无法执行,使用而不付费的行为必然违背市场法则,导致市场失灵。此外,与政府供给不同,市场供给最显著的弊端就在于利益先行,缺乏宏观统筹。在这一理念的驱使下,市场供给义务教育会出现忽视公共利益的情况,极易产生供给义务教育的质量参差不齐,影响办人民满意的义务教育目标的实现。

新政治经济学的公共选择理论认为,由于市场失灵的存在,政府干预经济成为一种必然选择。但是,政府在一定程度上能够弥补市场缺陷的同时,其自身并不是万能的,利益的权衡与博弈会直接或间接地导致政府失灵。政府对经济社会的干预不同于市场,其公共服务的对象是集体。在供给这一复杂的过程中,存在很多制约因素,使得政府合理的公共政策难以发挥其最大效用,进而产生决策的失误。在实际生活中,很难产生所谓的公共利益。布坎南曾提出,在公共决策中并不存在根据公共利益进行选择的过程,只存在各种特殊利益之间的"缔约"过程。② "经济人"的假设提出,促使经济社会中所有成员进行一切活动的逻辑是对个人利益最大化的追求。将这一假设引入义务教育供给会发现,不同供给主体之间为满足自身生存和发展的需要,使自己的能力得到充分的展现,不可避免地会追求各种利益。在利益动机的驱动下,政府会追逐更多有利于自身的权力而非责任,在自我约束和外部制约开始软化之时,极易产生置社会公益于不顾的政府失灵现象。

4. 经济逻辑辐射下的学校教育逻辑误区

经济发展是决定教育供给的重要因素,基于经济发展水平有待进一步提高

---

① 萨缪尔森. 萨缪尔森辞典[M]. 陈迅,白远良,译释. 北京:京华出版社,2001:20.

② BUCHANAN J M. A contractarian paradigm for applying economic theory[J]. American economics review,1975(5):225-230.

以及社会资源有待进一步增加等社会背景,优化资源配置、提高资源利用效率成为社会发展追求的目标,也成为教育改革不容忽视的内容,从而推动了经济发展逻辑对教育改革的影响。就义务教育学校供给而言,主要表现为偏重规模经济的学校布局调整以及受经济杠杆驱使的师资配置。

一方面,学校布局调整过于偏重规模经济。义务教育资源配置不合理、教育经费使用效率低、农村学校布局分散等问题迫使义务教育的发展进入停滞状态,基于此,我国开始了新一轮的学校布局调整。在实施"以县为主"的投入管理体制以后,经济落后地区学校资金缺乏问题愈加突出。为解决财政投入不足,提高规模效益,很多地区开始了"撤点并校"。由此可见,农村小学布局调整的根本动力在于对效益的追求,加之经济思维的驱使,导致农村学校布局调整的重点放在了扩大办学规模和教育经费使用效率上,而忽略了方便学生就近入学这一最基本的原则。最终的结果呈现学校数量不断减少,班级规模不断扩大,学生求学成本不断增加,家校交流日渐减少,安全隐患随处可见。从经济学的视角来看,效益是通过更少的劳动消耗换取更多的劳动成果,规模经济效益是指适度的规模所产生的最佳效益。教育活动中也存在很多经济行为,教育资源的利用效率以及规模经济效益也是教育发展过程中需要认真考虑的因素,但学校作为培养人的主要场所,以最少的成本追求最大化的利益是不合理的。教育的供给不同于经济活动,义务教育自身的规律和价值决定其基本功能在于促进个体的生存与发展,过分追求规模效益,一味降低教育生均成本,会逐渐忽略对教育本体的关注,不利于学生全面发展的培养。

另一方面,受经济杠杆驱使的师资配置。教师是教育供给过程中最重要的教育资源,我国大多通过完善教师流通制度、改善师资分配机制以及提高教师待遇等措施来实现师资的均衡配置。但无论采取何种措施,其贯穿的主线多为经济杠杆,人们更希望借助经济的手段来实现义务教育师资的均衡配置。在哲学和社会学的概念里,现实中的人既具有自然性,又具有社会性。诚然,作为自然人的教师,争取经济利益的最大化是其满足自我生存的需要,给予教师一定的经济利益补偿也无可厚非。但作为社会人的教师,承担着教书育人的社会使命,需要实现自我的社会价值。因此,如果教师在教学活动中责任感不足,综合素养不高,即使有再高的经济待遇,其能带来的积极成果也会微乎其微。可见,政府对学校供给的调整大多参照经济发展模式,而忽略了义务教育相对于经济的独特性,致使义务教育学校供给的发展陷入经济逻辑影响下的误区。

三、义务教育供给侧改革的重点思路

（一）完善政府责任下的义务教育供给生态体系

义务教育的公共品性质决定了政府供给义务教育的责任，随着民众对义务教育无限需求的增加，使得义务教育多元治理成为可能，与此同时也会存在一些隐患。因此，就需要完善政府责任下的义务教育供给生态体系，规范政府购买服务，在良性市场竞争机制引领下，激发多元供给主体办学活力，扭转政府垄断义务教育供给的局面。

一方面，要完善政府的整体性，提高公共服务的整体性供给水平。要深化义务教育供给体系的机构整合与协同机制的建设，其关键是基于现有政府供给体制下，实现对各级政府间和政府内部不同机构部门间的整合与协调，以达到对政府合理"瘦身"的效果。要针对民众的现实需求，对供给服务所涉及的机构进行"合并同类项"的调整，减少重复交叉的部分，完善机构内部的协同机制，促使公共服务体系的跨部门协作，降低不同机构部门间的分散程度，集中力量解决主要问题。此外，要创新义务教育供给的衔接机制，打破政府垄断供给的壁垒，完成供给模式"自下而上"的转变，让需求主体可以自行决定自身的需求，强化政府供给对需求变化的灵活适应性，进而减少无效供给并扩大有效供给，形成高质量、有效益、可持续的义务教育供给体系。

另一方面，要引导非政府主体的参与，克服政府失灵。化解单一供给主体失灵的最有效方法就是基于合作供给的逻辑，在多元主体间建构一种良好的伙伴关系。这就需要重点厘清义务教育供给中政府与市场的关系，积极引入社会力量。结合新公共管理理论反思我国公共服务改革，我国正处于经济社会转型时期，市场经济的发展对政府职能的转变提出新的要求，要妥善处理好政府与市场、社会和个人的关系，形成新的社会管理模式。使政府从供给者逐步向购买者和管理者转变，为义务教育供给侧改革提供导向和准则，为其他供给主体营造一个良好的竞争环境，充分发挥政府的引领催化作用，弘扬社会所蕴含的价值，强化社会对于政府和市场供给的监督以及对其失灵的弥补作用。

上海浦东采取了政府主导型复合供给的义务教育供给方式，结合自身基础教育规模较大的实际情况,从 2005 年起实行委托管理和政府购买服务模式。2007 年起这一模式开始在全上海推广,实现了优质教育资源的跨区域流动。2017 年,上海市教委在此基础上又提出了"精准委托管理"模式,并一直推广沿用至今。上海市的成功在于合理界定了政府、市场、社会、学校以及公民个人之间的责任边界,在发挥政府主导供给的同时,适切地引入市场、社会和民众参与机制,通过城乡二元并购、政府委托管理"管办评"联动机制、家校协商合作等形式,极大地提高了义务教育供给能力,形成多元供给框架,满足民众多样化的需求。① 简言之,要在政府的宏观引领下,建立以公益为旨归的市场运作机制,府际间根据实际情况统筹规划实施,协调与各方的关系,整合规避职能交叉的事项,遵循一件事情由一个部门负责的原则,将各项职责落实到具体部门,消除隐性壁垒,促进各供给主体的深度融合。在尊重个体差异和特色发展的基础上,追求义务教育整体层面卓越的供给品质,达成政府与社会之间的良好互动,促使更多社会以及市场力量愿意并能够参与义务教育供给体系。

(二)提升公共服务均等化取向下的实际供给能力

义务教育供给能力提升的关键就是优化教育资源配置,减少无效和低端供给,切实从满足需求的角度出发扩大优质教育资源的有效供给,其实际供给能力的强弱一定程度上决定了义务教育的投入体量和效益,从而影响我国义务教育发展的速度、规模与质量。

一方面,要重点攻克薄弱环节,加强精准扶持力度。义务教育是一项复杂的惠民工程,其均衡发展涉及教育系统的多个维度。为此,要合理调整布局,加大力度攻克西部地区未达标县这块"硬骨头",关注进城务工人员随迁子女和留守儿童等弱势群体平等接受义务教育问题,提高供给的精准性,有针对性地采取措施补齐短板,加大对经济落后地区学校的资源投入,创新办学管理联动机制,促使优质学校带动薄弱学校发展,缩小校际差距。安徽省坚持"两为主""三

① 上海市浦东新区社会发展局. 中国教育改革前沿报告:浦东新区教育公共治理结构与服务体系研究[M].上海:上海教育出版社,2009:36-310.

一样"的进城务工人员随迁子女就学原则,使其入学率逐年提高。① 四川省成都市金堂县就关爱留守儿童开展了系列活动,通过建立动态管理机制,配备儿童心理健康教育教师,建立亲情连线和视频电话,举办"爱的团聚夏令营",让留守儿童能够感受到父母的关爱和家庭的温暖。②

另一方面,要逐步加大义务教育经费投入,完善经费保障长效机制。随着经济社会的不断发展,全国教育经费要在占 GDP 4% 的基础上继续增加,强化义务教育财政供给主体责任,明确不同类型转移支付的目标定位。在义务教育供给由各级政府共同承担的前提下,适度上移其支出责任重心,减少县级政府对义务教育供给的筹资责任,将部分责任上移至省级和中央政府,促使省级政府充分展现其财力优势,在供给义务教育过程中发挥更大的作用,减轻基层政府供给义务教育的压力。湖南省长沙市坚持义务教育高位均衡发展目标,逐年加大教育经费投入,从 2016 年起,按照市直学校教师待遇标准,规范并提高城区教师待遇,对农村学校教师给予相应补贴。③ 强化各级政府对义务教育投入的监察力度,最大限度避免教育经费挪用挤占现象的发生。灵活调整教育经费供给机制,强化教育经费投入主体和经费来源的多元化和立体化,根据帕累托改进的原则解决义务教育供给的短板,提高经费使用效率。以学校标准化建设为抓手,全面改善义务教育阶段学校办学条件,加快城乡一体化发展,努力满足所有适龄儿童在同等环境中接受高质量的义务教育。

(三)实现学生个性全面发展目标下的学校特色供给

学校作为教育活动的基本场域,其改革的程度直接影响教育的发展。如果说义务教育实现均衡发展的保障主体是政府,那么其实施主体就是学校。政府应适时加强义务教育特色发展的政府担当,为其特色发展提供政策和专业支

---

① 国家教育督导检查组对安徽省义务教育均衡发展督导检查反馈意见[EB/OL].
(2017 - 09 - 22)[2019 - 07 - 10]. http://www. moe. gov. cn/s78/A11/s8393/s7657/201710/
t20171030_317854. html.
② "四在"学校 幸福校园:盘县着力打造学生成长乐园[EB/OL]. (2015 - 05 - 18)
[2019 - 07 - 10]. http://www. chinaguizhou. gov. cn/system/2015/05/18/014306341. shtml.
③ 湖南省长沙市教育局. 以一体化策略推进区域城乡义务教育均衡协调发展[EB/
OL]. (2017 - 01 - 17)[2019 - 09 - 14]http://www. moe. gov. cn/jyb_xwfb/xw_zt/moe_357/jyzt
_2016nztzl/ztzl_xyncs/ztzl_xy_dxjy/201701/t20170117_295065. html.

持。针对不同地区学校办学条件的差异,推进资源精准化供给,实现优势互补。

一方面,在资源配置基本均衡的情况下,学校应该探索自身的优势特点,谋求自主特色发展之路。尽管政府对学校的资金投入极大地影响着学校的发展,但这也仅仅是外部条件的建设。要想使外部的投入发挥最大的效用,就必须有效整合优化其与学校内部资源配置的关系,充分激发学校各活动主体的主动性和创造性,发挥学校特色的战略功能和育人功能,将"以学生为本"的思想落到实处。各项措施的制定要符合学生成长的规律,不断提升学生的实际获得感,走向义务教育"群众路线"的最终落脚点。江苏省泰州市积极探索"内涵为重"的义务教育发展模式,实施"名校 +"的办学形式,搭建"互联网 + 教育"的"泰微课"学习平台,实现了城乡间的资源共享,很大程度上提高了义务教育供给质量。① 广西壮族自治区武宣县坚持"覆盖贫困地区、聚焦薄弱学校"的原则,统筹解决全县义务教育学校布局规划,遵循向农村薄弱学校倾斜的原则,开辟绿色通道,确保满足农村小学基本办学需要,取得了显著成果。②

另一方面,要加强教师队伍建设,促进教师精准化教学。进一步改进师范教育、提高教师素质、改善教师待遇、奖励模范教师、优化师资结构、不断提升教师职业吸引力、创新教师管理体制,调动教师的工作积极性,形成一支品质高尚、教技精湛、活力满满的义务教育师资队伍。在此基础上,树立多元发展观,实施多元评价,鼓励学校特色发展。贵州省高度重视教师队伍建设,始终将其摆在突出位置,以坚持党的领导、突出改革创新、强化师德要求、坚持问题导向、落实保障措施为基本原则,通过健全教师培训体系、优化教师结构、完善教师管理体制等措施,建立了一支适应本地区未来发展需要的高素质且具有创新精神的教师队伍。③ 此外,以应试教育为主的评价体系严重抑制了学生创造性的发展,也阻碍了学校的特色化发展和整体水平的提高。因此,要构建科学多元的

① 朱德全,李鹏,宋乃庆.中国义务教育均衡发展报告:基于《教育规划纲要》第三方评估的证据[J].华东师范大学学报(教育科学版),2017(1):63 – 77,121.

② 广西来宾武宣县"四个强化"扎实推进"全面改薄"工作[EB/OL].(2016 – 02 – 06)[2019 – 12 – 13]. http://www. moe. gov. cn/jyb _ xwfb/s6192/s222/moe _ 1752/201602/t20160206_229540. html.

③ 中共贵州省委 贵州省人民政府关于全面深化新时代教师队伍建设改革的实施意见[EB/OL].(2018 – 12 – 12)[2019 – 07 – 10]. http://www. moe. gov. cn/jyb_xwfb/xw_zt/moe_357/jyzt_2018n/2018_zt03/zt1803_ls/201901/t20190107_366285. html.

评价机制,形成促进学生多元发展的评价方式,鼓励校长教师的大胆探索,最终形成特色化的办学风格。在此基础上,要处理好学校内部以及学校与社区以及家长的关系,赋予社区和家长更多的参与监督权,建立有效的家庭联动机制,共同为义务教育学校发展营造良好的外部环境,实现学校与政府以及外部环境的同频共振,进而更好地形成与核心素养背景下高中阶段教育的无缝衔接。

(四)推动供给引导需求管理下的供需和谐发展

对任何一个国家、任何一个社会、任何一种教育来说,供需平衡都是一种最值得期待的理想状态,各国在不同时期实行的各种供给政策也都以此作为努力的目标。从长远角度来看,义务教育供给侧改革是为了缓解教育价值观扭曲所产生的教育资源不能有效匹配的缺陷,解决因分数竞争所带来的"钱学森之问",构建供需匹配的义务教育格局,进而全面提升义务教育供给质量。在这种情况下,实现更高层次的供需平衡就需要从供给侧与需求侧两方面入手。但基于需求侧自身调整途径较少的局限,就需要在稳定需求的同时,通过供给侧改革来实现供需之间新的平衡。习近平同志提出,供给侧改革的着眼点在于供给更好地适应需求结构的变化,以供需的和谐发展促进经济增长,使社会有机体释放出更大的经济增长活力。这一思想运用到教育领域同样如此。

一方面,要准确把握供给侧改革与需求侧管理之间的关系。就现阶段我国供给状况而言,在以供给侧改革为终极目标的同时,要引领需求侧管理与之配合,让供给与需求在保持紧密关联的同时有所区分,要注重供给侧改革释放的"发动机"效应,也要注重需求侧管理发挥的"稳定器"功能,把握好二者之间的关系,双管齐下,才能使义务教育改革在供需和谐发展中取得最有效的结果。詹姆斯·威尔逊曾提出,效率与公平以及市场化与管制之间存在张力,因此公众应该广泛参与政府行政[①]。新公共管理运动认为,政府要以民众需求为导向进行改革,以效率思维发现民众的现实需求,进而提升公共服务质量。这种注重政府以外主体的改革思路对我国供给侧改革的推进具有重要的借鉴意义,但也不能盲目照搬,应该结合我国国情,以公民为导向,注重倾听需求方的现实诉

---

① WILSON J Q. Bureaucracy: what government agencies do and why they do it[M]. New York: Basic Books,1989:300 – 343.

求,在和谐统一的前提下,选取供给侧改革与需求侧管理联动并进的改革方式。

另一方面,要促使需求方与供给方形成协同治理局面。围绕供给侧改革的制度策略,要积极引导企事业单位和个人参与政府决策过程。正如习近平同志所强调的那样:"放弃需求侧谈供给侧或放弃供给侧谈需求侧都是片面的,二者不是非此即彼、一去一存的替代关系,而是要相互配合、协调推进。"①在信息化便利的时代,政府要适应"互联网+"的时代特点,有效运用最新科技成果,创新供给与需求的"互动方式",通过网络媒介追踪掌握民众的最新需求动向,及时获取供给侧改革效果的数据信息,便于供给侧改革随需求的变化而调整。当然,需求主体也应向供给主体及时反馈问题和建议,积极把握供给侧改革所带来的新机会,改变义务教育供需错配的尴尬局面,推动翻转课堂和慕课等新型教育技术的普及。创新办学理念,扭转应试教育倾向,注重学生综合素质的考量,满足民众对义务教育日益增长的新需求,实现供给与需求的"双轮驱动",协同并进。

四、义务教育供给侧改革的制度保障

义务教育产品供给与现实需求和创新能力等紧密相关,这些都需要通过制度功能的发挥来产生作用,即制度供给完善与否是影响义务教育供给侧改革的关键因素。制度供给的失衡是引起义务教育产品供给失衡不容忽视的重要因素,义务教育供给侧改革应在加强顶层设计的基础上完善制度供给。

(一)落实和完善学生学业减负提质增效制度

学生学业负担过重是制约义务教育发展的顽瘴痼疾,并且一直是人民群众关心关注的热点问题,政府对学生"减负"的关注从未停息,近几年来更是紧锣密鼓地部署相关策略。2018年年底,教育部等九部门跨部门、跨领域协作印发《关于印发中小学生减负措施的通知》,要求"切实减轻违背教育教学规律、有损中小学生身心健康的过重学业负担,促进中小学生健康成长"。在深度调研和

---

① 习近平.在省部级主要领导干部学习贯彻党的十八届五中全会精神专题研讨班上的讲话(2016年1月18日)[N].人民日报,2016-05-10(2).

梳理近年来减负政策的基础上,2021年中共中央办公厅、国务院办公厅印发《关于进一步减轻义务教育阶段学生作业负担和校外培训负担的意见》,对学生作业负担和校外培训机构负担进行"双减"。然而,减负价值不断得到确认的同时其效果却不尽如人意,中小学生学业负担过重,短视化、功利性现象没有根本解决。关键问题就在于学校关于减负的制度执行只看到了减负本身而对提质增效的要求执行力度不够。

因此,政府必须建立减负的长效机制,对减负问题整体规划、系统落实、分类解决,根据执行效果对"减负令"进行动态调整。完善减负落实的监督和问责机制,坚决杜绝学校教育不合理的增负行为和迂回式的变相增负。但更为重点的是,要激发学校这一落实和完善学生减负提质增效制度的核心主体,强化学校教育主阵地作用,完善学校提质增效制度,提高学生在校内的学习质量。学校教育的根本问题是如何培养人的问题,义务教育阶段要培养学生高阶思维、分析和解决问题的能力、创新思维和能力,促进学生德智体美劳全面发展,为未来筑基。以立德树人为核心的全面发展理念本质上是为提高学生的学习生活质量和生命价值,义务教育阶段要以培养学生的求知欲、批判性、创造力、想象力、学习兴趣、合作实践等长远发展能力为主。"使个人体力和精神(智、德、美)全面发展,不受束缚、压制、奴役,而独立、自由发展。"教师要提供高质量的课堂教学,缩小家庭资本带来的学生差异,落实作业、睡眠、手机、读物和体质等"五项管理",为学生的健康成长保驾护航。此外,还要促进并完善家庭社会系统育人机制,形成学校教育、家庭教育和社会教育"三位一体"的公共教育体系。进一步明晰家校育人责任,密切家校沟通,创新协同方式,推进协同育人共同体建设。教育部门要会同妇联等部门,办好家长学校或网上家庭教育指导平台,推动社区家庭教育指导中心、服务站点建设,引导家长树立科学育儿观念,理性确定孩子成长预期,努力形成减负共识。

(二)建立区县内教师常态化流动制度

教师队伍建设是义务教育质量提升的重要举措,要办好人民满意的教育和公平而有质量的教育,培养一批优秀教师是关键。建立和实行区县内教师常态化流动制度是推动城乡义务教育一体化发展,扩大优质资源覆盖面,缩小城乡、区域、学校间教育水平差距从而推进义务教育优质均衡发展的重要制度保障,也是落实减负增效制度、缓解择校问题的主要抓手。目前,已经有一些省市颁布了如《关于新时代城乡义务教育共同体建设的指导意见》《关于统筹使用城区义务教育学校教职工编制促进教职工合理流动有关工作的通知》《关于推进中小学教师"县管校聘"管理制度改革的实施方案》等教师编制建设相关政策文件,为区县内教师常态化流动提供了一定依据。但是,区县内教师常态化流动制度还缺少较为权威的基本标准,对教师流动的相关内容没有较为统一的认知和规定,而各省市教师流动制度还处于试行状态,参与流动的教师比例较低,周期较短,多为"优质教师"的单向流动而非双向流动的"平等交流",①教师交流制度政策本身的目的难以达成。总体上还未建立较为成熟的区县内教师常态化流动制度。

教育部门和各省市要以义务教育优质均衡为目标,切实推进区县内教师常态化流动制度。一方面,教育部门必须出台与教师常态化流动制度相关的基本制度,规定基本标准,让各省市有基本的参考依据。一是完善基本的教师编制结构,统一教师编制管理的动态调整机制。通过师资的统筹管理、调配和交流实现教师资源的合理分配,创新编制管理,提高编制使用效益。二是通过完善区(县)管校聘、教师绩效增量制度,打破编制限制的同时激发教师职业发展活力,并落实相关的支撑制度。对教师流动的人员和区域范围条件、流动比例,流动后可能造成缺编的补足制度,以及流动教师在职称评审、岗位聘用、考核评优等方面的保障等均要有所规定。做好全国范围内教师编制情况相关统计工作和审查工作,全面推行师范生顶岗实习和农村特岗教师政策,加大对薄弱地区的教师配置和流动的倾斜和保障。另一方面,各省市要进一步细化发布具体的实施细则。一是要建立并完善教师常态化流动的统筹协调机制,根据本行政区域生源、师生比等结构的实际情况和变化,推动教师从超编区域向缺编地区流动,并协同人力保障部门等做好组织领导和保障工作。此外,义务教育优质均衡水平较高的省份还可以在打破校际界限实现区域内流动的同时,通过建立教师跨区域流动平台,积极引导义务教育阶段教师实行跨区流动,推动省域内义务教育均衡。

---

① 史亚娟.中小学教师流动存在的问题及其改进对策:基于教师管理制度的视角[J].教育研究,2014,35(9):90-95.

（三）完善义务教育经费保障制度

公共教育财政制度是公共财政中关于教育投入与支出管理的制度规范,是教育改革与发展的重要制度保障。① 义务教育经费制度是义务教育健康发展的基本物质条件,完善义务教育经费保障制度是实现解决资源分配的重要手段,主要包括对义务教育经费及其他相关教育资源的投入和分配、管理和使用以及监督的制度。2015 年《国务院关于进一步完善城乡义务教育经费保障机制的通知》颁布,首次建立了城乡统一、重在农村的义务教育经费保障机制,统一了城乡义务教育学校生均公用经费基准定额和"两免一补"政策。此前,经费保障制度供给的重点放在农村义务教育方面,2008 年教育部推动农村义务教育经费保障机制改革,规范了义务教育学校收费等。目前,我国义务教育经费还缺少成体系的制度保障,关于经费的筹措、使用、监督等规定较为零散,还不能很好地起到保障义务教育经费的作用。

各级教育行政部门是落实义务教育经费保障制度的重要主体。一是完善义务教育拨款体制和省级统筹的义务教育财政保障制度,加大经费保障力度,实现义务教育经费"两个只增不减"。更多通过制度设计以立法的形式规范"以省为主"的义务教育投入体制,落实省级政府教育财政支出法定责任,从而逐渐推动各地区义务教育保障主体上移。要逐步完善省级以下财政支付体系,提升其经费保障能力。合理分配各级政府的经费支出,其分担比例要能够匹配各级政府部门的事权财权,防止支出责任过度下移,减少经济落后地区专项转移支付资金的配套压力。另外,通过多元经费筹措机制合理筹措义务教育经费,分担经费支出压力。二是优化义务教育经费投入结构,实行教育资源均衡配置制度,通过有差别的投入平衡义务教育发展程度,建立城乡统一、重点支持农村、偏远地区等的经费制度。着重发挥省级教育转移支付的统筹作用,向乡村小规模学校、乡村寄宿制学校以及薄弱学校等重点倾斜,优先保障此类学校的经费。经费保障内容上要关注基础设施投入等基本保障,建立和健全教师工资收入的长效增长机制,确保义务教育阶段教师平均工资收入水平不低于当地公务员。

① 王善迈,赵婧.教育经费投入体制的改革与展望:纪念改革开放 40 周年[J].教育研究,2018,39(8):4−10.

此外,完善专项经费制度和经费使用制度,调控并监督义务教育经费分配和使用情况,确保资金专款专用,提高经费使用效率。

(四)落实和健全义务教育质量评价体系

义务教育质量提升是义务教育发展和改革的关键目标,落实和健全义务教育质量评价体系是义务教育优质均衡发展背景下深化教育评价改革、完善与创新教育制度的重要内容。一度以来,义务教育均衡发展水平都是义务教育评价的主要内容。为贯彻落实《教育督导条例》和《国务院关于深入推进义务教育均衡发展的意见》,全面推进义务教育均衡发展,2012 年教育部颁布《县域义务教育均衡发展督导评估暂行办法》,建立了县域义务教育均衡发展督导评估制度。按照该暂行办法中的国家均衡标准,县域内均衡验收已经基本完成。随着验收完成,义务教育均衡发展全面升级,2017 年教育部印发《县域义务教育优质均衡发展督导评估办法》,推动义务教育优质均衡发展。2021 年教育部等六部门印发《义务教育质量评价指南》,对评价内容、方式、实施、结果运用以及组织保障做了明确指导,规定了县域义务教育质量评价、学校办学质量评价、学生发展质量评价三个层面的重点内容和主要目标,还出台了《义务教育质量评价指标》。目前,落实和完善《义务教育质量评价指南》及评价标准是新一阶段教育评价改革的重要任务,需要各地结合本区域实际,制定义务教育质量评价实施细则,从三个相互衔接、密切关联的主要评价内容着手,推进义务教育质量评价实效化。

一方面,各级政府必须持续推进区域义务教育质量评价,促进义务教育优质均衡发展。中央政府要不断强化各级各部门督导责任,形成科学的义务教育质量评价观念,完善督导制度框架和标准化建设,加强全国义务教育均衡发展的评估和监测,推动质量监测制度。监测与评价体系的建设不能仅停留在建立起监测机构的"形"上,而要在建立机构的基础上,着重于各级监测体系的内涵建设。① 妥善收集相关数据,及时公开监测数据和结果,以常态化的监测内容作为质量评价的材料和依据。另一方面,由于过去通常以对县域义务教育质量为

---

① 陈慧娟,辛涛.我国基础教育质量监测与评价体系的演进与未来走向[J].华东师范大学学报(教育科学版),2021,39(4):42 – 52.

评价对象,而在学校办学质量评价、学生发展质量评价方面缺少经验,因此需要着重推进学校和学生两个层面质量评价。各级政府要完善对学校办学的质量评价,促进学校办学和育人质量提升。在学校质量评价指标基础上,各省市要出台操作化较强的评价细则,建立规范化的评价程序和机制,将评价结果运用到教学方式和育人模式等的改进方面。学校同时作为办学质量评价的对象和学生发展质量评价的重要评价者,要在政府引导下开展学生发展质量评价,充分衡量学生发展相关的各项素质,开发学生发展质量的评价工具,成立专业队伍组织常态化评价,精准反馈学生发展水平和改进程度。

第六章　普通高中教育供给侧改革

一、普通高中教育供给的变迁逻辑与优势

(一) 普通高中教育供给的变迁逻辑

1. 供给理念：从注重预备到强调育人

"理念"与"事物"相对应，是具有核心地位的思想、观念或信仰，更是价值观的内核，体现为价值判断和价值取向。我国普通高中供给理念的变迁既深刻地体现在普通高中的办学性质、任务、目标等基本定位上，也渗透和表现在普通高中育人方式、考试招生制度变革和课程改革等重点领域的实践和改革中。70多年的普通高中供给理念变迁主要体现为从以预备性质为主的工具价值和社会本位到以育人为出发点的本体价值和个体本位不断凸显的转变。

新中国成立后至 20 世纪 90 年代，普通高中教育都被统称在"中学教育"中，为满足促进社会经济发展的需要，普通高中教育的工具价值和社会本位得以凸显。普通高中教育承担着为"升学"与"就业"做准备的"双重任务"，既要为社会建设培养具有一定素养和能力的建设者，也要为高等教育输送合格人才。1954 年 1 月全国中学教育会议确定了中学教育的"双重任务"：中学教育不仅要供应高等教育以足够的合格新生，而且要供应国家生产建设以具有一定政治觉悟、文化教养和健康体质的新生力量。[①] 承担什么样的任务往往意味着赋予其何种价值意义上的性质，普通高中的"预备性"和"终结性"较为明显。同时，考试招生、课程设置等方面也体现了计划经济时代教育的高度统一和社会本位的育人价值取向，考试招生的选拔性以及对自然科学的重视等都体现出

---

① 何东昌. 中华人民共和国重要教育文献(1949—1975) [M]. 海口：海南出版社，1998：139.

为经济发展服务的重要方向。

随着高等教育扩招的需求和义务教育的迅速发展,20世纪末普通高中教育在教育体系中独特的承接性质开始受到重视,"为学生的终身发展奠定基础"成为普通高中教育继"双重任务"后新的任务,如2003年《普通高中课程方案(实验)》就提出普通高中教育为学生的终身发展奠定基础①。2010年更是在《纲要》中提出高中阶段教育对提高国民素质和培养创新人才具有的特殊意义。"基础性""大众性""育人为本"成为新的要点,普通高中的本体价值逐步得到彰显,学生的"个性发展"等要求也渗透在普通高中的课程改革和人才培养改革过程当中。2014年"新高考改革"是恢复高考以来最系统和全面的考试招生制度改革,强调对学生"核心素养"的培养和选拔体系的完善,以此为契机不断推动普通高中教育社会本位和个体本位、效率和公平的协同走向,《普通高中课程方案》(2017年)中明确了高中教育的任务是促进学生全面而有个性的发展,以及为学生适应社会生活、高等教育和职业发展做准备,为学生的终身发展奠定基础的"三适应一奠定"的新定位。而21世纪以来课程改革的价值取向转变也嵌入在性质、任务转变的大背景下,优化课程类型和结构,突出多元化、综合化、个性化、选择性等多重时代新特征。2019年国务院办公厅印发的《关于新时代推进普通高中育人方式改革的指导意见》更是从整体上变革与片面应试相关的课程、招生等关键领域,切实提升育人水平,关注学生生涯指导以提升学生长期发展的可能性,提出构建德智体美劳全面培养体系的目标。

2. 供给主体关系:从单一到多元

普通高中教育的供给主体是普通高中教育供给过程中提供不同类型产品或服务的所有主体的统称,主要包括政府、企事业组织、社会团体及其他社会组织和公民等社会力量。从高等教育整体供给过程来看,普通高中各供给主体的关系和地位呈现在提供不同产品的不同供给环节当中,这里主要以"谁供给"这一角度进行主体关系的分析(即关注办学和经费投入的主体变迁)。由此来看,新中国成立以来,普通高中教育由中央政府统一供给的单一主体逐步转变为以政府办学为主体、公办学校和民办学校共同发展趋向的新格局。

新中国成立以来,政府在很长时期内都是普通高中教育主要的供给主体。

---

① 钟启泉,崔允漷,吴刚平.普通高中新课程方案导读[M].上海:华东师范大学出版社,2003:473.

新中国成立初,中央政府回收教育主权,逐步收归和接收了接受美国津贴的中等学校和全国私立中学,形成单一政府供给的公有供给,其经费也主要来自国家教育财政预算内拨款,由政府统一调配。随着普通高等教育规模的逐步扩大,中央政府财力难以维持运转所需费用,基础教育开始以地方政府办学为主。同时,为了更好地举办和发展高中阶段教育,从改革开放以来,政府不断鼓励和支持社会力量参与发展高中教育,逐渐向国家、社会、学校、集体与个人的多元化供给转变,建立了"五主一辅"的经费供给制度。尽管后期在"三限"政策和混合运营高中改制的影响下社会主体供给有所收紧,但多元化的供给主体以及多渠道的经费筹措体制仍然是普通高中教育发展的重要方向。

为弥补政府投入的不足,各地高中增收的首要途径就是提高学杂费标准。各地方政府采取征收教育费附加,向家长收取学杂费和择校费等费用、校办产业勤工俭学等方式筹措教育专项资金,不再与其他领域"二次分配"。① 尤其是1993年后,社会主义市场经济体制为高中教育多元化办学体制的改革奠定了坚实的物质基础。1995年《关于大力办好普通高级中学的若干意见》提出鼓励办学条件较好、教育质量较高的公办普通高中在保证本校规模和教育质量的前提下,采取多种方式与其他学校、社会力量联合举办民办普通高中。1999年《关于积极推进高中阶段教育事业发展的若干意见》进一步提出各地要实行鼓励民间办学的优惠政策,鼓励个人和单位捐资助学。民办的普通高中在20世纪90年代萌发,借助1998年和1999年高校扩招带来的"普高热"快速增长,到2005年后在整个普通高中教育中占比稳定在10%左右。该时期末各地普通高中办学经费的基本结构是:政府拨款约25%—40%,学校自筹费用约50%—60%,银行贷款约10%—60%,其他收入约3%—10%。② 民办普通高中教育出现了企事业单位举办的普通高中学校、社会团体举办的高中学校、民主党派举办的高中学校、私人举办的高中学校以及中外合作举办的高中学校,有公办、民办、公办民助及民办公助等多种供给形式。③ 2016年《中华人民共和国民办教育促进法》修订后允许普通高中阶段民办教育营利,随后多次发文规范民办教育和民办教育中政府职能,坚持人民中心、放管结合、科学高效、持续创新,以激发市场

---

① 赵俊婷,刘明兴.我国普通高中经费筹措体制回顾与评析:1980—2016[J].教育学报,2017,13(3):69-78.

② 霍益萍.普通高中现状调研与问题讨论[M].上海:华东师范大学出版社,2010:137.

③ 梁剑.普通高中办学体制转型研究[D].重庆:西南大学,2017.

活力,促进普通高中教育供给主体结构优化。

3. 实际供给能力:从低迷到稳健

普通高中作为我国教育体系中承上启下的部分,既接受义务教育的生源供给,又向高等教育供给生源并向社会输送劳动力。国家、社会和个人等作为多元供给主体既向普通高中供给政策、资金和硬件,也作为需求方接受普通高中教育的劳动力和人才供给,而普通高中作为供给方通过向学生供给课程、师资、环境等实现供给目的。实际供给能力指普通高中教育的多个供给过程的投入和体现出来的综合特质,其不但受到时代的资源禀赋和经济实力等客观因素的影响,而且与供给主体的态度、努力程度和偏好选择等主观因素紧密关联。

新中国成立至 20 世纪 90 年代,受制于政府的财力,普通高中数量供给发展缓慢,供给能力和供给意愿较为低迷。1949 年,我国共有普通高中 1597 所,在校学生约 20.72 万人。"文革"中教育系统遭到严重破坏,中学教育工作被全面否定,以生产劳动为主要内容以及学制的缩短都大大制约了高中教育的发展,使其遭到重创。改革开放后,普通高中教育逐步恢复生机,为了合理利用教育资源,提高利用效率,经过资源整合和压缩调整,全国普通高中由 1978 年的 49215 所缩减至 1995 年的 13991 所。随着市场经济的发展,普通高中教育的供给能力有所提升,开始有步骤地普及高中教育。1995 年《关于大力办好普通高级中学的若干意见》提出了"继续调整中等教育结构""适度发展事业规模"等基本思想,将发展重点转向扩大普通高中教育规模,要求大城市和沿海经济发达地区努力普及高中阶段教育。1994—2002 年率先在京津沪和沿海发达地区普及高中教育,2002 年后普及高中阶段教育推广到欠发达地区,平均每年高中阶段的毛入学率增幅为 5.2%。① 可以说,在很长一段时期内,扩大普通高中学校规模,让更多学生有机会接受高中阶段教育是我国普通高中供给能力的重要体现。与此同时,重视建设示范性和实验性高中是规模扩张外又一重要供给主线,与重点学校制度相配合,普通高中教育也表现为重点和非重点的不均衡发展。

21 世纪初,随着普通高中学校数量的规模发展,"质量提高"的内涵式发展成为普通高中改革的重要突破口。在实现"有学上"这一目标的同时,推动普通

---

① 程艳霞,李永梅.普及高中阶段教育的历史逻辑与供给侧改革路径[J].中国教育学刊,2019(2):34-41.

高中教育在整个教育体系中的协调发展、推进普通高中教育公平和优质资源布局调整以及普通高中教育自身的多样化发展是不断提升供给能力的新方向。一方面继续提升普通高中教育的普及程度,另一方面通过多种形式扩大优质教育资源、调整普职结构、推动薄弱地区发展等促进普通高中教育均衡发展,挖掘内部发展潜力。《教育部2004年工作要点》特别指出,要推动中西部农村地区县中建设,多种形式地扩大优质教育资源。2006年中等职业教育出现规模扩张,朝着普职结构大体相当的目标前进,普通高中则以"巩固、深化、提高、发展"的路径,进入新的内涵式发展阶段。如2006年教育部发布的《关于进一步规范普通高中建设兴办节约型学校的通知》就提出对普通高中超大规模的学校和校园严格控制、进一步规范其示范性高中建设与评估工作等优化措施。此外,近年来,在加快推进高中阶段教育全面普及总体思路不变的基础上,通过协调办学模式、招生制度、课程改革等重点领域,推进普通高中教育多样化发展并突出办学特色。不断探索民办公助以及合作办学的新模式,从2014年启动"新高考改革"开始,政府陆续发布了《普通高中课程方案》《关于新时代推进普通高中育人方式改革的指导意见》等文件,不断修正课程改革方案,建立了统一要求基础上的多类多层课程结构,提高育人质量,盘活教育资源。

4. 政府治理能力:从传统到现代

政府作为普通高等教育的主要供给主体,肩负着重要的责任,其治理能力高低在很大程度上制约着普通高等教育的供给走向和供给水平,主要包括内部调整,协调学校、市场、社会等普通教育供给资源的能力以及调整关涉普通高中教育相关利益主体的能力。

我国政府在普通高中教育的发展中承担着教育政策制定、基本条件投入、教育秩序维持等任务。新中国成立之初,在计划经济条件下,政府统包统管成为必然。集权模式下,政府集举办者、投资者、管理者以及评价和监督等多重角色为一身,政府治理能力直接表现在指令-服从式的直线关系当中。整个办学过程就是政府通过强制性指令对普通高中教育进行调控的过程,这也在某种程度上回避了能否治理好普通高中教育供给的问题。为了改变政府统包统管中出现的问题,中央政府在向地方放权方面做了有益的探索,1958年教育权下放至下级政府,此时普通高中绝大多数为县一级政府或区、公社举办。1963年中共中央颁布的《全日制中学暂行工作条例(草案)》规定:全日制高级中学和完全中学一般由省、市、自治区教育厅、局管理,也可以委托所在专区(市)或县

（市）教育行政部门管理。而事实上改革开放前普通高中阶段教育虽权力下放给地方，但仍是掌握在政府手中，政府统一管理，同时管理权力的大部分内容还是集中于上级政府，地方政府对普通高中教育相关事务的权限较低。

改革开放以来，如何改变政府管得过死和包得太多的教育体制机制改革成为教育改革的重点领域。20世纪80年代中期，基础教育领域分级办学、分级管理的改革为普通高中教育管理体制改革提供了参考，中央政府对地方普通高中办学逐步放权，地方政府对普通高中逐步放权。1985年受分权化财政体制和教育管理体制的影响，基础教育呈现"低重心"，"分级办学、分级管理"，公立普通高中主要是县乡两级政府举办。除了极少数优质高中仍由省级教育行政部门主管以外，各地的普通高中多由当地的县级教育行政部门管理。随着80年代中期以来教育体制改革的不断深化，多元化办学模式逐步成为现实。市场机制在教育资源配置和教育供求关系中发挥的影响日渐增强，政府部门也相应地调整其在教育发展中的角色定位及其作用方式，如政府对教育从微观管理为主转向宏观管理为主，从直接管理为主转向间接管理为主，扩大地方管理教育的权限，保障学校的办学自主权。国家教育事业发展"十三五"规划中"基本实现管办评分离，形成政府依法管理、学校依法自主办学、社会各界依法参与和监督的格局，教育治理体系和治理能力现代化水平明显提升"的新主张要求政府角色转向有限、有为、责任型政府。政府通过简政放权使得更多的权力让渡给社会和市场，激发了社会和市场的办学活力，增强了各利益主体的协同合作能力。政府主要通过对普通高中的收费、办学行为等进行基本标准的制定，以教育评价和考试招生制度改革为契机引领普通高中教育的发展，逐渐要求构建政府、学校、社会组织、专业机构等多主体参与的教育评价体系。

5. 学校运行水平：从稚嫩到成熟

学校运行水平是普通高中学校调动各主体供给的所有资源育人的主动性、创造性的综合程度和水平。学校自主权的不断提升是学校运行水平的重要保障，一方面是政府向学校放权的过程，另一方面也是普通高中学校创造性用权的过程，尤其表现为学校在课程改革、评价制度改革和政府放权过程中表现出的自觉。

新中国成立初期，我国普通高中学校由政府统一规定安排招生计划、课程设置、教学计划等，如1950年《中学暂行教学计划（草案）》对普通高中各年级各科目的周课时量做出明确规定，并于1952年在此基础上进一步细化，且只开设有必修课。1985 年《中共中央关于教育体制改革的决定》首次提出扩大学校办学自主权,普通高中也不例外。20 世纪 80 年代,我国在发达地区展开了课程改革试验,涌现出一批勇于变革的中学,通过学校层面的课程实验为 21 世纪课程全局性改革奠定了实践基础。90 年代后期,普通高中课程结构初步呈现出国家课程、地方课程、学校课程并行的多层级结构模式,这使得让学校逐渐拥有依据国家课程方案、结合办学实际来安排课程的自主权。21 世纪初,以《基础教育课程改革纲要(试行)》《普通高中课程方案(实验)》为指导的课程改革蓬勃开展,以全面提高素质为核心,以社会的需求、学科的体系、学生的发展为基点建立了必修课程、选修课程和活动课程相结合的多元化课程体系。从 2004 年开始的普通高中课程改革,引领了普通高中教育管理与教育实践领域课程管理、课程设置、课程实施与课程评价等具体层面的转变。此外,在国家积极推动考试制度和评价制度改革的过程中,普通高中实行毕业会考制度改革措施,高考招生制度也在考试内容、技术以及自主招生方面多次实施改革措施,普通高中起着无可替代的作用,其育人能力和水平也在不断提升。《国家中长期教育改革和发展规划纲要(2010—2020 年)》提出扩大普通高中及中等职业学校在办学模式、育人方式、资源配置、人事管理、合作办学、社区服务等方面的自主权(人权、财权、事权)。其中,普通高中的人事自主权主要包括聘任、培训、考核、解聘、奖励或处分教师及其他职工的权力;经费自主权主要包括普通高中依法对政府投入的教育经费、学生学费、社会捐赠资产和资金、学校固定资产等使用的权力;教育教学改革权包括学校自主选择办学模式、育人方式,自由选择课程、教学方式以及教材等的权力。2015 年教育部印发《普通高中校长专业标准》,旨在促进高中校长专业发展,引领学校治理水平提高。但是,长期以来积累的制度性困境积重难返,普通高中办学自主权落实情况并不理想,其运行水平还有较大的提升空间。

(二)普通高中教育供给的优势

自《高中阶段教育普及攻坚计划(2017—2020 年)》实施以来,我国普通高中大众化和普及化进程不断,目前已经建成世界上高度普及、规模最大、比较完善、质量较高的高中教育体系。

1. 供给规模和体量持续做大

70 多年来,我国普通高中教育供给规模和体量不断做大,扩大体量的外延式供给成就显著。普通高中普及程度、投入供给、师资供给等都有显著提高,综合发展水平大大上升。

普通高中教育是达成全面普及高中阶段教育总目标的主力军,即使在注重内涵式发展的当下,普通高中总体规模需要也正在稳步提升,尤其是薄弱地区的普及水平增长幅度显著,为我国高中阶段教育普及率的提升做出了突出贡献。2020 年,中等职业教育招生 644.7 万人,在校生 1663.4 万人,毕业生 484.9 万人。普通高中招生 876.4 万人,在校生 2494.5 万人,毕业生 786.5 万人。从整个高中教育阶段的供给规模来看,2021 年教育部统计数据显示,全国高中阶段教育毛入学率已经高达 91.4%,比 2010 年提高了约 10 个百分点,年均增长约 1 个百分点。据中国统计年鉴,2021 年我国普通高中共 14585 所,其中完全中学 5384 所,高级中学 7407 所,十二年一贯制中学 1794 所;当年招生 905.0 万人,在校生 2605.0 万人。师资供给上,2021 年普通高中教职工 3947581 人,其中专任教师 202.8 万人,生师比 12.84∶1。经费投入供给方面,教育资源投入不断增大。2021 年,全国教育经费总投入为 57873.67 亿元,生均一般公共预算教育经费全国普通高中为 18807.71 元;各级教育生均一般公共预算教育事业费支出全国普通高中为 17236.78 元,全国普通高中教育生均一般公共预算公用经费为 4276.76 元。为了加快高中阶段教育的全面普及,国家通过扩大教育资源,改善办学条件为普通高中阶段教育发展提供了坚实的物质保障,并且实施了教育基础薄弱县普通高中建设项目和普通高中改造计划为中西部贫困地区普通高中阶段教育的基础性发展提供了基础。《高中阶段教育普及攻坚计划(2017—2020 年)》中更是将提高普及水平的目的聚焦于四类困难地区和三类特殊群体,明确提出以中西部贫困地区、民族地区、边远地区和革命老区等教育基础薄弱、普及程度较低的地区为攻坚重点,实现到 2020 年,全国、各省(区、市)毛入学率均达到 90% 以上的总体目标。集中解决了高中阶段无学上的问题。此外,加大财政投入力度为普及提供支持。据教育部称,2011 年来中央财政资金共投入 270 多亿元用于普通高中学校校舍改扩建、配置图书和教学仪器设备以及体育运动场等附属设施建设,惠及 1800 多所普通高中和近千万名学生,同时投入 10.34 亿元用于教师素质提升。

2. 供给质量不断提升

数量是质量的基础,在普通高中教育普及率不断攀升的同时,新形势下推动普通高中教育供给质量提升成为高中阶段教育进一步发展的必然选择。事实上,我国也一直十分关注和重视高中阶段育人质量,目前也已经由"全面普及"逐渐转向"有质量的普及",力求提升普通高中教育的供给质量。1999年中共中央、国务院颁布了《关于深化教育改革全面推进素质教育的决定》,其中对高中阶段人才培养方面提出了更多要求。通过质与量统一的实施路径,将普通高中教育改革的重心由注重单方面的数量、质量的非此即彼转向兼顾质与量的协调发展,开启了高中阶段教育质量发展新阶段。在扩大普通高中教育规模和提高普及水平的同时,深化普通高中课程教学和考试招生制度改革,推动普通高中多样化和特色发展,改革人才培养模式,增强课程的选择性和专业吸引力,提高教师专业化水平,成为增强普通高中吸引力和适宜性、实现有质量的普及的主要抓手。各级政府积极贯彻普通高中发展的最新要求,普通高中多样化特色发展稳步推进,在基础均衡的基础上,特色和多样化发展成为普通高中供给发展和改革的最优选择。2019年《关于新时代推进普通高中育人方式改革的指导意见》提出构建全面的培养体系,要求"依据学科人才培养规律、高校招生专业选考科目要求和学生兴趣特长,因地制宜、有序实施选课走班,满足学生不同发展需要"。各地市成立了一批体育、艺术、科技特色学校,为学生多方面发展提供成长空间和优良环境,建设包括综合改革高中、特长发展高中、普职融通高中等类型多样的普通高中办学模式。育人方式和课程改革是普通高中教育质量提升和多样化特色化发展的重要载体,从21世纪初开始,教育部陆续颁布《基础教育课程改革纲要(试行)》《普通高中课程方案(实验)》,伴随着课程改革的蓬勃开展,普通高中教育也建立了必修课程、选修课程和活动课程相结合的多元化课程体系。2003年教育部印发《普通高中课程方案(实验)》和语文等十五个学科课程标准(实验),2017年教育部在实践基础上又发布《普通高中课程方案》,并于2020年重新修订。课程改革和育人方式上朝向多样化和选择性发展,标准化建设与多样化发展齐头并进。课程标准化建设为均衡普通高中教育质量提供了更多可能,课程标准的拟定明确了各学科核心素养和学业质量标准。在落实学生发展所应该具备的核心素养、强调基本的共同基础的同时,进一步强化课程的多样性和选择性,大幅度增加选修课程比重,力求构建规范有序、科学高效的选课走班运行机制以促进学生全面而有个性的发展并满足学生个性化学习需求。北京市有些学校逐步探索建立了包含学科课程、综合实践课程、职业考察课程等适应学生个性差异和选择需要的多类型课程体系。"为每个学生提供适合的教育"由理念转变为现实。① 此外,普通高中教育在招生、收费、考试等相关内容方面也做出尝试和努力,教育部发布了《关于普通高中学业水平考试的实施意见》《关于加强和改进普通高中学生综合素质评价的意见》《关于普通高中毕业会考制度改革的意见》等相关政策文件。高中阶段学校实行基于初中学业水平考试成绩、结合综合素质评价的招生录取模式,主要从规范学业水平考试,深化考试命题改革,稳步推进高校招生改革上下衔接、前后贯通的方面着手推进,弱化高考指挥棒对普通高等教育供给的影响。

3. 注重对教育供给结构进行调整

调整普通高中教育阶段供给结构,释放主体供给效能是我国普通高中阶段教育供给的重要优势和主要路径。在结构性改革成为教育改革的重要抓手之后,以结构变革促进质量提升是关键,各类型阶段教育都在结构问题上下功夫,力求实现以结构调整释放供给潜能的目的。目前来看,普通高中办学主体日益多元,基本上已经形成了以政府办学为主体、社会力量办学和个人办学为辅的办学格局。从教育体系结构来讲,政府为形成普通高中教育与中等职业教育大体相当的格局做出了一系列调整。从普通高中教育自身内部来看,公办普通高中和民办普通高中的合理比例成为供给结构调整的又一重要方面。从区域结构来看,普通高中阶段教育供给向农村地区、中西部地区等薄弱地区形成倾斜。

为了尽快推动高中阶段教育优质普及,优化普通高中教育和职业教育结构,政府将目光投向中等职业教育。一方面,通过提高中等职业教育招生比例,扩大中等职业教育招生规模和教学质量,大力发展中等职业教育,基本保持普职大体相当的供给格局。另一方面,加快普职融通,对于部分具备可行性条件的普通高中,根据现实需求适当增加职业教育内容,以此对综合高中开展模式进行探索。在普通高中公办和民办学校结构调整方面,为了激发民办教育的活力,规范和优化民办教育的资源,2016 年修订的《中华人民共和国民办教育促进法》允许高中阶段设立营利性民办学校。随后多次发文规范民办教育和民办教育中政府职能,坚持人民中心、放管结合、科学高效、持续创新,以激发市场活力,促进普通高中教育供给的扩大和结构的优化。学校布局方面,在区域内合

---

① 稳步推进普通高中多样化发展[EB/OL]. (2015 - 12 - 17)[2019 - 04 - 13]. http://www.moe.gov.cn/jyb_xwfb/s5148/201512/t20151217_225243.html. 稳步推进普通高中多样化发展 http://www.moe.gov.cn/jyb_xwfb/s5148/201512/t20151217_225243.html2015 - 12 - 17.

理规划学校布局,为学生提供更多就近就学等可选择的机会。同时,为了平衡重点高中与非重点的生源质量,在招生方面严禁普通高中跨地区"掐尖招生"。实行优质普通高中招生名额合理分配到区域内初中的办法,同时名额适当向农村初中倾斜,并建立优质学校对口帮扶经济落后地区薄弱学校机制和学习困难及有特殊需要的学生帮扶机制,努力为农村学生和特殊群体提供平等接受优质教育的机会。

二、普通高中教育供给的困境与原因分析

经过长期的发展,我国普通高中教育供给的总体水平大大提升,在供给规模、质量方面都有所突破,政府也极其注重通过调整结构来推进普通高中教育发展。目前,我国已经基本建成具有较大规模、体系完善、层次分明的普通高中供给体系。但整体来说,我国普通高中教育供给还存在着诸多问题,在实践中对供给理念的失却,供给质量难以满足多样化教育需求的矛盾,制度供给不健全等。

(一)普通高中教育供给的困境

1.供给理念的现实实践困惑

从某种程度来说,我国普通高中供给的矛盾,归根到底都源于对普通高中性质、内涵、定位等基本问题的认知与实践断裂。如何在应然和实然之间寻求平衡,将普通高中既有的供给理念落实到位是普通高中教育供给理念落地生根亟须解决的问题。

近年来,教育理念随着教育现状的变化在不断更新,并同时引领着教育的发展和变革。普通高中教育阶段作为其中的一个部分,其理念供给也发生了较大的变化,并直接反映在政府颁布的政策文件当中。《国家中长期教育改革和发展规划纲要(2010—2020年)》明确提出,普通高中教育要适应未来各级各类创新人才培养的需要,必须走出传统的单一办学模式,办出质量、办出特色,推动多样化发展。"多样化发展""特色发展""全面发展和有个性的发展",推进人才培养模式多样化,满足不同潜质学生的发展需要成为普通高中发展的方向。2019年国务院办公厅印发《关于新时代推进普通高中育人方式改革的指导意见》,旨在从整体上变革普通高中育人方式和理念,探索"以人为本"的育人模

式。强调"落实立德树人根本任务",明确"遵循教育规律,围绕凝聚人心、完善人格、开发人力、培育人才、造福人民的工作目标,深化育人关键环节和重点领域改革,坚决扭转片面应试教育倾向"。从所属阶段来看,普通高中教育属于非义务教育,与普通高等教育对比又属于基础教育。为满足学生多样化、个性化发展需求,在政策文件中都显示出以人为本的核心价值理念。关注学生综合素质,包括品德表现、运动健康、审美艺术、创业实践等方面的综合表现。要求建立包括科学文化教育、体育、美育、劳动教育在内的全面培养体系等。

　　从课程改革、高考改革的内容和步伐来看,其内含的普通高中供给理念在理论上是合理的,在实践上也是有一定可操作性的。可以说,近年来普通高中的本体价值在政策文件当中已然得到充分彰显。但是,尽管各类文件陆续出台,但在供给实践中,各地对普通高中特色发展新目标的精神实质认知还不够到位,对本地普通高中特色发展目标任务缺乏针对性的系统设计。事实上,"升学率"客观上依然是评价普通高中办学水平和质量的核心指标。普通高中教育的"双重任务""三重任务"最后实际上变成了"单一任务"①,明显偏向升学一端,且在升学一端的内部更偏向"预备性"的"工具价值","唯分数论"很大程度上忽视该阶段学生的心理成长和学生长期可持续发展的需要,普通高中教育供给工具化倾向在供给实践中仍占据主导地位。在"选择""竞争""生存"等的面前,无论校长、教师还是家长、学生,往往在功利化的教育价值需求中不可避免地迷失高中教育的价值理想和追求。"学生为高考而来,老师为高考而教,学校为高考而办",普通高中以高考为出口,重视选拔而轻视育人功能,是当下多数普通高中教育实践的困境。"升学率"作为唯一标准,导致普通高中同质化严重,"千校一面"。政策供给上的本体价值如何落实到教育实践中,真正成为指导普通高中系统变革的重要力量依然还是问题。

　　2. 基本普及背后供给质量不高与人民教育需求的矛盾

　　在实现基本普及、满足人民"有学上"的教育需求之后,人民日益增长的获得优质普通高中教育"上好学"的需求和不平衡不充分的普通高中教育供给之间的矛盾凸显出来,成为高中教育供给的主要问题和矛盾。也就是说,普通高中基本普及背后供给质量单一与人民对多样化、特色化普通高中教育的需求之

---

　　① 石中英. 关于当前我国普通高中教育任务的再认识[J]. 清华大学教育研究,2015,36(1):6-12.

间存在较大差距。

就最基本的供给规模和格局而言,普通高中教育供给只能说是实现了基本普及而非全面普及。在部分地区和县域,普通高中供给经费、教师、基础设施方面还存在供需缺口的体量性问题。总体上来看,由于普通高中阶段的尴尬地位,政府对于普通高中阶段的财政性投入还不够充足,生均经费等财政性经费增长幅度都远不及其他阶段教育,对各种基础设施的投入等就学校发展需求而言也较为有限。以上我们谈及普通高中多样化发展的新趋势,当多样化发展成为普通高中教育供给的出路,进一步出现的是在理论设计和实践过程中存在的种种问题。总体上,普通高中多样化特色化发展路径及保障政策尚不具体,普通高中多样化育人体系尚未建立。① 大多数普通高中办学模式单一、办学类型单一,很难满足有不同需求的学生。教育质量不高、缺乏特色、"千校一面"及应试化的问题仍旧存在,学生发展无个性的现象较为严重。从人才培养模式、教学组织管理形式、课程体系构建等方面综合来看,多样化发展和特色发展尚未系统落实和整体设计。更为复杂的是,普通高中多样化发展呈现出"承认"与"抵制"双重生态,主要表现为对作为"公开文本"的"普通高中多样化发展"本身的"认"与"不认",以及实践中"客观性承认""规范性承认""教育性承认"与"常规性抵制""制度性抵制"的复杂交互,②这使得普通高中多样化发展的路径很难得到有力推进。具体来看,普通高中、综合高中等不同类型办学学校尚未探索出有效途径,而对于专门化发展的特色学校,也往往将特色作为一种手段来达成其升学的其主要目标。从课程安排来看,为提升普通高中教育供给选择性而设计的必修选修制度等也未能得到较好落实,重主课、必修课,轻非考试科目、选修课的情况依然严峻。而走班制作为普通高中多样化发展中教学组织形式改革的重要模式,也存在进一步发展和实施的诸多困境。还有一些重点高中的研究性学习、综合实践活动课程表面光鲜而内容不足,离国家课程标准相去甚远。此外,由于学校办学资源的严重不足,在高中新课程提倡课程的多样化和为学生提供课程选择性的情况下,一些普通高中大班额现状直接影响着课程的有效实施。

---

① 张宝歌,韩嵩,焦岚.后普及时代普通高中多样化制约机制及对策思考[J].教育研究,2021,42(1):83-95.

② 邹红军.承认与抵制:我国普通高中多样化发展的扎根理论研究[J].中国教育学刊,2019(7):35-41.

3.普通高中教育供给结构失衡

结构是影响事物功能发挥程度的重要因素,普通高中教育供给的结构失衡是制约其供给效能的主要表现,包括经费结构、类型结构、师资结构、区域结构等的失衡。

首先,从普通高中供给的办学结构来看,经费供给主体的多元化趋向并没有有效推动办学主体多元化格局的形成。到目前为止,普通高中的政府投入占较大比例,供给主体方面仍未充分发挥非政府投入的作用。

其次,对普通高中供给影响较大的是类型结构也就是普通高中与中等职业学校二者的结构问题。近年来,我国加大了对职业教育的发展力度,但实际上无论是分流还是二者融合的发展模式都遭遇困境。一方面,中等职业学校社会认可度低,教育教学质量不佳,吸引力不强。另一方面,普通高中陷入“应试教育”怪圈,存在着“千校一面”、办学模式单一、教育服务无特色的现象。单一以分数划分和筛选进入普通高中或中等职业学校,就形成了二者的机械分流而不能形成普通教育和职业教育大体相当的结构布局和良性分类。这不仅让中等职业教育发展陷入瓶颈,也令普通高中教育发展失去活力。此外,教师数量与结构方面也存在供给不足和供给不匹配的问题。按照规定,普通高中学生与教职工比例应为 13∶1,其中职工不超过 16%。从国家统计年鉴来看,2019 年普通高中教育的生师比各地区基本符合要求,但专任教师比方面各省域之间差距较大。

再次,区域结构和城乡布局失衡、供给差序化严重、民办高中“掐尖招生”等结构性问题也是制约普通高中教育供给的重要方面。从区域结构来看,东部地区内部、东部与中西部地区之间普通高中教育生均经费支出的不均衡程度仍然较高,生均教育事业费的空间分布呈现出显著的“东西高,中部低”的空间非均衡特征。[①] 事实上,区域间的资源配置、教育质量的差距仍旧显著。京津冀地区甚至能够实行免费高中阶段教育,而中西部地区的全面普及水平都还有待提升。此外,民办普通高中和公办普通高中的结构问题仍旧存在,且遭遇了不同的发展瓶颈。总体而言,公办普通高中缺乏活力、办学模式单一的情况较为凸显,而民办普通高中在注重特色、探索多种方式办学的同时也存在“掐尖招生”、

---

① 于璇.我国普通高中教育经费投入的地区差异及分布动态演进:基于 2005—2018 年省级面板数据的实证研究[J].华东师范大学学报(教育科学版),2021,39(2):115 - 126.

虚假宣传等现象。此外,重点高中制度及其引发的城乡区域内教育质量参差难以得到根本解决。公办重点普通高中与非重点普通高中学生学业发展水平差距较大的现象和农村薄弱县域普通高中发展的困境亟须解决。①

4. 政府管理体制不够健全

政府管理的水平和能力决定着普通高中教育供给的基本走向。如果说政府在普通高中教育供给过程中不能发挥或未能充分展现自身优势,普通高中教育供给从某种程度上来说就必然受到种种外力桎梏。政府职能充分体现在普通高中教育的管理体制当中,涉及政府内部关系、政府与普通高中学校的关系以及普通高中内部治理结构的问题。

义务教育阶段实行"以县为主"的管理体制、高等教育则以"省级统筹"为主,而高中教育阶段却没有较为明确的体制,作为其组成部分的普通高中教育也深受该问题的困扰。在普通高中管理的相关事务中,通常出现政府部门、教育部门和学校职能划分不清"政出多门""多头管理"的现象,导致该管的问题管不好,扎堆管和无人管同时发生。一方面,国家教育行政部门在普通高中学校办学体制、培养模式、课程设置以及教学内容等方面具有绝对主导权,这必然使其集办学者、管理者、评价者于一身。这种"管办评"不分的管理体制造成了教育行政主管部门在权力与责任、权利和义务方面出现不对等现象,客观上造成教育行政主管部门权力、权利的越位和普通高中学校自主权力的缺失。② 从政府间权责关系等来看,上下级政府间事权和财权倒挂、责任分配问题频发,各级政府缺位、失位现象仍然存在。另一方面,地方政府作为重要的供给主体,其规划本地区普通高中发展的总体能力不尽如人意,尤其是在普通高中多样化发展、质量提升等方面起到的作用较为有限,而很多需要政府进行宏观设计、监督和执行的项目并未被纳入其职能范围内,普通高中教育供给乱象正是政府职能不到位的表现。政府与普通高中间的关系调整是又一个重要的方面。管理体制的不健全导致学校的自主性始终没有得到充分发挥,大多数学校办学自主权尚未真正落实。按照规定普通高中可自主招生,但实际上其自主招生的权力还

---

① 吴全华. 论以有质量和有公平为目标的普通高中教育改革[J]. 当代教师教育,2020,13(4):9-16.

② 王智超. 普通高中多样化发展的现实困境与理论探索[J]. 东北师大学报(哲学社会科学版),2013(2):136-139.

是严格受限的,普通高中的招生计划、收费标准、专业课程设置等仍然受政府以及教育行政部门的严格管制。

(二)普通高中教育供给困境的原因分析

1.现代化进程中"功利理性"下的教育非均衡发展

我国的后发型现代化过程是在追赶现代化国家的过程中逐渐发展形成的,以经济发展现代化为核心带动现代化发展进程,反映在教育领域就出现了"功利理性"指导下的教育非均衡发展模式,包括教育阶段的高中心发展、区域非均衡发展、城乡非均衡发展等。以效率优先的非均衡发展模式在很长时期内主导着普通高中教育供给的走向,其遵循的是经济和政治的逻辑而非教育的逻辑,制约着普通高中教育的发展进程。

长期以来,我国将推进高等教育发展作为重中之重,并且在意识到义务阶段教育的重要意义后加大发展力度,进行全面普及,而高中阶段教育长期处于义务教育和高等教育的夹缝中受到一定程度的忽视和轻视,其发展在一定程度上存在"顺其自然"的倾向。高中教育实际上是在义务教育的"下推"和高等教育的"上拉"中得以被动式发展。[1] 政府主要将教育经费投入义务教育和高等教育阶段。与其他阶段相比,普通高中的政府投入经费远远不够,针对普通高中教育的布局等也基本散落在中小学教育和整体教育的布局当中,而忽视了高中阶段教育育人的独特性。而在之后提出"普及高中阶段教育"的教育发展战略目标后,由于社会发展和教育自身发展的要求和需要,重点却放在当时发展基础明显薄弱的中等职业技术教育,普通高中境遇并未得到明显改善。

重点高中制度是影响教育均衡发展的重要因素。一方面普通高中作为"被供给方",自新中国成立之初教育部便要求在全国"集中力量办好一批重点学校"。改革开放后,重点学校政策再次被强调,"要经过严格的考试,把最优秀的人集中在重点中学和大学",这是我国在教育资源有限、人口众多条件下高效发展普通高中教育的现实选择。20世纪90年代"重点高中"的提法改成了"示范高中",但事实上"示范高中"建设导致资源过度集中,未符合价值期待,反而拉大校际差距,促成不良竞争,校际资源差序化严重,部分普通高中出现"大班额"

---

① 刘复兴,刘丽群.明确定位、多样发展、体制创新:我国普通高中教育发展的战略选择[J].教育科学研究,2013(4):34 – 37.

现象。为缓解"择校热",2007 年"指标到校"成为我国中考制度的基本政策,旨在为在薄弱学校和乡村学校就读的学生提供更多的保障性升学机会。"指标到校"尽管在一定程度上控制了校际差距的分化,但本质上仍体现着"唯分数论"单一的、差序性的生源供给模式。城乡教育质量资源差距也与该制度紧密相关,同时,在普及高中教育的进程中,农村侧重发展职业高中以提高普及率,普通高中学校的减少造成了县城学校资源紧张、大班额的情况。而以高考升学为目标的办学方式也使得农村普通高中的地域特点越来越淡化甚至消失。

2. 文化传统与社会分层形成的教育对立

普通教育和职业教育的矛盾与融合问题等事实上都根源于自由教育与职业教育人为对立的传统。受制于这种思想渊源的影响,两种教育类型的对立延伸至社会层面,成为社会阶层划分的依据之一。我国的科举传统文化正是在这样一种思想影响下的重要标志,并且成为普通教育与职业教育融合以及二者自身发展的重要制约因素。

约翰·杜威在《民主主义与教育》中就曾指出,教育上的种种对立,最终表现为职业教育与文化修养的对立。在教育史上,事实上就长期存在着"有用劳动做准备的教育和为闲暇生活做准备的教育"根深蒂固的对立情况。自由教育与职业教育的分离可以追溯到希腊时代。从柏拉图、亚里士多德开始,自由教育和技能习得的职业教育就属于不同阶级人群接受的教育类型,塑造社会阶级的同时,它又成为该阶层的象征。我国以儒家文化为核心的传统思想形成了"学而优则仕""劳心者治人,劳力者治于人"等观点,造成常规意义上"知识教育"与"技能教育"两种教育类型的对立冲突,并进一步扩大并加速了社会阶层的区分。事实上,把普通教育与"文化修养""闲暇"联系起来,把职业教育与"社会服务""劳动"联系起来,不仅是旧式分工和封建意识形态的产物,还会通过撕裂的教育制度而不断复制、扩大旧式分工和封建性的社会宿命论。① 以教育制度复制并扩大社会阶层划分的行为极大地降低了职业教育的吸引力和社会地位,也束缚着普通高中更多的发展多样化和特色化路径。受我国根深蒂固的科举考试文化以及诸多文化传统的深刻影响,人们对普通高中及中等职业教育的认知存在严重偏差。近年来,在多重因素的影响下,中等职业教育的一些价值逐渐得到部分群体的认可,国家也为了普及高中阶段教育加大了中等职业

---

① 张华. 我国高中教育发展方向:走向综合化[J]. 全球教育展望,2014,43(3):3-12.

教育的发展力度。造就大国工匠的需求使得职业教育在某种程度上得到一定关注,但还远远不到撼动"以学入仕"等传统观念的程度。普通教育和职业教育相分离并出现阶层区分,其中的问题积重难返,影响着综合化高中以及普通高中多样化发展,导致普通高中多样化、特色化发展进程出现重重困境。

3. 制度供给体系不够完善

政府管理普通高中大多是以制度供给的形式来实现的,制度供给的水平充分体现着普通高中教育供给的规范化程度和现代化水平。但就制度供给的现状来看,国家至今尚未形成有关高中教育发展系统设计的制度体系,不健全的制度供给体系成为制约普通高中规范发展的主要缺口。

一方面,普通高中教育缺少专门的法律制度支撑,只能够依靠《中华人民共和国教育法》的相关条例为参考依据。普通高中教育法的缺失,使普通高中教育的发展缺少了相应的基本法律制度保障。随着普通高中普及程度不断提升,教育规模和在学规模不断扩张增加、社会对人才需求的多元化。学生需求的多元化和个性化等都对普通高中提出了新的要求,而缺少基本法律支撑在一定程度上造成普通高中教育性质、定位、育人目标的模糊,办学类型、模式、方向等不清晰的问题,很大程度上制约着普通高中教育供给的质量和成长潜力。另一方面,普通高中教育缺少系统设计且分门别类、针对不同项目的制度供给。由于缺少系统设计的制度供给,普通高中发展缺少方向性较强的制度规范,而针对多样化发展和体现办学特色,普职融通如何进行、责任主体落实等具体政策法规均缺乏相应分门别类的专项制度。在保障政策执行方面也存在多样化发展和特色化发展的政策落实和管理支持制度不到位等问题。此外,制度供给的连贯性不足,横向和纵向配套政策未形成体系。普通高中处于基础教育和高等教育的中间阶段,受基础教育应试化和高考指挥棒的双重制约。在应试教育或者说全面育人等方面未能深入义务教育实践,在考试评价制度尚且不能探索出完善模式的情况下,普通高中教育自身的发展只可能被忽略不计。许多地市在其推进普通高中多样化改革的过程中,因缺少硬性制度保障尤其是政策执行的配套支持制度而很难得以实质性推进,从而出现所谓的"政策失灵"情况。这些制度供给的缺失给普通高中教育供给带来较大的阻碍。同时,有关普通高中供给的重要制度也缺少可执行的具体措施和策略。以对普通高中教育影响最大的几个制度为例,评价制度改革、高考制度改革都在深入推进,但针对具体的评价事项及其可操作性、能够落实的配套政策还极为匮乏。

4.普通高中相关主体的利益博弈

从利益相关者理论和博弈理论来看,普通高中教育供给的种种困境无外乎是各类主体在追求自身利益权衡中相互博弈的结果。无论作为普通高中教育供给主体还是需求主体,其行动都是基于各自的利益需求和现实需要而产生冲突并做出选择的。既有主体自身需要与现实需求的矛盾冲突,也包括不同主体间需求的矛盾和妥协等。这些错综复杂的利益关系和需求状态塑造了普通高中教育供给的真实现状,包括普职融通过程中的问题、重点高中制度以及"掐尖招生"等现象、多样化发展和特色化发展推进中的阻力等都与众多主体的利益博弈密切相关。

家长和学生作为最为核心的需求主体,其利益追求对各主体的行动选择都有很大影响。当家长和学生对多样化、个性化的普通高中教育需要与现实的升学考试需求发生冲突,就会对普通高中的一些改革措施同时出现承认和抵制的倾向。在普通高中教育供给中,中央政府主要作为供给方。当其作为需求方时,是以普通高中的产品——学生为对象的。由于各方对新政策的支持意愿等阻力较多,政府在制定政策过程中较为保守,试探性的弹性规章意见较多,而刚性的约束性规范较少,这就导致普通高中改革难以落实下去。而受升学的政绩观等影响,高中阶段教育在地方政府看来发展的"性价比"较低,从而迁就并迎合家长的现实需求,上级教育行政部门展开政策博弈。很长时期内,普通高中多样化、特色化发展中不可预期的风险使得地方政府因害怕改革失败产生更大的负担和压力,关于高中教育各项改革不得不推迟和暂缓落实。因此,政府主导普通高中教育市场的格局并没有太大变化,相对单一的升学预备教育模式依然是普通高中教育的主流导向。学校是课程改革、教学组织改革等的主要执行和落实主体,学校会考虑到如果进行普职融通,自身将会面临生源减少的压力,社会、家长以及学生对学校的认可度也会有所降低。因此,一方面对改革的意愿不足,敷衍和形式化问题严重,另一方面也会由于能力不足等弱化普通高中改革的重要性。学校教育体系封闭、体制僵化的现象不光来自外界政府,更多与学校主体的意愿不足相关。另外,我国社会办学力量在高中教育发展过程中缺乏足够的激励机制,社会主体参与办学的意愿和能力不足也是导致普通高中供给主体结构难以真正多元化的重要原因。

三、普通高中教育供给侧改革的重点思路

解决普通高中供给的主要矛盾,化解供给困境的深层原因,构建公平而有质量的高中教育供给体系是普通高中教育供给侧改革的重要任务。有学者提出以解决"规模扩张与质量提升、普通教育与职业教育、义务教育与非义务教育、均衡化与多样化以及整体统筹与局部谋划的关系"为关键点。① 供给理念的深入落实、供给体系的构建和供给结构的调整以及从供给主体出发的相关措施,都是普通高中教育供给侧改革的重要路径。

(一)以新的供给理念引领普通高中供给侧改革

供给理念是引导普通高中供给侧改革方向的重要内容,规定了我国普通高中教育应坚持的价值方向、所承担的功能和能够发挥的作用。就目前普通高中教育供给理念而言,重点是要使新的"以人为本"的供给理念落实到供给实践中,成为引领普通高中供给侧变革的有力信念支撑。

要坚持并落实普通高中教育的本体价值,坚持"教育性为本"和"以人为本"的核心价值观念,体现出普通高中的独特价值和战略性定位。高中教育的价值追求之一是"努力成为培养完满人性与美好人生的高中教育"②,走向综合化全人教育,即培养具有多元发展可能性的、具备多项发展潜能的、拥有多重核心素养的人才。这要求普通高中教育尊重并发掘高中教育的独特价值,为每一个高中生的个性发展和健康成长保驾护航。根据埃里克森心理发展阶段理论,高中教育阶段的学生正处于青少年的后期,主要需解决角色统一与角色混乱这一矛盾,逐渐发展和构建成熟的人格。因此,必须要为学生在未来成长中充分的、自由的、选择性的发展奠定坚实的基础。普通高中教育与高等教育、职业世界和社会生活存在有机联系,需要不断提高其适应性和开放性,开展全面而有效的生涯规划教育,以帮助学生完成今后学习生活生涯的全面准备。

本体性价值是普通高中教育供给应坚持的理念基础,但与此同时,工具价

---

① 李建民.“全面普及高中阶段教育”的内涵释要与路径选择[J].教育研究,2019,40(7):73-82.

② 宋兵波.我国高中教育改革价值取向:综合化全人教育[J].中国教育学刊,2011(4):13-16.

值是在本体价值充分发挥后顺其自然来实现的价值。要在落实本体价值的基础上发挥工具价值的应有之义,但也应该认识到脱离了本体价值,工具价值只能是无源之水、无本之木。工具性价值的发挥要注重在"预备性"与"基础性"、"大众性"与"精英性"之间保持必要的张力,从"应试教育"和"工具主义"中走出来,正视普通高中教育的三类工具价值——大学准备、职业准备和社会生活准备的正当性和合理性。一定程度上,二者之间只是当下和长远的区分,重视普通高中教育"为大学阶段的成功学习做准备",而非单一标准选拔下的"为升学做准备"。从长远来看,也有助于培养全面发展的、审慎思考的、富于创新的、拥有多种现实性与发展可能性的人。

(二)构建多样灵活的普通高中教育体系

人最为丰富的多样化和个性化发展,对其有着绝对且根本的重要性。普通高中供给侧改革必须重视这一人的发展特性,通过构建多样灵活的普通高中教育体系来实现面向每一适龄学生的合理需求。目前,普通高中多样化和特色化发展是我国高中教育从精英教育走向普及教育和大众教育的必然选择,有效推进普通高中的多样化和特色化发展是构建灵活的普通高中教育体系的重要途径。普通高中多样化、特色化不是办学体制多样化、培养模式多样化、课程多样化的简单整合,而是在相关内容具备基础上形成的结构灵活、类型多样、功能完备的整个多样化和特色化的学校系统的整体样态。

普通高中教育的重点是全面提高全体学生的综合素质和满足学生多样化的发展需求,做到"适合的教育才是最好的教育"。在普通高中多样化后高中类型的变革及发展方向上,需要针对各地区普通高中的发展现状及时调研,了解学生的真实教育需求,鼓励学校根据自身实际情况,探索举办多种类型的普通高中,包括普职融合的综合高中、以知识学习为主的升学类高中,以及科技、艺术、外语、体育等以技术见长的特色高中,以更好地满足普通高中学生的多样化和个性化发展需求。普通高中要丰富和发展教育功能,高中教育的升学、育人和社会发展功能,兼顾普通教育、职业教育与综合教育。

为个体发展提供合适的教育服务和支持是真正多样化和个性化的重要体现,当然这可能需要在普通高等教育发展到一定程度后才可能着手实现,但我们必须将其作为目标而为之努力。普通高中需要建立灵活多样的教育形式,从而为每个人提供合适的基础教育,更加尊重差异性和个性发展,设置多样化的培养目标,鼓励学生根据自身兴趣和特长,灵活选择未来发展方向。① 从课程设置的角度探索多样化,要从不同类型高中的基本功能与主要任务出发,合理设置开放、可选择与多样的课程。课程结构需要处理好共同基础与个性发展的矛盾,要兼顾学术性与实践能力的培养,要融合升学教育与预备教育于一体,要平衡自然科学与人文科学的关系,要处理好国际化与民族化、本土化的矛盾,要统筹高中教育与义务教育、高等教育的课程衔接,要妥善应对人工智能背景下课程结构的适应性和重构性问题等。②

(三)形成合理的供给规模和有序的供给结构

高中阶段教育即将完成基本普及的目标而转向全面普及,普通高中教育供给的主要矛盾也随之转化为"公众对优质教育资源选择性需求旺盛与优质教育资源供给短缺却发展不均衡"的矛盾。面对这一矛盾,控制供给规模合理并形成有序的供给结构是必要的。

要加快全面普及高中阶段教育的步伐,激发多元主体的供给活力,盘活教育资源,在不同区域之间、城乡之间、区域内有侧重、针对性地继续扩大供给体量。通过大量调查和实地调研精准定位薄弱地区,推动薄弱地区普通高中普及率达到平均水平,促进区域内资源合理流动,避免资源结构性缺口。推迟普职分流,进一步扩增普通高中学位的供给和教师供给,从场地设备和经费投入等方面不断改善学校基本办学条件。

关注以提高质量、优化结构为核心的内涵式发展。高中教育均衡化既不是同质化也不是平均化,而是依据区域内高中教育发展状态,允许学校、区域之间存在合理和适度差异,保障普通高中教育供给的基本质量标准。供给结构上要以特色化取代差序化,以期消弭非重点高中和重点高中之间的鸿沟,淡化单一标准下不良竞争带来的劣性生态。一是加快城乡之间、区域之间向着"公平而有质量"的方向迈进。区域结构调整上分地区重点攻破,东部地区攻坚的重点在于提高普通高中办学质量与特色发展,解决大班额问题,让孩子上好学。西部地区要进一步扩大资源惠及面,尤其是保障经济落后地区、人群的高中教育

① 杜明峰,范国睿.普通高中教育现代化发展指标的价值选择与建构思路[J].教育发展研究,2015,35(1):71-75.

② 郭华,王琳琳.中国普通高中课程结构改革的70年探索[J].中国教育学刊,2019(10):9-16.

完成度。二是着力提高农村薄弱县域普通高中的办学质量。政府要加大对县域普通高中发展的扶持力度,稳定县域普通高中生源和在师资招聘、设施、设备上优待县域普通高中等措施,严格限制地级市重点高中的招生范围和招生规模。① 全面废除公办普通高中的重点学校制度,取消对公办重点普通高中在师资、招生、基础设施等方面的优待,实行学区化办学,并禁止学校跨区域"掐尖招生"和限制区域内"掐尖招生"。

(四)政府是责无旁贷的供给主体

高中教育无论是作为普通教育,还是作为连接义务教育和高等教育的中间形态,政府都担负着不可推卸的责任,应当成为普通高中供给侧改革的主体。

必须凸显政府在普通高等教育发展中的重要责任,确保政府承担起监督和保障学校的自主权。一是提升政府的协调服务水平。在过多控制与放任自由之间寻找一种平衡,这种平衡兼具静态与动态特征,即政府既要制定规范性政策又要留有一定的弹性以便留出主体随机应变的自主空间。二是转变管理方式,强化督导和服务功能,弱化命令式的强制管教残留。政府应从行政命令式转向以学校自主权为主、政府行政权引导与服务为指导,建立公共教育管理与服务体系,完善政府和普通高中学校之间的关系。

在管理手段和管理内容上,政府应从直接管理向间接管理、微观管理向宏观管理上转变。通过政府职能的转变,明确政府职责,简政放权,变管制型"全能政府"为服务型"有限政府",变"无微不至"的管理为"宏观调控"式的服务。一方面,政府应跳出普通高中管理的微观层面,通过立法、拨款、信息服务以及规划指导等手段对普通高中教育进行宏观管理,切实转变政府公共教育管理的职能。另方面,政府应从对普通高中的直接管理和干预转变为通过充分利用教育中介组织、专业机构等第三方组织对普通高中教育的办学过程和质量开展监督和评价,以防止因政府对普通高中教育"事事都管、管得过细"而造成普通高中办学管理层面的政府集权,从而避免普通高中沦为政府的附属物而缺乏独立发展空间。政府要明确自身的职责和权限,把该管的管好,把不该管的交给学校、中介和社会去管理,切实将权力下放。同时,应加强自身能力建设,在提高

---

① 吴全华.论以有质量和有公平为目标的普通高中教育改革[J].当代教师教育,2020,13(4):9-16.

治理、服务和责任等三方面意识的同时,着力提高以人员素质、组织结构、制度和文化适应性等为主要内容的行政管理水平,以满足教育管理需求。

激发普通高中发展活力,促使普通高校的办学自主权能够真正得以落实,支持学校依据法律法规自主办学。一是加强教育法规制度建设,提高教育行政部门人员的专业化水平。为普通高中供给有限、有效、有活力的服务。二要完善学校内部管理结构。落实《普通高中校长专业标准》,提高校长专业化水平和管理水平,真正发挥普通高中校长在规划学校发展、营造育人文化、领导课程教学、引领教师成长、优化内部管理和调适外部环境中的作用。三是充分发挥党支部的政治核心作用和教职工代表大会的民主监督作用,加强学生代表大会的建设,提高普通高中民主管理水平。① 学校内部要认同和理解普通高中多样化的深刻含义,走出一条自主创新的多样化发展之路。

学校的主体是学生,普通高中多样化发展的最终落脚点也是学生。高中阶段的学生正处于抽象逻辑思维发展成熟和道德伦理观念形成的关键时期,放开手让学生参加学校的组织管理,既有利于学生组织、契约意识的培养,也有利于教育体制管理"从学生中来,到学生中去",普通高中教育回归教育性,对供给侧结构的调整有重大意义。此外,社会应承担保障公共教育服务公平、公正的部分职责,加强对普通高中办学的监督与评价。也只有政府、学校和社会等多方为政府教育管理职能的转变共同努力,才能确保政府职能的有效转变。

(五)学校担当育人为核心的供给责任

普通高中作为普通高中供给侧改革身先士卒的开创者,必须以全面提升学生综合素质为出发点,以学校内涵建设为根本任务,以学校特色发展为突破口,整合校内外各种教育资源,深化教育教学与学校管理改革,加强学校文化建设,促进学校整体办学水平和育人质量的全面提高。②

育人是学校的第一要务,普通高中供给侧改革必须突出和强调学校的育人任务。学校要以办学理念为核心引领,各校依据独特的历史传承和对教育哲学的理解形成本校办学理念。普通高中形成良好的育人模式,各学校要根据本校

---

① 祁占勇.制度创新基础上的有效治理:普通高中教育发展中的制度精神与机制选择[J].教育探索,2012(5):17-19.

② 杜明峰,范国睿.普通高中教育现代化发展指标的价值选择与建构思路[J].教育发展研究,2015,35(1):71-75.

学生成长发展的根本需求和社会发展对人才培养的新规定和新要求变化,立足于普通高中基本定位和主要任务,充分发挥学校自身的办学优势,有效利用优质资源,走个性化、多样化的发展道路,从而使学校办出自己的特色和水平。

要重视问题解决、着眼于学生综合素养培养、重视独立思考与动手实践能力的培养。为此要依据学生成长状况加强学生发展指导,通过学业生涯指导引导学生志趣形成。新课程实施和新教材使用、高考综合改革、教学组织模式创新等都是学校需要落实的方面。学校要走出"唯分数论"的泥淖,开展全面而有效的生涯规划教育,落实新高考改革突出的"自主选择权",提供灵活多样的学校和课程选择,办好选课走班制,满足学生在个性社会性、学业、职业方面的发展需求,为学生的可终生持续发展奠定基础。创新教学组织管理中关键的是有序推进选课走班,并将选课走班教学管理机制基本完善。

推动普通高中校长专业化,在基本边界内合理配置学校自主办学权。普通高中校长急需提升教育改革的理论水平以及国家普通高中改革的政策实施能力和建设特色学校等的能力。统筹运用好国家各类政策,结合地方发展实际和学校自身发展需要,提升学校改革的整体调控能力,创造性地推动普通高中多样化改革。在普通高中教师发展方面,创新教师培训方式,重点提升教师新课程实施、学生发展指导和走班教学管理能力。此外,必须重视和利用好学校所依赖的资源与环境"势"①,将可利用的环境等融入教学改革、课程改革当中,增强高中教育开放性、融合性,不仅要融合高中资源,还要融合高校资源、家长资源、社会资源,共同为学生成长发展和社会进步服务。

四、普通高中教育供给侧改革的制度保障

制度是影响教育供给水平、质量和结构的重要因素,好的制度有利于供给创新,进而影响需求变革。突破体制障碍,进行制度创新,开展制度设计,发挥制度功能,展现制度效应,是我国普通高中教育实现普及、提高和发展的根本出路。从制度层面建构一个多样、开放、灵活、互通的普通高中教育体系,满足不同学生的要求。

---

① 朱丽.特色普通高中建设中的道、势、术融合:基于上海市特色普通高中创建实践的分析[J].中国教育学刊,2020(10):41-46.

（一）推进和完善普通高中招生考试制度

目前，我国高中阶段教育仍属于选择性非义务阶段教育，通过相应招生考试进行合理分流是必要的。普通高中招生考试制度的合理与否与执行情况制约着普通高中的育人工作等诸多内容，对深化普通高中育人模式改革、促进学校多样化有特色发展具有重要导向作用。因此，普通高中供给侧改革首先必须推进和完善作为普通高中教育供给起始点的招生考试制度。新课改以来，推进各阶段招生考试制度改革成为教育领域综合改革的重要内容。2016年教育部印发《关于进一步推进高中阶段学校考试招生制度改革的指导意见》，针对高中阶段学校招生录取和考试不合理和不公平等问题，提出在高中阶段实行"基于初中学业水平考试成绩、结合综合素质评价的高中阶段学校考试招生录取模式和规范有序、监督有力的管理机制"。目前，全国各省（区、市）均已出台了本地高中阶段学校考试招生制度改革实施方案。但从普通高中招生考试制度改革的现状来看，各地区招生考试制度改革的推进力度不够，唯分数的状况未得到完全改善；"指标到校"制度在限制学校招生随意性的同时也在一定程度上限制了学生的自主选择；考试内容的合理性等还有待加强，招生考试的组织管理上还存在漏洞，一些民办高中招生过程中还存在诸多不公平和违规现状。一是加快推进并完善招生考试制度相关的学业水平测试制度、高中招生考试制度、综合素质评价制度。普通高中招生考试可采用录取时计入学业水平测试成绩和综合素质评价成绩的做法，处理好统一考试和自主招生、"指标到校"和考试入学、综合录取和特长录取的关系，推进综合评价、多元录取、灵活多样的考试招生制度。综合素质评价要确定可操作的评价标准和维度，将"五育"发展情况都纳入评价范围，建立动态化"五育档案袋评价"。二是通过推迟普职分流，到高等教育阶段再进行分流，逐步降低高中阶段职业教育比例，直至让高中教育阶段适龄儿童接受普通高中教育。目前，高中阶段场地等硬件设施方面已经基本可以满足该要求，接下来需要加大能胜任普通高中教学要求教师的培养力度。有条件的省份地区可以作为政策试点率先实现初中毕业生全部进入普通高中，条件不成熟的也可以先增加普通高中在高中阶段的比例，之后逐步实现。三是健全招生考试相关的配套政策制度。完善考试招生信息公开机制，建立高效权威的政策执行机制以及监督保障机制，对违规招生等考试招生过程中的不合理行为进行问责，充分发挥社会组织的监督、制衡与评价作用，使普通高中招生考试得到多方的监督与制衡,从而有效避免权力腐败、权力寻租以及以权谋私等现象。

(二)改革和创新普通高中育人方式

普通高中供给侧改革归根到底要落脚到育人这一根本任务上,建立科学有效的选人育人机制是普通高中教育供给侧的重点内容。如果说招生考试制度的改革牢牢把住了普通高中发展的入口关卡,育人方式的变革则综合回答了"为谁培养人、怎么培养人、培养什么人"的问题,是涉及供给理念、课程体系、教学组织形式和评价制度等多个领域的综合改革,更是全面提高普通高中供给质量,推动内涵式发展的重要途径。近年来,国家相继颁布并修订了一系列普通高中课程标准,各省市根据课程标准研究制定了具体的课程实施规划。2019 年《关于新时代推进普通高中育人方式改革的指导意见》对落实立德树人根本任务、全面育人培养目标以及育人方式和综合素质评价方面进行了全方位的指导,同时对综合实践、课程实施、教学组织管理、学生发展指导、教师等条件保障方面做了具体规定,各省也相继出台了育人方式变革的具体实施意见来具体贯彻落实指导意见。育人方式变革作为一个系统工程,必然需要普通高中相关供给主体长期的努力。目前,育人方式改革和创新过程中还存在实践困境,教育功能异化、学生片面发展危机的问题并未得到根本解决。调查显示,普通高中育人能力处于中等偏上水平,但距离较高水平仍有差距,综合素质评价实施在目标设计与现实状态之间还存在较为明显的差距,在满足学生选考方面仍有较大提升空间。[1]

能否真正建立育人本位的普通高中,创新育人方式,关键还在于课程、管理、评价等的多方面变革。地方政府要根据普通高中学校在育人方式改革实践中所遭遇的制度性困境提供解决方案,制定物质条件、人员队伍和运行经费等建设标准,通过政策文件明确学校的课程设置、师资安排等问题,以此提升相关文件的可操作性,强化相关政策制度对育人方式转变的推进力,为学校开发教育资源提供有力支撑。教育行政部门应探索动态发展的治理机制,释放和增强普通高中办学治校活力。普通高中学校作为育人的基本场所和主阵地,是育人

① 苏娜,刘梅梅.新高考后普通高中育人能力现状调查及对策研究:基于对 31 省 1256 所普通高中的调查[J].中国教育学刊,2021(1):54-59.

方式改革和创新的首发者。一方面,学校要继续加强育人方式改变相关的教师培训制度、教学常规管理、教学组织管理制度、学生生涯指导制度、校本教研制度等的执行力度和创新形式,推进育人方式相关制度的创新。处理好"五育"的独立性与相对整体性,综合素质、学生发展核心素养、学科核心素养之间的关系以及选课走班与集体主义的关系。[①] 另一方面,通过全面规划和推进育人方式改革,以制度保障学校育人理念的实现,形成规范、先进的制度文化,结合"自上而下"和"自下而上"的方式继续坚定不移地深入推进普通高中新课程制度改革和教育组织管理制度改革,推动教师开展课堂教学模式、教学策略和方法的研究。

(三)构建保障普通高中多样化有特色发展的制度体系

新时代背景下,形成多样化有特色发展的办学格局是普通高中育人方式改革的学校层面目标,学生全面发展以及个性化的教育需求要求推进学校多样化有特色发展。构建保障普通高中多样化有特色发展的制度体系是激发普通高中办学活力、提高普通高中办学质量的重要抓手,也是普通高中教育供给侧改革的重要举措和任务目标。《高中阶段教育普及攻坚计划(2017—2020 年)》对普及高中阶段教育进行了总体规划和安排,将推动普通高中多样化有特色发展作为普及高中阶段教育、提高高中教育质量的重要举措。多样化有特色发展与普通高中育人方式变革是紧密相关的,多样化和有特色也是相互关联的,多样化是有特色的多样化,有特色是基于多样化的个性选择。但在推动多样化有特色发展过程中,极容易出现无特色的多样化和无选择的有特色,形成"有特色的千校一面"现象。

推动普通高中多样化有特色发展,关键在于地方政府和学校要建立多样化以及特色发展的实施和推进机制,形成相互衔接、选择多样的人才培养机制。地方政府要落实教育管理体制改革,提高普通高中自主运行能力,各学校要发挥其主体性和积极性,在一定的政策供给内根据特色发展,给予课程体系、培养模式、评价标准、选拔模式的结构性多样化供给更多的自主空间。[②] 普通高中要

---

① 石中英. 推进新时代普通高中育人方式改革要处理好三个关系[J]. 中国教育学刊,
2019(9):27 – 31.

② 刘世清. 论普通高中的发展困境与政策取向[J]. 教育研究,2013,34(3):47 – 53.

进一步推进培养模式多样化和可选择性,满足不同学生的多方面和个性化发展需要,完善类别多样、特色鲜明、选择自由的课程制度体系。根据学校实际情况设置课程内容和选课方式,使选课走班制度成为保障学生自由发展的基础制度而不是限制。除校内基本课程外,还需在社团活动、社会实践活动等各类教育活动中探索多样化有特色的发展模式,充分利用现代化资源、挖掘校内外可用资源社区、社会资源等满足学生多样化和个性化学习需求。完善学生发展指导制度,开展个性化的学业规划和生涯规划指导,形成健全的多元评价机制。通过构建和完善全方位的学生过程性和发展性评价体系,充分发挥综合素质评价的多样化和特色化育人功能。

(四)全面落实普通高中经费保障制度

经费投入是普通高中教育发展和普通高中供给侧改革的基础性保障,全面落实普通高中经费保障制度是普通高中教育发展的重要物质基础和关键前提。普通高中教育实行政府投入、社会举办者投入、家庭合理负担的经费投入机制。2019《关于新时代推进普通高中育人方式改革的指导意见》中规定了各级政府间责任,明确省市县分担责任,多渠道筹措普通高中建设资金的途径。要求地方政府可以结合本地区实际完善成本分担机制,通过核定学生培养成本,各省份出台了普通高中生均拨款制度,一定程度上提高了普通高中的经费保障能力和水平。此外,还要求建立生均公用经费拨款标准和学费标准动态调整机制。然而,普通高中招生考试改革和育人方式变革推进所导致的经费短缺问题还较为普遍,部分学校生均经费还不达标;各省市地区经费投入的结构性公平问题仍然存在,地区间差距较大,尚且存在不少短板和薄弱环节,投入保障机制还很不完善。同时,对普通高中教育经费投入、使用、监管的规定多来自总的教育政策法规而没有专门的规章制度可循。我国教育体制尤其是教育财政制度呈现出居民负担过重、政府间教育经费分担重心偏低、经费分配制度民主化程度不高、问责制度责任主体不明等偏颇在普通高中教育经费问题当中也较为明显。[①]

政府是落实普通高中教育经费保障制度的主要责任主体,各级政府在经费制度保障中有不同的责任。中央政府应加大对普通高中的财政转移支付力度,

---

① 程天君.教育改革的转型与教育政策的调整:基于新中国教育 60 年来的基本经验[J].北京大学教育评论,2012,10(4):33 - 49,185.

重点保障薄弱地区、县、市的普通高中教育经费投入水平;省级政府应切实加强财政统筹能力,科学统筹教育经费在各级教育间和省域内不同县市的比例,缩小省域内普通高中经费投入差距。在具体制度建设上需要关注以下几点:一是建立健全科学合理的投入分担机制,凸显政府责任的同时多渠道筹措资金。政府需进一步加大对普通高中教育的财政投入力度,完善基本的生均公用经费拨款制度。目前,普通高中教育经费以主管部门财政投入为主要来源,从其他渠道筹资的能力不足和方式单一。因此,在主管部门加大财政投入力度基础上,各地应因地制宜进一步完善高中建设经费投入机制,多渠道筹措普通高中建设资金,根据省域财政水平和实际办学情况制定生均公用经费拨款标准以及审核学费标准动态调整机制。二是建立与财力水平、办学情况等相适应的投入机制和稳定增长机制。依法保障普通高中经费来源及其稳定性,建立权责清晰、财力协调、区域均衡的政府间教育经费投入关系,确保普通高中财政性经费投入持续稳定增长。三是完善普通高中经费管理体制,提高经费使用效率。学校要实行综合预算制度,整体规划经费使用范围,合理分配教育资源,也可以通过委托第三方机构开展绩效评价对学校经费使用情况进行监督。

第七章 职业教育供给侧改革

一、职业教育供给的变迁与逻辑

职业教育作为与普通教育同等重要的教育类型,在我国壮大实体经济、深化教育改革的背景下,办好新时代职业教育是党和国家的重要指示。职业教育供给是指在一定的时空条件下,为了满足国家、社会和个人发展的需求,政府、企业、社会和个人等主体在为职业教育发展提供理念、制度、人财物保障的同时,以职业院校为核心所提供的教育机会、过程和结果。通过探寻新中国成立70多年来我国职业教育供给的变迁逻辑,总结归纳其阶段性特点,展望职业教育未来走向,不仅有助于我们深入认识职业教育面临的供需失衡问题,而且能够全面思考推进职业教育领域内综合改革面临的体制机制障碍,加快推进职业教育现代化2035的进程,促进职业教育向优质高效的供给品质、多元主体复合供给格局和办学特色更加鲜明的类型教育转变。

(一)新中国成立70多年来我国职业教育供给的历史演变

教育领域的供需均衡指的是教育资源供求双方在一定的社会条件下,关于教育结构、质量和总量上达到一种相对稳定的状态。职业教育领域也是如此,只有各供给主体在不断调整和改革中,才能使供需关系逐渐趋于相对均衡的状态。根据新中国成立70多年来,我国职业教育供给在规模、结构和质量上的阶段性特征以及顺应国家出台的重大职业教育政策制度或发展方针,我国职业教育供给的发展演变可以划分为以下六个阶段。

1. 以改造整顿为主的职业教育初步供给阶段(1949—1965年)

新中国成立以后,毛泽东宣布发展民族的、科学的、大众的文化,以先进的科学思想文化取代旧思想旧文化来武装中国国民头脑,加快社会主义新中国的建设。1949年12月,第一次全国教育工作会议召开,会议确立了以借鉴和吸收苏联教育经验和旧教育有用经验为主,建设新民主主义教育的方针。之后在职业教育领域,也全方位地开展了对苏联经验的借鉴与学习。在党和国家相关制度政策的指引下,各地军事管制委员会迅速对职业学校展开了接管工作,并结合苏联经验进行了具有中国特色的职业教育改造,新中国职业教育初具规模。

首先,以确立重要地位为此阶段供给理念。第一次全国教育工作会议总结报告中指出,要注重发展技术教育,加强劳动者的业余教育和在职干部教育。之后,随着国家发展对工业技术人才、科学技术人才、中级管理干部的持续性需要逐渐加强,职业技术教育拉开了序幕。

其次,以调整整顿为发展方针。以 1951 年的《关于改革学制的决定》中将职业教育纳入学校系统为开端,国家相继颁发一系列政策,对中等技术学校的招生标准、毕业就业制度、学校的领导关系、修学年限、专业设置、办学宗旨、培养目标、成绩考核、教材编审等方面做出规定,职业学校的各项制度臻于完善。

再次,以中等教育结构趋于合理化为供给成就。据国家数据统计,到 1965 年年底,职业中学学校数量达到 61626 所,职业学校在校生人数为 143.5 万人,普通高中为 130.8 万人,分别占 53% 和 47%,中等教育结构趋于合理。

最后,以两种制度、三种结合的职业教育新发展路径为供给特色。1965 年 3 月,教育部召开了半农半读教育会议,会议提出要积极试办半工半读中等技术学校,试办的重点是中等专业学校和高等学校。在这之后,国家实施了扩大试办农业中学和农业中等技术学校政策,在城市重点发展中等技术学校和高等学校的战略决策,并取得了良好成效。

2. 以萎缩瘫痪为主的职业教育停滞供给阶段(1966—1976 年)

经历了社会主义过渡和全面建设社会主义时期,我国的教育事业取得了有目共睹的成绩,特别是职业教育经过 17 年的整顿、恢复和发展,正呈现出蓬勃发展的态势。然而,随着"文革"在教育领域的展开,教育领域开始了"停课闹革命"的"造反逆流",职业教育领域也难逃浩劫。"四人帮"和林彪两个反革命集团以批判"修正主义教育路线"和"两种教育制度"为借口,把职业教育看作西方资本主义教育制度的翻版,全面否定职业教育,盲目发展普通教育。全国整个职工教育培训也基本处于停顿半停顿的状态,职业中学、农业中学、技工学校、中等专业学校在 1969 年年底已经所剩无几。

首先,职业教育管理层瘫痪。"文革"一经开始,各学校进入了"停课闹革命"的混乱状态,职业学校领导干部被依据政治路线分为若干派别,受到批斗、监督劳动等迫害,学校正常的教学秩序被严重破坏。1968 年 9 月,毛泽东阐述了知识分子改造政策,"对过去大量的高等及中等学校毕业生早已从事工作及现在正从事工作的人们,要注意对他们进行再教育,使他们与工农结合起来"。之后,教育部门先后实行军官、工宣队进驻、干部下放劳动,教育行政机关和学校领导部门几乎全部解散,职业教育领域管理层全部下基层参加劳动,大量的职业学校关门、停办,许多工作长期搁置。

其次,半工半读教育制度遭受重创。"文革"开始后,刘少奇等人被视为"党内走资本主义道路的当权派",他所积极倡导的半工半读教育制度被视为"资本主义双轨教育制度",遭到猛烈抨击。半工半读学校全部撤销停办,长达 10 年之久,我国职业技术教育遭受重创。

再次,职业学校数量严重萎缩,教师、学生大量流失、校舍被占。"文革"发动后,半工半读学校和职业中学全部停办。据国家数据统计,1965 年至 1972 年间,全国各级技术学校共减少 397 所,占学校总数的 45%;中等师范学校减少 47 所,占学校总数的 11.9%。按 1965 年招生数为基准计算,1966 年到 1972 年中等专业学校应招生大约 124.8 万人,实际招生 35.2 万人,约少招生 89.6 万人。另外,全国矿工企业单位大面积占用中等专业学校校舍,高达 750 万平方米,约 37 万学生所需的学校建筑容量。① 1966 年全国共有中等技术学校教师 48 万人,到 1971 年减少至 24 万人。干部下乡、教师学生大量流失、校舍被占、学校停招,"文革"对职业教育造成了毁灭性打击。

最后,着手恢复中职供给。"文革"开始后,职业院校、企业培训大量关闭或停办,承担职业人才培养的教育机构数量严重萎缩。经济发展困难,社会物资供应短缺。1971 年,国务院有关代表在全国工作会议上,强烈要求恢复和办好中等专业学校和技术学校。从 1972 年起,各地的中等专业学校和技术学校逐渐恢复正常的教学秩序。1973 年国务院颁发《关于中等专业学校、技工学校办学几个问题的意见》,提出要抓紧调整和适当发展中等职业教育。1975 年,邓小平坚持"科学是第一生产力"的观点,着手开展了包括职业教育在内的教育事业整顿工作,我国中等职业教育开始恢复供给。

3. 以规模扩张为主的职业教育恢复供给阶段(1977—1984 年)

自"文革"发动以后,我国各项教育事业都陷入瘫痪之中,教育事业遭到极

---

① 李蔺田.中国职业技术教育史[M].北京:高等教育出版社,1994:338 – 339.

大破坏,发展一度停滞。职业学校面临着数量萎缩、校舍被占、学校教师大量流失、教育秩序混乱不堪的问题。到了20世纪70年代初期,依靠职业教育培养大量技术工人促进国民经济的发展,受到国家高层领导的重视,职业教育得到了一定程度的恢复。1978年全国教育工作会议召开,提出各级各类教育要积极主动适应国民经济发展的需要。这时,如何"以职业教育体制改革和人才培养创新引领经济发展"成为党和政府及教育界共同关注的话题。

首先,扩大职业中学比例。在"文革"期间,普通高中被盲目发展,职业中学数量严重萎缩,高考制度的恢复形成了"千军万马过独木桥"的现象,升学压力和就业压力催促着中等职业教育结构改革。在1979年的全国教育工作会议上,邓小平首先提出要大力发展中等职业教育,改善普职比例失衡问题。1980年的国务院报告中再次提出,要加大中等教育结构改革力度,通过在普通高中开设职业班或直接改制成职业高中的方式扩充职业教育规模。此后,各地积极展开了中等职业学校的建设工作,普职比例失衡问题得到缓解,中等教育结构逐步趋于合理化。到1984年年底,职业中学学校数达7002所,招生人数达93.9万人,在校学生数达174.5万人,任职教师达10.4万人,已初步实现职业教育的规模扩张目标。

其次,增加财政投入,加大供给力度。1983年,《关于追加发展城乡职业技术教育开办补助费的通知》发布,明确表示由中央财政部对职业技术教育追加一次性补助经费,用以扩大职业教育规模,改善办学条件,各级地方政府也应根据财力情况积极支持城乡职业教育的发展,为农业现代化培养大批农业技术人才和管理人才,各职业院校要用好管好补助经费,将其用在发展职业技术教育最急需的方面。之后,各地建立了职业技术教育中心,培育了大批专业师资,各院校办学条件明显改善,尤其是学校设备设施得到补充和更新。从1983年到1985年,中共中央财政每年都拨出5000万元的职业教育补助经费,用以保障职业技术教育的物质基础。

最后,职业教育制度供给更加完备。在扩充中等职业教育规模的同时,国家出台了一系列政策文本、规章制度用以规范建设,如《技工学校工作条例(试行)》(1979年)、《进一步做好城镇劳动就业工作》(1980年)、《关于中等教育结构改革的报告》(1980年)、《关于全日制中等专业学校领导管理体制的暂行规定》(1980年)、《关于1982年中等专业学校招生工作的意见》(1982年)、《关于改革城市中等教育结构发展职业技术教育的意见》(1983年)、《1984年普通中等专业学校招生规定》(1984 年)、《关于在全日制普通中等专业学校建立学校基金制度几项原则意见的通知》(1984 年)等。文件的内容从宏观上跨越了发展职业教育的指导思想、战略方针、体制改革保障措施等方面,从微观上涵盖了财政投入、教育对外开放、技工学校管理权限、招生制度改革、师资培养、管理干部培训、教材编写和职业培训等多个方面。总之,这一时期政策文件的出台旨在调整中等教育结构和改善职业教育机构的教学质量,为我国职业教育供给品质的提高提供了制度保障。

4. 建章立制的职业教育规范供给阶段(1985—1995 年)

1984 年中共十二届三中全会召开,会议上决定将国家现阶段任务聚焦在社会主义经济建设上。国家面临着社会各个生产部门的恢复与重建,如何快速发展生产力满足人民对物质文化的基本需要成为时代主题。在教育领域,通过职业教育的规模扩张已经完善了中等教育结构,为国家培养了大批初、中级技术人才和高级管理干部。1985 年全国教育工作会议上明确了职业教育要走市场化和规范化发展道路。此后,有关职业教育体制改革的一系列政策文件开始出台。

首先,供给理念发生转变。在国家确立了加快改革开放和社会主义建设的步伐以后,党和国家认识到职业教育的教育思想与管理体制也应服务于经济体制改革,建立起适应社会主义市场经济的职业教育制度迫在眉睫。因此,从中央到地方各级政府下放教育管理权力,扩大了各校的办学自主权,职业技术教育机构开始面向市场办学,办学理念由过去的仅仅按照上级行政指示办学变为了结合学校自身特色,并与社会发展需要相对接。同时,随着经济体制的多元化,各种非公有制经济成分对各种专业技术人才的需求大增,各社会团体、私人甚至港澳台同胞及国外友人合作或独立办学的新局面被打开,在这一阶段职业教育供给主体由国家单一主体转变为国家、社会和市场多元供给主体。

其次,以制度体系上的健全来完善供给。在这一阶段,为了使各级各类教育主动适应经济体制改革和发展的需要,1985 年《中共中央关于教育体制改革的决定》颁布,确立了要调整中等教育结构、大力发展职业技术教育的方针。在这之后召开的第一次和第二次全国职业技术教育工作会议上,对职业技术教育的办学体制、办学规模、办学条件、办学思想都做出了具体规划,对职业教育的各个供给主体该采取何种措施来促进职业技术教育的改革和基本建设都做出了明确规定,并指出要普遍建立起一个从初级到高级、行业配套、结构合理,又能与普通教育相沟通的职业技术教育体系。

最后,高等职业教育开始起步。1985 年《中共中央关于教育体制改革的决定》提出了积极发展高等职业技术院校的要求。之后,《关于加强普通高等专科教育工作的意见》(1991 年)和《关于推动职业大学改革与建设的几点意见》(1995 年)的发布为高等职业教育规范化发展提供了清晰的改革思路,指明了发展路径。在全国重点城市也积极展开了高职试点工作。1991 年,邢台高等职业技术学校率先在全国办起高中起点、专科层次的高职教育,探索形成了"双起点、双业制、双证书、订单式"高等职业办学模式。1994 年,国家明确提出建立初、中、高三级相互衔接的职业教育体系,确立"三改一补"的高等职业教育发展基本方针。[①] 这一系列举措理顺了职业教育的管理体制,整合了现有的高等教育资源。总之,20 世纪 90 年代初,对于职业教育的制度建设与高等职业教育的实践探索初步明确了我国职业教育的大体轨迹与发展任务,勾勒出了中国职业教育体系蓝图,指明了职业教育未来发展之路。

5. 体制改革的职业教育多元供给阶段(1996—2004 年)

改革开放和社会主义现代化建设历经了近 20 年的发展,已取得一些可喜的成绩。在承前启后、继往开来的跨世纪节点,我国面临着亚洲金融危机和国内有效需求不足的严峻挑战,为了继续保持国民经济稳速发展,提高人民生活水平,政府加快了产业结构、医疗卫生、文化、教育事业的改革步伐,实施了科教兴国战略,高校扩招成为历史选择。[②] 在这一过程中,我国职业技术教育进入转折发展阶段,高等职业教育迎来了第一个春天,得到了蓬勃发展,中等职业教育表面上由于高校扩招面临着严峻考验,实则走出了一条压缩规模、体制改革、巩固提高的内涵式发展道路。

首先,职业教育走上法制化道路。随着党和政府对职教发展前所未有的重视,在大量的教育改革思想的实施贯彻中,急需相关政策文件的法制化为其保驾护航。1996 年《中华人民共和国职业教育法》的颁布,标志着我国职业技术教育进入了有法可依、依法治教的法制化发展轨道。[③] 之后,与职业教育相关的

① 平和光,程宇,李孝更.40 年来我国高等职业教育发展回顾与展望[J]. 职业技术教育,2018(15):6-17.

② 方展画,刘辉,傅雪凌. 知识与技能:中国职业教育 60 年[M]. 杭州:浙江大学出版社,2009:142.

③ 陈久奎. 中国职业教育立法的百年历程及反思[J]. 现代教育管理,2014(10):63-69.

配套政策相继出台,如《大力推进依法治教为实现跨世纪发展职业教育的目标而奋斗》(1996 年)、《中等职业学校收费管理暂行办法》(1996 年)、《关于调整中等职业学校布局结构的意见》(1999 年)、《试行按新的管理模式和运行机制举办高等职业技术教育的实施意见》(1999 年)、《高等职业学校设置标准(暂行)》(2000 年)等,内容涵盖了中高职发展的结构、层次、学校标准、专业设置和组织管理等各个领域,为日后职业教育制度化发展奠定了基础。

其次,中等职业教育巩固发展为供给特点。1998 年,国家有关领导提出"到下世纪初,我国中等职业教育的发展,要从数量发展为主转移到巩固提高为主"。在 1999 年发布的《面向 21 世纪教育振兴行动计划》中,要求加大职业教育办学体制改革、管理体制、运行机制及招生就业制度的改革,鼓励社会力量以多种形式兴办职业教育。在这一阶段,国家发布的政策也都是针对中等职业教育某内涵建设的某一方面进行设计,包括中职学校布局结构、教学改革和教师队伍建设等,如《关于调整中等职业学校布局结构的意见》(1999 年)、《中等职业学校专业目录》(2000 年)、《中等职业学校设置标准》(2001 年)、《全国中等职业学校教师在职攻读硕士学位工作座谈会纪要》(2001 年)、《关于在部分有条件的中等职业学校做好综合课程教育试验工作的意见》(2001 年)等。

最后,高等职业教育供给成效显著。据 2004 年全国教育事业发展统计公报,普通高等教育共招生 447.34 万人,其中普通高等专科学校招生 237.4 万人,占比 53%,比 1985 年增长 20.2 个百分点;普通高等教育在校生共计 1333.5 万人,其中普通高等专科学校在校生人数达 595.6 万人,占比 44.7%,比 1985 年增长 19.3 个百分点;毕业生人数共计 239.1 万人,普通高等专科学校毕业生有 119.5 万人,占比 49.97%,比 1985 年增长 18.7 个百分点。总之,从 1985 年高等职业教育起步开始算起,19 年的时间里,高等职业教育教育在规模和质量上都取得了突破性进展。从总量上来说,高职教育已占据高等教育领域的半壁江山,为社会主义现代化建设培养了数以千万计的高素质劳动者和专业人才,为我国高等教育的大众化做出了突出贡献。

6. 服务国家战略的职业教育黄金供给阶段(2005 年至今)

自改革开放以来,我国从计划经济走向市场经济,已取得了举世瞩目的成绩,综合国力显著增强、人民生活水平显著改善、国际地位明显提高。新时期,以职业教育改革来适应经济发展新常态,帮助推进教育体制改革的实施,实现更高质量更充分的就业创业,为学生提供多样化的成长成才路径,为社会主义现代化建设提供数以亿计的高素质劳动者和技术技能人才,成为职业教育现阶段的发展目标,我国职业技术教育的发展进入服务国家战略的黄金发展阶段。

首先,增加财政投入,继续扩大供给。自 2005 年《国务院关于大力发展职业教育的决定》发布以来,国家加大了对职业技术教育的财政供给力度。职业教育经费总量呈逐渐上升趋势,中等职业教育经费增长同普通高中经费增长趋势基本吻合,其中财政性经费投入占总投入的主要比重,如 2005—2010 年中等职业教育财政性经费增速为 19.8%,[①]而非财政性经费增速只有 3.1%。另外,中等职业学校生均公共财政预算经费 2013 年比 2005 年增加 6910 元,增长了近 3 倍。中央财政专项经费投入也不断增长,2004—2013 年,中央财政投入 1113 亿元支持了四大类职业教育重大项目建设,[②]经费投入是教育事业发展的基础,职业教育经费的不断增长体现了国家对于发展现代职业技术教育的迫切需求。

其次,以建立具有中国特色职业教育体系为供给目标。职业教育自发展以来,一直在理论和实践方面探索走适合中国国情的特色发展道路,在 21 世纪,建立具有中国特色职业教育体系为社会主义现代化建设服务势在必行。在 20 世纪 60 年代,由刘少奇提出的“半工半读”的职业教育发展模式就已出现,并取得良好办学效果。在现阶段完善“工学结合、半工半读”模式对于加强“产教融合、校企合作”具有重大促进意义。另外,继续大范围推广集团化办学,以办学主体多元化(政府、院校、企业)的结构特点实现产学结合、工学一体的功能优势,[③]旨在提升职业教育体系的整体适应性。

最后,以办好类型教育为供给特色。2019 年《国家职业教育改革实施方案》中明确表示职业教育是与普通教育同等重要、完全不同的两种教育类型,具有自己鲜明的特点和特色,该方案明确了当下我国办好类型教育的发展任务,为职业教育发展困境指明了解决路径。近年来,我国职业教育虽取得了一些成就,但职业院校办学特色不突出、办学质量不高的问题并没有得到根本改观。以类型教育为突破口深化职业教育改革,促进产教融合校企“双元”育人机制,

---

① 王红.中国教育经费发展历程与未来展望[M].上海:上海科技教育出版社,2016:186.

② 耿洁.我国职业教育经费投入现状与对策研究[J].中国职业技术教育,2015(12):13-19.

③ 全守杰,唐金良.香港地区职业教育的多元共治及实践样态:以职学计划为例[J].中国高教研究,2019(2):100-105,108.

健全国家职业教育制度框架,①创建一批具有中国特色的高水平职业院校,这将是打赢职业教育提质升级攻坚战、办好新时代职业教育的重要开端。

(二)新中国成立70多年来我国职业教育供给的演变逻辑

探讨职业教育供给的变迁逻辑,不仅可以反映出职业教育在不同历史时期下受政治、经济、文化影响的动态发展过程,而且可以直观地窥探职业教育在供给理念、结构、质量和总量上的变化情况,能够有效把握国家、市场和第三部门对职业教育的供给与职业教育发展之间的密切关系,并进一步推动职业教育供给侧改革,促进职业教育供给体系的完善和供给质量的提高。通常来讲,对教育供给的分析框架是从对纯公共产品的供给绩效分析框架转化而来的,纯公共产品供给绩效取决于供给意愿、提供能力、生产效力、连接机制四个供给要件的满足情况。但职业教育属于准公共产品,对其供给的分析不能完全照搬纯公共产品的分析模式。我们认为,可以从供给理念、实际提供能力、供给主体关系、政府协调服务能力、学校运行能力等方面来梳理职业教育供给的演变逻辑。

1. 职业教育供给理念:从就业导向到生涯发展导向的转变

教育理念是指在实现教育目标的过程中,各供给主体所做的契合教育期望的价值选择。职业教育供给理念渗透了权力主体在不同历史时期为了满足政治经济发展需要的教育偏好②,是对于职业教育的职能、目的和教育过程中的知识价值观的反映。新中国成立70多年来我国职业教育理念经历了从就业导向的工具理性到生涯发展导向的本体理性的转变,具体是从满足政治发展需要到权衡各利益主体的供给动机的转变。职业教育以个人价值为导向、以生涯发展为目标的理念诉求顺应了教育发展规律和社会发展规律,是职业教育理念发展的新起点。

新中国成立初期,我国处于内外交困的局面,为了快速发展国民经济、以新文化革新国民头脑,使新中国快速进入平稳发展阶段,政府在这一时期实施的教育体制和发布的教育政策具有强烈的政治色彩,职业教育领域亦是如此。如1952年确立的"各级教育部门和业务部门统一领导、分工主管"的原则和颁布的《政务院关于整顿和发展中等技术教育的指示》等,都旨在解决国

---

① 祁占勇.职业教育政策研究[M].北京:教育科学出版社,2018:126-131.
② 庄西真.教育偏好和职业教育发展[J].教育科学,2006(2):69-72.

家初、中级管理干部紧缺的问题。在这一阶段,职业教育的单一供给主体——政府将职业教育维持统治的政治效益发挥到最大,职业教育体现统治阶级意志、维护社会稳定的历史特点十分鲜明。随着"文革"结束、改革开放到来,国家面临着各个生产部门的恢复和重建,物质资料的匮乏和生产力的落后严重阻碍着国家进程。无论是办学理念的市场化,还是供给主体的多元化,无一不体现着职业教育受经济效益的牵动和服务国家经济建设的发展特点。职业教育适应产业结构变革,"以服务为宗旨、以就业为导向"的教育目的十分明显。到了 2010 年以后,关注职业人存在和发展的意义逐渐在国家相关政策文本中显露。如"职业教育要面向人人、面向社会,着力培养学生的职业道德、职业技能和就业创业能力……要体现终身教育理念,满足人民群众接受职业教育的需求","终身教育""核心能力""大国工匠"等词组的窜热,反映着政府开始将学生的全面发展和终身发展作为相关因素融入教育发展规划之中,职业教育政策话语取向开始向个人价值本位靠拢。职业教育不仅能为就业市场提供人力资源,而且是技能型人才的"培养皿""加油站"。职业教育如何服务于终身教育体系建设,如何为职业人才提供准确的职业发展规划,如何培养学生适应未来变化的能力,成为职业教育供给的新着力点。从工具价值到本体价值的职业教育理念的转变,从就业导向到生涯发展导向的培养目的转变,体现了统治阶级供给动机从满足政治经济发展需要转向更加关注对受教育者的生命本体的关怀。职业教育理念作为指导职业教育事业健康发展的指南,在未来将更具科学性和人文性,将伴随我国现代化进程的加速而更加关注个体本身的发展需求,为职业学校学生获得立世之技和奠定一生的精神追求是职业教育永远的使命。

2. 职业教育实际提供能力:从层次教育到类型教育的转变

职业教育实际提供能力指的是职业教育多元供给主体在不同历史阶段对于职业教育发展所必需的人财物等资源的提供和配置能力。① 新中国成立 70多年来,我国职业教育经历了由规模扩张到内涵建设的发展路线,职业教育供给能力在各主体的努力下得到显著提升。这不仅表现在教师队伍专业素质的提升、国家财政拨款力度的加大、课程专业设置逐渐标准化、人才培养规格的提

---

① 吕普生. 政府主导型复合供给:中国义务教育供给模式整体构想[J]. 中国行政管理,2017(1):102 – 108.

高和治理的现代化,更重要的是,我国职业教育从新中国成立初的教育层次定位开始向教育类型转变,从模仿普通教育到突出职业教育办学特色、走职业教育自主发展道路,这条路中国人民走了70多年,并将坚定不移地继续走下去。挖掘中国特色职业教育潜力,提升职业教育供给主体的供给能力,使教育供给更具完备性、均衡性、适需性,有利于把我国建设成为教育现代化强国,使我国职业教育走向世界舞台中央。

新中国成立初期,为了进行大规模的经济建设,各行各业对技术人才的需求大增,《政务院关于整顿和发展中等技术教育的指示》中明确表示,要求中等技术学校办成专门化的、单一的、短期的、速成的技术学校或职业技能训练班。此时的职业教育仅仅作为普通教育的补充,更多的是发挥着职业培训的功能。与同时期的其他国家相比,我国的职业教育尚未形成完整的体系,在各教育类型中处于边缘化的位置。到了改革开放以后,国家积极发展高等职业教育,将部分重点中专学校改建为大专,并且提倡在经济发达城市举办职业大学和高等专科学校。这一时期,相比于体系完善、制度健全、功能丰富的普通教育而言,高等职业教育仅仅作为走向工作岗位之前的教育阶段而存在。无论是在人民群众的教育观念中,还是在国家的教育体制体系中,职业教育都承担着以就业为导向的专科层次的教育定位,与集升学、工作、留学为一体的普通教育相比相形见绌。从1985年教育体制改革开始,建立从初级到高级、普职融通的职业技术教育体系就被提上日程。目前,我国已基本形成上下贯通的职业教育体系,深化校企合作、完善学历教育和培训教育为一体的职业教育体系成为新的时代任务,突出应用特色、深化产教融合、体现终身教育理念等时代主题书写着我国职业教育类型教育的特点。我国职业教育将作为人力资源开发的重要组成部分,作为广大青年通往成功成才大门的第二条路径,作为技能传承、实现就业创业的重要手段,正走出一条不同于西方的中国特色职业教育发展之路,走向中国教育现代化。

3. 职业教育供给主体关系:从单一封闭到动态协调的转变

公共产品的供给过程包括生产和提供两个环节。生产是指公共产品或服务得以成为存在物的过程,而提供是指对公共产品的授权、资助、获得和监督。[①]

---

① 孙长远,庞学光. 从"一元主导"到"多元共举":我国职业教育供给模式创新路径探寻[J]. 河北师范大学学报(教育科学版),2017,19(1):74-80.

此处"职业教育供给"的含义是指政府、企业、个人、社会团体等供给主体通过投资、资源建设、管理、教学考核等活动提供职业教育服务的过程。职业教育作为社会政治经济、历史文化的产物,其供给主体随着社会进程而演变,供给主体关系由单一封闭到动态协调的转变体现了该阶段的利益相关者和权力主体的嬗变,具有一定的历史性和相对性。

新中国成立初期,国家在教育领域确立了"以俄为师"的方针,展开了对苏联教育的全面借鉴和学习。对国民党时期建立的职业教育开展了接管和改造工作,政府采用强制统一的行政方式进行教育资源配置和管理。政府作为职业教育供给的单一主体,在教育体制、教育制度、学校管理、教学资源方面做出规定和补充,并对职业院校学生实行计划培养。这一系列措施对于职业院校迅速恢复元气起到积极作用,但是这一阶段我国职业教育供给主体关系呈单一封闭的状态,职业教育供给活力难以迸发。到了改革开放以后,市场需求的扩大和政府供给能力的有限性导致供给主体朝多元化的趋势转变①,国家开始将地方政府纳入职业教育供给主体当中。如1983年《关于追加发展城乡职业技术教育开办补助费的通知》中规定,根据地方财力,也尽可能地拨出相应经费,积极支持城乡职业技术教育的发展。1985年《中共中央关于教育体制改革的决定》中指出,发展职业技术教育,要充分调动企事业单位和业务部门的积极性,并且鼓励集体、个人和其他社会力量办学。此时,企事业单位、社会团体和民间资本都参与职业学校、技工学校或培训机构的办学和管理。市场力量的介入为教育事业注入了新鲜血液,供给主体由单一向复合的转变带来了职业教育领域的欣欣向荣局面,也促成了供给主体关系由单一封闭向动态协调的转变。政府、学校、企业三方主体在利益博弈和力量作用的过程中,逐渐形成了我国职业教育产业化、市场化的办学趋势,以满足不同消费群体的经济、文化需求,职业教育供给在多方协同条件下趋向稳定和健康发展。

4.政府协调服务能力:集权模式下的控制管理向服务型政府角色转变

协调服务能力指在公共产品供给的过程中,有效联结提供与生产的管理协

---

① 乔毅.公共产品多元化供给及其障碍因素分析[D].太原:山西大学,2007.

调机制。① 职业教育供给过程中,政府协调服务能力是指政府在调节各职业教育供给主体关系、对供给资源的配置方式及对各生产单位的监管和评估能力。新中国成立 70 年以来,政府在职业教育供给过程中扮演了从集权模式下的垄断控制向服务型政府角色的转变。

新中国成立初期到 20 世纪 80 年代之前,国家在教育上采用了强制性统一分配教育资源的方式,并采用单线式的行政方式进行教育管理。这一时期我国职业教育发展体现了明显的政治驱动特征,政府作为职业教育的建设者和指挥者,对职业教育的集权式管理控制达到顶峰。如注重技术教育,加强劳动者的业余教育和在职干部教育。给青年知识分子和旧知识分子以革命的政治教育,以适应革命工作和国家建设工作的广泛需要。1978 年,教育部和国家劳动总局发布通知,“经国务院批准,全国技工学校的综合管理工作,由教育部划归国家劳动总局,教育部在师资配备和教材编写方面给予协助”。这种由中央统一领导、教育部门和劳动部门分工管理的治理体制在改革开放以后得到转变,社会主义市场经济体制的确立促进了教育领域的市场化和产业化。社会力量和民间资本的参与形成了职业教育供给主体的多元化。多元主体(政府、市场、第三部门)在职业教育领域的利益博弈和制衡造成职业教育管理权的变化,最终完成了以“统一管理、分工负责”到“以地方统筹协调”为核心再到“以国务院领导下多元参与”为核心的管理机制的转变。② 进入新时代,政府继续深化教育管理体制改革,进一步简政放权,让渡更多权力给社会和市场,激发了各职业教育组织机构的办学活力,增强了各利益主体的协同合作能力。此外,还通过一系列法律法规的颁布来实现统筹规划、政策引导、监督管理职能,通过委托管理和“管办评”联动机制提高政府公共服务能力,管理方式逐步向督导评估式管理转变。

职业教育的综合改革要求政府向“有限型”“责任型”“服务型”政府角色的转变,这也符合国家教育事业发展“十三五”规划中提出的“基本实现管办评分离,形成政府依法管理、学校依法自主办学、社会各界依法参与和监督的格局”的期望和要求。政府管理权限的下放和让渡是对民间资本参与社会治理的认

---

① 吕普生.政府主导型复合供给:中国义务教育供给模式整体构想[J].中国行政管理,2017(1):102-108.

② 刘淑云,祁占勇.改革开放 40 年来我国职业教育管理体制改革探析[J].职业技术教育,2018(13):38-43.

可和重视,是解决"政府失灵"的有效措施。随着我国产业升级和经济结构的转型,运用社会力量和市场手段进行职业教育资源的优化配置,有利于解决政府在管理过程中的"越位、缺位、错位"现象。政府由管控型政府向服务型政府角色的转变,也更能发挥政府的督导监管职能,推动以满足社会需求为导向的教育质量的提高和教育公平的实现。

5. 职业学校运行能力:从权力依附下的自在生长到自为意识的觉醒

学校运行能力是指职业学校和职业培训机构的组织管理能力、资源的利用程度及人才培养质量的高低。政府相对充足的财政供给能力和制度保障机制能否转化为有效的提供能力,学校作为教育产品的供给环节,起着十分关键的作用。① 新中国成立70多年来,我国职业学校的运行能力经历了从权力依附下的自在生长到自为意识的觉醒过程。20世纪50年代到80年代间,国家以无限政府模式对职业教育领域实施统一管控,挤压了其他主体的生存空间,本应丰富多彩的大舞台变成了政府部门的独角戏。各校的运行能力在政治意识的把控下无法开展,只能在对国家权力的依附下自在生长。为了在智力支持和人才支撑的保障下,以先进的科学技术带动生产力发展,政府对职业教育的发展制定了详尽的行动准则。如1980年《关于中等教育结构改革的报告》中,政府对学制系统、修业年限、专业设置、师资配备、课程设置、教学考核、毕业就业等方面做出具体规定,各职业院校和培训机构以服从行政指示为准对学校展开管理,各校办学自主权无法行使,严重窒息了各校的办学活力。十一届三中全会以后,随着社会主义市场经济体制的逐渐建立,国民经济对于职业人才的需求增加。职业教育办学水平的不断提高和西方先进职教理念的引入,自主管理、科学管理、多元管理逐渐成为职业教育管理意识里的重要组成部分。② 各校管理主体对于微观管理权限的扩大和管理规律自觉性的提高,超越了之前短浅的功利驱动或是为上级交差的行动倾向,出于对学校专业发展和社会需要而进行的自觉选择越来越多。如20世纪末高等职业院校的兴起和21世纪集团化办

① 吕普生. 政府主导型复合供给:中国义务教育供给模式整体构想[J]. 中国行政管理,2017(1):102 – 108.
② 贺欣. 政策环境对职业教育政策的影响:以职业教育管理体制的变化发展为例[J]. 广东技术师范学院学报,2014(2):111 – 116.

学的创造性应用,体现了我国职业学校和培训机构自为意识的产生,在此过程中管理主体的专业性、反思性、创造性、能动性特点一并显现。

职业院校在新时代的发展路线:"建议健全学校设置、师资队伍、教学教材、信息化建设、安全设施等办学标准",这是 2019 年《国家职业教育改革实施方案》对于职业院校标准化办学的重要指示。各院校要与相关行政单位和生产部门统筹协调,服务于培养高素质劳动者和技术技能人才的办学目标,继续走深化校企合作、产学研结合发展道路,与行业企业走互惠互利、合作共赢之路,释放中职和高职院校的办学活力和创造力,为区域经济发展提供源源不断的后备力量。

二、职业教育供给的困境与原因分析

职业教育作为与经济市场联系最为紧密的教育类型,为我国经济社会发展提供了有力的人力和智力支持。随着我国进入新的发展阶段,产业升级和经济结构调整不断加快,各行各业对技术技能人才的需求越来越紧迫,职业教育人力资源供给的重要地位和作用愈加凸显。2019 年《国家职业教育改革实施方案》中,明确指出"坚持以习近平新时代中国特色社会主义思想为指导,把职业教育摆在教育改革创新和经济社会发展中更加突出的位置","大幅提升新时代职业教育现代化水平,为促进经济社会发展和提高国家竞争力提供优质人才资源支撑"。但是,与发达国家相比,与建设现代化经济体系、建设教育强国的要求相比,我国职业教育还存在着诸多问题,如职业教育体系不健全、体制机制不畅、办学基础薄弱、质量有待提高等。事实上,这些问题集中反映了我国职业教育供给要素配置扭曲、有效供给能力不足、供给与需求失配的现实困境。如果这些困境无法得到有效的解决,将在很大程度上降低职业教育投资的效益水平,抑制人力资本价值的发挥。

(一)职业教育供给的困境

供给侧结构性改革是新供给经济学中为促进经济持续增长提出的理论。所谓供给侧结构性改革,是从提高供给质量出发,用改革的办法推进结构调整,矫正要素配置扭曲,扩大有效供给,提高供给结构对需求变化的适应性和灵活性,提高全要素生产率,更好满足广大人民群众的需要,促进经济社会持续健康发展。① 职业教育供给侧改革是指在一定的社会条件下,为满足经济社会进步和个人全面发展的需求,对职业教育供给主体所提供的教育机会、过程和结果的构成要素进行配置优化,调整供给结构,提高供给体系对于社会变化和个人需求的适应性,促进职业教育的提质升级。实际上,职业教育供给侧改革首先需要分析职业教育供给面临的困境,反思现行职业教育诸多要素配置中存在的问题,才能挖掘其原因,继而探寻提高职业教育生产率的可行路径。

1. 技能人才供给与劳动力市场需求之间的矛盾

每个时代都有自身的独特性,我们现在所处的时代具有不同于过去的新特征,如工业化、学习化社会、知识经济、网络时代、全球化、高等教育大众化等,它们既给职业教育带来无限机遇和生机,也对职业教育原有的体系提出了巨大挑战。② 2016 年,国家三部委联合印发《制造业人才发展规划指南》,提出要形成与完善现代制造业体系相契合的人力资源发展格局,造就一支结构协调、规模合理、素质优良、富有朝气的制造业人才队伍,为实现制造业转型升级奠定坚实的人才基础。职业教育作为高素质技术技能人才培养的基地,制造业这种划时代性政策调整对其人才培养规模与结构提出了新的诉求。③ 事实上,我国职业教育作为制造业人才供给的主力军,在人才培养数量和结构方面与"中国制造2025"的要求还存在着诸多的不相适应。一方面,技能人才供给总量不足。2001—2014 年,我国职高、技校、中专学历劳动者的求人倍率呈现逐年攀升的态势,从 2011 年起几乎都保持 1 以上。这种供不应求的状况在其他教育层次中较为少见,这表明劳动力市场上存在明显的中等职业教育劳动力总量不足现象。④ 另一方面,技能人才供给结构不合理。西方发达国家职业教育发展经验表明,凡是工业强国其背后都有大量的高素质技能人才做人力支撑。在日本,高级技工占整个产业工人队伍的 40%,德国则高达 50%,而我国这一比例仅为5%,全国高级技工缺口 1000 万人。另外,由于我国产业工人技能水平整体落后于工业化程度,劳动生产率低至世界水平的 40%,仅相当于美国的 7.4%。显然,虽然过去我国是传统制造业大国,依靠劳动力红利在全球产业分工中占

① 刘云生. 供给侧结构性改革:教育怎么办?〔J〕. 教育发展研究,2016,36(3):1 – 7.

② 石伟平. 时代特征与职业教育创新[M]. 上海:上海教育出版社,2006:23.

③ 陈鹏,薛寒."中国制造 2025"与职业教育人才培养的新使命[J]. 西南大学学报(社会科学版),2018,44(1):77 – 83,190.

④ 张原. 中国职业教育与劳动力需求的匹配性研究[J]. 教育与经济,2015(3):9 – 14.

据比较优势,但随着全球工业化进程的加速和我国经济结构的转型升级,培养大量高素质技能人才,以创新驱动提高劳动生产率成为时代所需。在职业教育供给侧改革中,应加大对技术技能型人才的数量供给,满足技能人才缺口,同时优化人才培养层次结构,注重对高精尖人才的培养,以技术创新、技术引进、技术改造培养高素质的制造业升级领军人才。

2. 专业适应性调整与产业升级发展之间的矛盾

职业院校专业结构与市场产业结构有着千丝万缕的联系,社会经济产业结构的调整变化影响着对人力资源的需求变化,而人力资源需求又决定着职业院校专业布局。专业是职业教育连接市场经济、服务社会的基本单位,科学规划和优化专业布局是职业院校生存发展的关键。自改革开放以来,为迎接科技革命和产业变革,我国政府在调整专业结构的优化升级方面不懈努力。据统计,我国中职和高职教育专业目录先后经过 1998 年、2010 年、2013 年、2020 年四次修改。2005 年国务院发布实施《促进产业结构调整暂行规定》,各级政府积极推进产业结构优化升级。2011 年《教育部关于推进中等和高等职业教育协调发展的指导意见》,2017 年《国务院办公厅关于深化产教融合的若干意见》,2019 年教育部等六部门印发《高职扩招专项工作实施方案》。可以发现,在我国工业化进程中,政府不断调整政策供给,健全目录动态更新机制,积极引导地方和学校更好地适应经济结构调整和产业升级需要,灵活设置专业,试图提高职业教育专业设置对产业发展变化的适应度。但事实是,近年来,各职业院校在市场机制的引导下,专业设置功利化,为扩大招生规模增设了许多迎合民众的夕阳专业,如计算机技术应用、会计、市场营销、电子商务等办学门槛低的专业。在对社会人才需求缺乏调查的情况下,盲目开设专业,造成办学定位模糊和人才培养质量下降,整体表现为专业设置结构化不足与专业设置同质化严重。因此,在我国产业转型升级的背景下,亟待对高职院校的专业设置及管理机制进行改革创新,以推动高职教育更有序、健康地发展。高职院校专业设置是否合理,结构是否优化,直接影响到高职院校的生存和发展。为此,高职院校必须高度重视专业设置,切实按照市场导向原则、为地方经济服务原则、科学规划原则、特色性原则、集群性原则、可行性原则、前瞻性原则、效益性原则设置专业。[①]高职院校设置专业需符合"适度超前产业集群的发展阶段、立足于本区域的特

---

① 方光罗. 高职院校专业设置的原则探析[J]. 中国高教研究,2008(5):81 – 82.

色产业集群、考虑不同层次职业教育专业群设置的统筹安排和相互衔接、实现资源与需求导向相结合"的原则。①

3. 人才培养价值导向与可持续发展理念之间的矛盾

所谓教育价值,是指作为客体的教育现象的属性与作为社会实践主体的人的需要之间的一种特定的关系,对这种关系的不同认识和评价就构成了人们的教育价值观。② 教育价值具有社会性。一方面,教育价值从社会生产需要当中诞生,伴随着社会发展而逐渐丰富。另一方面,它又引导着人们的教育实践活动,在政治伦理和历史文化中指导着教育改革。职业教育人才培养价值导向决定着我国中职和高职人才培养定位,关系着我国职业教育办学理念是否明确、科学。自改革开放以来,为服务国家经济建设和提高人民物质生活水平,我国确立了"就业导向"的职业教育人才培养观。1985 年《中共中央关于教育体制改革的决定》中指出,迫切需要千百万受过良好职业技术教育的中、初级技术人员、管理人员、技工和其他受过良好职业培训的城乡劳动者为我国社会主义现代化建设而服务。2004 年,教育部部长周济在全国职业教育工作会议上指出职业教育要以服务为宗旨,以就业为导向。这种纯粹以"就业为导向"的价值理念在我国占据近 20 年的领导地位,直至 2005 年《国务院关于大力发展职业教育的决定》发布,才为职业教育增加一些促进社会公平和人本价值的功能。毋庸置疑,以就业为导向的人才培养观在短时间内为我国工业建设培养了大批实用人才,发挥了职业教育的工具价值。但这种功利、短视的人才培养观与可持续发展理念不相适应。一方面,片面强调就业的教育理念与技能型人才成长规律相矛盾。另一方面,智能化时代劳动者的生涯与人本诉求预示着目的型职业教育将因无法适应未来而失效。在未来,职业关键能力的掌握和终身学习习惯的养成决定着个人职业生涯的高度。从某种意义上讲,人不再仅仅依赖物的存在,而应当是超越了人之工具价值,回归人之主体价值,解放其自由个性。③ 2015 年,联合国教科文组织在巴黎总部发布《教育 2030 行动框架》,提出教育 2030 的总目标为:"确保全纳、公平优质的教育,使人人可以获得终身学习的机

① 孙峰. 专业群与产业集群协同视角下的高职院校专业群设置研究[J]. 高等教育研究,2014,35(7):46-50.

② 王坤庆. 现代教育价值论探寻[M]. 长沙:湖南教育出版社,1990:9.

③ 匡瑛. 智能化背景下"工匠精神"的时代意涵与培育路径[J]. 教育发展研究,2018(1):39-45.

会"。显然,站在新的历史起点上,重新思考智能化时代职业教育价值理念将如何存在、如何肩负起实现工具价值和本体价值的双重使命,关系着我国职业教育提质升级,是新时代职业教育改革与发展的逻辑起点。

4. 学校主体单一供给与职业教育集团化办学之间的矛盾

职业教育集团化是以集团组织为基础的发展模式,是以职教集团为组织基础,以促进产学合作、产教融合,提升职业教育技术技能人才系统培养和服务能力为目的,以开放共享、优势互补、互利共赢为途径的多元主体合作办学模式。① 我国对于职业教育集团化办学的探索从 20 世纪 90 年代开始,至今已经走过了20 多年的历程,逐步成为中国特色职业教育改革发展的模式创新。在构建现代职业教育体系的今天,职业教育集团化办学具有重要意义,如促进跨界跨部门的利益协调、对职业教育资源进行整合、将人才培养系统化、服务产业转型升级和区域协调发展等。目前我国职业教育资源供给明显不足,以政府为供给主体的公立职业学校仍占据主要位置。截至 2019 年年底,我国民办中等职业学校共计 1985 所,在校生 224.37 万人。根据同一数据来源统计,民办中等职业学校在校生数量只约占同期中职在校生总量的 14%。另外,整个民办教育在校生规模结构中,中等职业学校占比最少,仅为 4.0%。② 实际上,资源供给不足并不是教育财政不足,而是各利益主体参与不足或主体间协作错位甚至缺失的结果。③ 吴敬琏提出,提高供给质量,提高效率,靠市场,不靠政府。④ 党的十八大报告指出,经济体制改革的核心问题是处理好政府和市场的关系,必须尊重市场规律,更好发挥政府作用。因此,市场经济中社会对人才的需求呈现动态复杂的特点。只有由社会(市场)、政府、学校、社会团体(企业)和个人共同构成人才供需系统,才能削弱教育周期、市场波动和个人意愿的负面影响,保证教育与市场间的供需平衡。

---

① 刘晓,石伟平. 职业教育集团化办学治理:逻辑、理论与路径[J]. 中国高教研究,2016(2):101 – 105.

② 2019 年全国教育事业发展统计公报[EB/OL]. (2020 – 05 – 20)[2020 – 08 – 28]. https:// www. moe. gov. cn/jyb_sjzl/sjzl_fztjgb/202005/t20200520_456751. html.

③ 贺书霞. 一种伙伴关系的建构:我国高等职业教育资源供给问题研究[J]. 清华大学教育研究,2014(4):78 – 83.

④ 吴敬琏:供给侧和金融体系的改革要依靠市场[EB/OL]. (2016 – 05 – 31)[2020 – 08 – 28]. https://www. sohu. com/a/79165468_115035.

5. 无限政府组织与多元主体共同治理之间的矛盾

治理体系和治理能力现代化是党的十八届三中全会上提出的一个全新理念,是党和国家在社会各领域深化改革的重要体现。教育治理体系和治理能力水平关系着我国教育现代化的完成程度。教育治理是指国家机关、社会组织、利益群体和公民个体,通过一定的制度安排进行合作互动,共同管理教育公共事务的过程。治理的典型特征是多元主体参与的共同治理。① 职业教育作为跨界跨部门的类型教育,更应该处理好政府、学校、企业、社会组织等供给主体之间的关系,实现多元主体共商共治。

目前我国职业教育治理过程中存在诸多问题,集中表现为无限政府组织与多元主体共同治理之间的矛盾。

首先,职业教育管理中社会参与不足。以人才培养目标的确立为例,从改革开放到现在,我国高职教育人才培养目标共经历了"技术性人才""实用性人才""应用型人才""高技能人才""高素质技术技能型人才"五个阶段,此过程中政府的作用得到极大发挥,却少见企业的影子。人才培养目标的制定离不开企业的参与,尤其是人才培养规格、专业建设、课程内容、教学方法和教学手段、教学评价和质量监控等方面,企业理应发挥其连接市场的重要作用。在一定程度上,"雇主"即企业行业的缺失,是造成高职院校人才培养模式目标定位与市场需求错位的重要原因。

其次,职业院校办学自主权不够。职业院校办学自主权是政府与职业院校之间关系的直观反映。当前,我国职业院校在专业设置权、收费定价权、招生自主权以及民办职业院校的准入权等方面需要突破。以专业设置权为例,我国政府对职业院校的专业设置采取统一管理,制定统一的专业目录,职业院校开设新专业必须严格依照专业目录审批。这种管理方式不仅妨碍职业院校面向市场办学、主动适应社会需求,更不利于职业院校的品牌和特色建设。各级政府应该学习借鉴《教育部 山东省人民政府关于整省推进提质培优建设职业教育创新发展高地的意见》(2020 年),对"职业院校与行业企业可按规定在目录外合作共建新专业、开发新课程、培养紧缺急需领域的技术技能人才"内容做出特别规定,以完善扩大职业学校的办学自主权。

最后,学校内部治理结构不完善。绝大多数高职院校决策主体结构单一,

---

① 褚宏启.教育治理:以共治求善治[J].教育研究,2014, 35 (10) :4 – 11.

行业企业参与高职院校治理普遍流于形式。调查显示,在受访的 73 所高职院校中,仅有 20.8% 的高职院校建有理事会。从理事会成员结构来看,政府部门人员比例过高,占比为 58.8%,行业人员为 29.4%,企业人员为 11.8%,科研机构、其他职业院校、普通本科院校、社区、其他社会组织均无一席。①

总之,在职业教育治理过程中,若利益相关者参与不足,缺少协同合作,将会造成人才培养与市场需求脱钩、职业院校管理体制僵化、教育资源配置效率低下、公众利益受损等问题。要实现职业教育治理现代化,需要政府由"无限责任"政府向"有限责任"政府转变,由"单中心"治理向"多中心"治理转变,同时发挥市场、学校和社会组织的独特作用,形成多元共治的局面。正所谓"共治是路径,善治是目标。以共治求善治,将会带来教育领域公共利益最大化。"[4]

(二)职业教育供给困境的原因

教育的根本属性是社会性。教育目的与制度、内容与方法、规模与速度,无不受到一定社会生产力、经济政治与文化等因素的制约。② 职业教育供给侧要素扭曲的问题显现在职业院校,但问题的成因却要从国家和社会的层面去挖掘。改革开放以来,我国职业教育供给规模和供给品质在生产力的辐射下显著提高。然而目前,我国职业教育陷入供给困境,面临着技能人才供给与劳动力市场需求之间的矛盾、专业适应性调整与产业升级发展之间的矛盾、人才培养价值导向与可持续发展理念之间的矛盾、学校主体单一供给与职业教育集团化办学之间的矛盾、无限政府组织与多元主体共同治理之间的矛盾。这些矛盾的产生与我国职业教育体制机制、社会经济发展水平、职业教育人才培养价值理念有着直接联系。

1. 我国职业教育体制机制不健全

职业教育体制机制由职业教育体制和职业教育机制两方面组成。职业教育体制是职业教育机构与职业教育制度的统一体,职业教育机制是职业教育现象各部分之间的相互联系及运行方式。两者在结构上相融,于改革进程中交叉出现、共同作用于职业教育供给品质的提高,在具体实践中以体制改革为主要

---

① 郭静.高职院校治理能力提升的现实困境与优化路径:基于 73 所高职院校的实证研究[J].国家教育行政学院学报,2016(6):36 – 41,47.

② 王道俊,郭文安.教学学[M].北京:人民教育出版社,2009:51.

表现形式。有学者认为,改革开放以来,我国职业教育体制机制改革经历了恢复重建、全面展开、试点探索、改革持续和继续深化五个阶段,并取得良好成效。[①] 事实上,我国现阶段存在的职业人才供需失衡矛盾归根到底是职业教育体制机制不健全导致的。

我国职业教育体制机制不健全表现在办学体制不顺、管理体制不畅、投资体制不合理三方面。第一,办学体制不顺。目前高职院校封闭式的单一办学体制机制,对高等职业教育的进一步发展构成了制约,导致其不能很好地适应和满足经济社会发展的需要。[②] 现实中,一些行业企业认为人才培养是学校的事,与自己无关,片面认为自己的任务就是搞好生产经营;一些学校认为校企合作的重点在就业阶段,而人才培养方案的制定、课程体系的建构、教学内容的选定、实训基地建设等内容完全可以由学校自主实施。而实际上,产教融合、校企合作模式反映了技能型人才成长规律,学校单一封闭的办学体制将造成教学过程与生产过程的脱轨、专业设置与产业机构的脱轨、课程内容和职业标准的脱轨,集中表现为人才供给总量、质量、结构与市场需求失衡。第二,管理体制不畅。职业教育治理结构可被视为政府、行业、企业、院校等主体围绕职业教育办学所形成的一种决策权结构。随着职业教育改革进入深水区,职业教育治理结构的转型也必须直面长期存在的问题,并积极探索政策层面的解决路径。[③] 从国际视野来看,发达国家形成了较为成熟的职业教育管理体制经验。基本确立了国家宏观管理、各省教育部门自主管理、各职业院校管理学校具体事务、社会组织参与支持的管理体制,如德国、加拿大、美国等国家。目前,"府管校办"是我国高职院校治理的一种模式。随着经济结构转型和产业升级,该模式的弊端逐渐显现,如政府权力过度扩张造成学校办学活力不足,行业企业参与不足、学校决策组织闭门造车独断专行,党代会、教代会等民主监督机构流于形式,等等。这些问题集中反映了我国职业院校管理体制不畅的现实困境。换言之,管理结构不合理、管理信息不对称和管理层协调不利等因素制约着我国职业院校治理水平的提高。第三,投资体制不合理。建立可靠有效的财政投入保障是职

---

① 孙绵涛,李莎.试论教育体制理论的生成[J].教育研究,2019,40(1):122–130.

② 陈家颐,万军.高职院校校企合作办学体制机制创新的动因与路径研究[J].黑龙江高教研究,2013(1):111–113.

③ 李政,徐国庆.我国职业教育治理结构转型:内涵、困境与突破[J].西南大学学报(社会科学版),2020,46(4):78–85.

业院校稳步健康发展的重要保证,也是职业教育发展规划中的重要环节。2014年,教育部联合财政部发布《关于建立完善以改革和绩效为导向的生均拨款制度加快发展现代高等职业教育的意见》,提出"2017年各地高职院校年生均财政拨款水平应当不低12000元"。然而,实际执行情况并不容乐观。《2017年中国高等职业教育质量年度报告》显示,全国990所独立设置的公办高职院校,生均拨款低于12000元的院校超过60%。甚至还有133所院校低于6000元,主要为地级市举办的高职院校;74所院校低于3000元,主要为行业企业举办的高职院校。显然,职业教育经费投入不均衡的问题依然存在,稳步增长职业教育经费投入目标尚未实现,经费不足依然伴随于各职业院校办学过程,是制约职业院校质量提升的关键因素。周洪宇指出,需要推动建立健全政府投入为主、受教育者合理分担、其他多种渠道筹措经费的投入机制,提高职业教育经费保障水平。①

总之,深化职业教育体制机制改革是我国职业教育治理的首要任务和靶心目标,它关系着我国职业教育供给内外部结构的优化升级。在此过程中,不仅要使职业教育与外部经济社会和人的发展结构更加适应,还要调整优化职业教育内部资源配置,促进职业教育由规模供给向品质供给转变。

2. 我国社会经济发展水平不充分、不均衡

以往研究区域经济与职业教育耦合关系的学者,多强调职业教育是社会生产力的组成部分,即职业教育促进了地区经济的增长。② 然而,从职业教育的社会支持来看,经济基础是职业教育发展最直接、最强大的动力。区域经济对职业教育物力资本和财力资本的投入,以提供场地、经费支持等方式保证职业教育系统的正常运行与发展,如果没有区域经济为职业教育发展提供基本物质保障,职业院校的存在和发展将是空谈。从历史的角度来看,近代"职业教育之父"黄炎培也曾因民国时期经济落后而陷入办学困境。他在《职业教育该怎么样办》一文说:"原来吾们的工厂,是没有具备基本条件的。这几万元买地,建造校舍、建造厂房、买机器,这些算是资本,而工厂流通金不但没有,并且学校年年

---

① 明确职业教育经费投入责任和标准[EB/OL].(2020-01-07)[2020-08-31].http://www.npc.gov.cn/npc/c30834/202001/22007e677f7b4a1ba67ac410aa7091f2.shtml.

② 祁占勇,王志远.经济发展与职业教育的耦合关系及其协同路径[J].教育研究,2020,41(3):106-115.

还要耗去一大笔经常费,在工厂各项开支之外。"显然,社会经济发展水平制约着职业教育供给的物质基础,由于计划经济体制下形成的单一投资主体,我国很容易面临职业教育财政性供给短缺问题。

与发达国家相比,我国在职业教育财政性供给上还存在很大差距。从2005—2010年OECD国家各阶段教育投入占GDP的平均比重来看,OECD国家职业教育经费投入占GDP的平均比重约为1%。然而,2005—2011年我国职业教育总投入占GDP的比重约0.6%。中等职业教育经费投入与OECD国家有明显差距,仅相当于其平均水平的一半不到。从生均经费来看,在中等教育阶段,OECD国家职业教育的生均经费年均为13480元。显然,在绝对量上我国职业教育的经费投入与发达国家相比还存在很大差距。① 各国在职业教育投入上的差距确实造成了各国职业教育发展的差异,但值得一提的是,并非职业教育获得的经费越多就代表国家财政性投入越多,其原因是各国职业教育采取的投入机制不同。②

财政性供给不足对职业教育供给品质带来负面影响。第一,不利于发挥政府以外主体办学积极性。政府的财政投入与职业院校的办学吸引力呈环形逻辑关系,两者是互相作用、互相影响的。即政府财政投入不足,就无法增加职业院校的办学吸引力,进而行业企业等社会主体投资意愿不高,职业院校对政府财政投入需求进一步加大。因此,要想打破这种逻辑怪圈,先得增加政府的财政性供给,办有质量的职业院校。第二,职业教育供给不能满足区域日益增长的文化需求。如因师资、场地、设备、经费短缺造成专业动态调整机制不健全,将影响我国职业院校人才供给与市场需求的结构性匹配。研究显示,2012—2016年我国高职专业人才培养与产业发展匹配度分别为46.0,40.8,37.0,33.3,33.3。③ 需要说明的是,该匹配度值为绝对值,所得的值越小,匹配度越高。可以发现,我国高职院校人才培养与经济产业发展的匹配程度虽逐渐提高,但还有很大改进空间。第三,不能满足城乡居民对职业教育供给类型的多样化需求。新型城镇化建设和农业现代化发展对职业教育提出多样需求,如:通过实施短期职业培训,帮助提升农业人口在城市的人力资本;通过农民技术

---

① 韩永强.职业教育经费投入及其国际比较[J].职业技术教育,2014,35(28):48-54.

② 匡瑛.比较高等职业教育:发展与变革[M].上海:上海教育出版社,2006:237.

③ 房风文,张喜才.我国高等职业教育与经济发展的匹配性分析[J].江苏高教,2019(6):99-104.

培训,推动农民队伍的职业化和农业发展的产业化运行;通过社区培训,提升下岗工人的再就业技能;等等。但是,职业学校的转型拓展、资源整合和服务提升,都需要财力和物力的充分保障,缺乏了物质基础做后盾,所有改革政策都将是纸上谈兵,无法落地。第四,容易造成教育机会分配上的不平等。即政府财力物力有限,不可能全面兼顾区域内经济社会以及个人的教育需求,因此往往会采取通过抑制社会和个人教育需求的方式来实现职业教育供求的外在均衡。① 基于此,我们可以认为,区域经济发展水平决定了职业学校的办学规模、内容、结构中华民族绵延几千年,文化印记深深镌刻在波涛汹涌的历史时代中。人是文化的动物,无疑深刻的隐含着"文化本身是一种教育力量"这一思想。② 因此,只有研究影响某种教育的文化因素,才能深刻理解某种教育的本质。③ 我国职业教育自诞生起来,就承担着拯救国计民生的使命任务,在内忧外患的历史文化背景中孕育而出,其价值理念本身就带有畸形发展的预兆。

从传统文化的角度来看,我国民众重学轻术的价值理念开始于科举制度时期。科举制度作为一种封建国家人才选拔和文官考试制度,打破了贵族世袭制的特权垄断。但同时,使"读书做官"的念头深深根植于我国"士"民阶层,造就了"学历主义"的价值观,这为我国职业教育的弱势社会地位埋下祸根。近代以来,受美国、德国、日本等国家实业教育影响,为"振兴农工商各项实业,为富国裕民",职业教育在我国兴办起来。但如黄炎培所言:"实业教育,兼具研究学说之意味。而职业教育,则专重实用,纯为生活起见。"建立在薄弱经济基础和片面教育目的之上的职业教育,并没有达到举办者的预期,很快20世纪30年代以后,"职业救国"论便逐渐被放弃了,职业教育的政治色彩也逐渐淡化。可见,职业教育本应是在社会历史条件的推动下,为适应社会经济发展和人的个性化发展而逐渐壮大,一旦被置于救国救民的历史地位,则超出了教育本身的价值限度。

新中国成立以来,在国家大政方针的引导下,我国职业教育事业得到前所未有的蓬勃发展。但是,追求经济发展而忽视人本关怀、注重技术进步而忽视实践智慧、注重显性技能提升而忽视人文意识浸润的特征同样突出。1952年

① 林克松,朱德全.职业教育均衡发展与区域经济协调发展互动的体制机制构建[J].教育研究,2012,33(11):102-107.

② 柳海民.现代教育学原理[M].长春:东北师范大学出版社,2002:106.

③ 柳海民.现代教育学原理[M].长春:东北师范大学出版社,2002:106.

《政务院关于整顿和发展中等技术教育的指示》要求,各类各级中等技术学校实行专业化与单一化,正规的、速成的、业余的各种技术学校或训练班配合发展。1985 年《中共中央关于教育体制改革的决定》要求,调整中等教育结构,大力发展职业技术教育。1991 年《国务院关于大力发展职业技术教育的决定》提出,发展职业技术教育,不仅是提高劳动者思想道德和科学文化素质,实现社会主义现代化的一项具有战略意义的基础建设,而且对于进一步巩固以工人阶级为领导的工农联盟为基础的社会主义制度具有特殊重要的意义。2002 年《国务院关于大力推进职业教育改革与发展的决定》提出,职业教育要为经济结构调整和技术进步服务,为促进就业和再就业服务,为农业、农村和农民服务,为推进西部大开发服务。2014 年《国务院关于加快发展现代职业教育的决定》提出,坚持以立德树人为根本,以服务发展为宗旨,以促进就业为导向,适应技术进步和生产方式变革以及社会公共服务的需要。2019 年《国家职业教育改革实施方案》提出,把职业教育摆在教育改革创新和经济社会发展中更加突出的位置。回顾历史,70 多年来,职业教育为我国社会主义现代化建设提供了数以亿计的技术技能人才,始终发挥着人力资源供给的重要作用。然而,这些重要政策文件的表述无一不体现出国家对职业教育工具价值的强调。虽然 20 世纪 90 年代开始关注职业教育对于个体的道德素质影响,但总体来说,这种以就业为导向的政策价值指向贯穿了整个职业教育发展历程,造成了职业教育本体价值的忽视。尤其与重学轻术的文化传统相融合,使我国职业教育陷入无人问津或培养"机器人"的艰难境地,丧失了教育的本质属性。显然,政策价值理念是文化的一种,代表着权威价值观,影响着教育目标导向,如果不重新确立新的人才培养价值导向,我国职业教育的未来处境将岌岌可危。

三、职业教育供给侧改革的重点思路

职业教育的变革和发展伴随着各特定历史时期的经济体制变革和社会生态发展。新中国成立 70 多年来,我国职业教育得到了巨大发展,在教育领域从默默无闻到备受瞩目,形成了规模相当、体系完善、结构合理的职业教育供给现状。面向教育现代化 2035,要想进一步满足人民群众对于高质量高层次的职业教育需求,发挥职业教育对于培养劳动者核心职业能力、深化教育体制改革、助力经济结构转型、激发全社会生产力和创造力的作用,必须从职业教育的供给端入手改革,推动职业教育体制改革和创新,使供给质量更优质、供给方式更多元、供给结构更合理,以适应满足不同社会群体的职业教育需求。

(一)确立多元取向的职业教育供给理念

理念是人们在一定环境中的动机、目的、需要和情感意志的综合体现。[①] 在政策制定和实施的全过程中,理念不仅体现了对人的需要的某种满足,并且体现着人在社会活动中的价值追求。[②] 职业教育供给理念应伴随着社会环境和价值取向的变化做出调整,在社会主义现代化建设的新时期应更加突出"教育公平""以人为本""全面发展"等多元取向价值理念。

首先,在强调教育资源均衡分配的社会背景下,确立"公平与效率并行"的职业教育理念十分必要。改革开放以后,为了满足经济发展对于智力支撑和人力资源的需要,政府确立了效率优先引导职业教育发展的方针,发展意识成为社会主流意识形态。进入 21 世纪,随着人民对于接受高质量的教育需求愈加旺盛,提供更有效率、更加公平、可持续发展的职业教育十分必要。政府应通过更具操作性定义的政策制定,来调节市场机制下职业教育资源分配不均的问题,如"职业教育资源要向农村、少数民族地区、欠发达地区倾斜""统筹城乡职业教育均衡发展,实现职业教育一体化"等,以此来保障落后地区和弱势群体的教育权益。

其次,确立以人为本、全面发展的培养理念。在过去,我们更多强调的是职业教育对于促进经济发展的社会价值,而忽视了职业教育对于促进职业能力的养成、人的全面发展的本体价值。未来职业教育供给应更加注重内涵建设,建立起以培养学生职业道德、职业知识和职业技能的教育发展观,在进行就业能力培养的过程中更注重关键能力的养成、未来职业道路的规划和个人理性发展。正如 2019 年政府工作报告中所提到的:"我们要以现代职业教育的大改革大发展,加快培养国家发展急需的各类技术技能人才,让更多青年凭借一技之长实现人生价值,让三百六十行人才荟萃、繁星璀璨。"遵循"国家主义"与"个人主义"、"社会价值"与"本体价值"的职业教育价值理念的有机融合,才能促

---

① 王坤庆.现代教育价值论探寻[M].长沙:湖南教育出版社,1990:110-117.
② 劳凯声,刘复兴.论教育政策的价值基础[J].北京师范大学学报(人文社会科学版),2000(6):5-17.

进职业教育为社会主义现代化建设服务,为广大青年创造人人出彩就业机会的梦想实现。

(二)形成多元主体复合供给共同治理的供给格局

在社会主义市场经济体制下,充分发挥市场、第三部门参与公共治理的作用,可以缓解职业教育有效供给不足和政府失灵问题。政府积极与社会各类组织和私人部门展开合作,促进多元主体复合供给共同治理的供给格局形成,不仅关系到政府对于职业教育供给的主要责任和监管协调服务能力,更重要的是各主体要释放参与职业教育供给的积极性和创造力,协作互助。教育部门和其他生产部门、中央和地方、学校和企业之间要加强沟通和组织协调,在政府的引领下推动形成发展职业教育的巨大合力,共同致力于职业教育供给质量和治理能力的提高。

首先,推进"管办评分离",构建国家、学校、社会之间新型关系。加快推进各供给主体治理能力现代化建设,促进治理格局朝"政府统筹管理、学校自主发展、社会参与治理"的方向发展。中央政府继续简政放权,进一步扩大地方政府和职业院校的在人、财、物方面的管理调配权,加强教育行政部门与其他生产部门的组织协调,如财政、人力等相关部门,应积极配合落实教育管理体制改革中的举措。同时,教育部门要综合运用法律法规、政策制度、行政命令、财政拨款、信息服务等手段,引导和督促学校规范办学、灵活办学,推动职业院校总结自身发展规律,办出特色和水平,以试点的方式引领职业教育教学模式改革,为职业院校提高培养质量探索出更多路径。

其次,规范多元主体供给的运行机制,形成政府监督、校企合作的组织体系。基于以奥斯特罗姆为代表的制度分析学派提出的多中心治理理论,政府作为职业教育多元供给主体之一,是作为一种监督机构的身份存在,而"非核心政府"。[①] 政府应通过立法、拨款和相应的行政手段从宏观上对职业教育发展的方向、规模、速度、重点和布局予以调控,对职业院校的办学行为和产品质量进行评估和监督。

再次,职业院校应增强提高办学质量和效益的自主意识和竞争意识。作为

---

① 刘晓,石伟平.职业教育集团化办学治理:逻辑、理论与路径[J].中国高教研究,2016(2):101 – 105.

职业人才的生产部门,其产品是否为市场认同、社会需要,是否具有可持续职业发展能力成为衡量其供给质量的重要因素。在政府深化简政放权的制度基础上,职业院校应努力提升其产品在市场中的竞争力,通过办学自主权的扩大积极推进内部管理机制改革和教学创新,使其所能提供的劳动力规格、层次和质量与市场需求对接更加准确。

最后,通过行业企业、职业院校、相关部门的协同合作实现集团化办学。进一步发挥职业教育资源的整合功能,通过协调各方利益关系,达成双边或多边合作协议;以共同投资或共建共享方式,在校舍、设备、实训条件、师资等方面推动资源共享,共同进行教学生产建设;以给予各方利益主体合理回报的方式调动其参与积极性,打破资源垄断和屏障,以实现集团化办学促进教学链、产业链、利益链有机融合的组织目标。

(三)形成更加公平更有质量的职业教育供给品质

为了给中国梦的实现提供坚实的人力支撑,给每个接受职业教育的学生创造实现价值、全面发展的机会,要求我们必须将职业教育改革摆在更加突出的位置,以更加公平、更有质量的职业教育供给品质作为深化职业教育体制改革的最终目的和面向教育现代化 2035 的使命和担当。

首先,建构中国特色社会主义职业教育体系,以体系的建立推动引领各职业教育行为主体的自觉行动。把满足社会经济发展需要和个人理性追寻作为现代职业教育体系的指导理念,在现有的基础上进一步上下延伸,将职业准备、职业继续教育、职业培训纳入体系当中,力图突破现有的体系内部衔接不顺、沟通不畅、体制不健全等问题,建立一个中高职紧密衔接的、普职融通的、且有完善制度保障的中国特色职业教育体系。[①]

其次,以卓越的师资队伍引领职业教育供给质量提升。借鉴西方国家对于职业院校教师队伍的培养方案,通过拓宽师资来源渠道、严格准入资格、完善法律规章、畅通培训机制等方式进一步提高我国职业院校的师资水平和人才培养质量。聚焦于为社会主义现代化建设提供高素质劳动力和技术技能型人才的目标,职业院校在师资队伍构成中应体现理论与实践相结合的原则。无论是普通文化课教师、专业理论教师还是实训指导教师,都应该以高尚的职业道德、前

① 王喜雪.我国职业教育体系研究[J].国家教育行政学院学报,2013(1):44-47.

沿的知识储备和丰富的实践经验充实自己,才能培养出具有创新创造精神、深厚的理论知识和专业化的技术技能的职业人才。

最后,以职业院校为核心释放供给活力。校企合作、产教融合是改变我国职业教育传统办学模式的重要突破点,职业院校应根据区域资源禀赋和产业结构特点调整专业设置,在为职业学生创造更多就业机会的同时,以人力和智力支撑助力区域经济结构转型发展。① 此外,教学内容要与生产内容相衔接。职业教育是以就业为导向的教育类型,其教学过程必然不同于注重学科知识体系的普通教育,职业院校要积极主动与企业建立合作育人机制,让学生走进生产车间,以课堂所学服务于生产实践,在强化巩固专业技能的同时,为企业带来生产效益。培养出适合市场需要的职业人才是解决好"就业难"和"招工难"的关键之处。职业院校应建立劳动力市场调查中心,定期进行市场调研,为学校进行专业调整和人才培养方案调整提供现实依据,为学生提供客观有效的就业信息和服务指导。在政府做好顶层设计、统筹规划的同时,职业院校也应积极推进内部管理体制改革和做好资源配置工作,释放办学生机和活力,以不断提高的办学质量吸引优秀青年进入职业院校学习,为社会主义建设培养更多高素质劳动者和技术技能型人才。

四、职业教育供给侧改革的制度保障

在新的历史时期,职业教育供给侧结构性改革面临的主要问题是当前职业教育体系提供的教育资源与社会需求之间的矛盾,具体体现在市场经济对高素质技能型人才的需求和社会大众对于优质丰富的教育资源需求之间的矛盾。因此,要提升我国职业教育现代化水平,就要深化职业教育领域综合改革,从职业教育体制机制入手,明确各供给主体的关系界限和职责,协调好多元主体互赢共生的关系,优化升级职业教育资源供给结构,最终形成职业教育与市场经济、社会个体发展的良性匹配关系。

(一)法制保障为职业教育供给提供刚性约束

法制保障是所有保障制度的基础,对我国职业教育事业健康有序发展起到

① 祁占勇,王羽菲.改革开放40年来我国职业教育产教融合政策的变迁与展望[J].中国高教研究,2018(5):40-45,76.

刚性约束作用。自新中国成立以来,我国职业教育法制建设经历了全盘否定—恢复重建—步入正轨—逐渐完善的阶段,现已形成以职业教育法为核心,教育法、教师法、高等教育法、民办教育促进法、劳动法、社会保障法等为补充的职业教育法规体系。然而,伴随着社会经济的转型发展和教育治理的大幅提升,现有的法规体系已不能适应变革需要。如:经费投入机制方面,经费来源和使用缺少立法规定,经费保障制度不完善;校企合作方面,各方主体权责不明,制约与保护机制尚不明确;师资队伍建设方面,教师的任职资格、教师标准、职称评定、考核进修及培训制度等缺少明确规定,影响职业院校办学水平的提升。因此,建立健全职业教育法制,是我国职业教育供给侧改革的一项重要任务。

第一,健全职业教育经费投入制度。对比世界上其他发达国家,我国职业教育经费投入明显不足,且投入结构不合理,社会投入占职业教育经费比例小。针对这种状况,应在职业教育相关法律中明确规定各主体的投入责任,如"建立与职业教育办学规模、培养成本和办学质量相适应的财政投入制度""地方各级人民政府安排地方教育附加费,就业、扶贫和移民安置资金以及科学技术开发、技术推广等方面的经费,应当将其中可用于职业教育的资金统筹使用,加强全过程预算绩效管理,提高资金使用效益"①等立法内容。

第二,加强校企合作相关立法。校企合作是改善职业教育供需失衡的重要手段,从我国职业教育校企合作发展历程可以看出仍存在诸多法律障碍。因此,应修订宪法、劳动法、教育法等法律法规,明确校企合作中各主体权责、健全校企合作运行的监督机制,完善我国校企合作法律体系。例如,规定企业有义务接纳学生顶岗实习和教师培训,有义务提供实习场地、仪器设备、实训指导等;规定职业学校应根据自身条件制定章程,如对教学设计、实习实训、二级学院运行体制等内容做出规定,建立完善的校企合作相关制度。

第三,完善师资队伍建设相关法律法规。对比国外职业院校"双师型"教师队伍建设经验,可以发现我国在相关法律法规中还存在诸多漏洞,如对"双师型"教师任职资格、培训制度、管理制度、激励制度不明确。因此,可以在相关法律中规定"职业学校的教师应具备一定年限的工作经历,达到相应技术技能水平""职业学校专业教师聘任、培训、晋职、待遇将由有关部门制定专门法""国

---

① 邢晖.《职业教育法》修订历程回顾与《职业教育法修订草案(征求意见稿)》分析[J].中国职业技术教育,2020(10):5-13.

家制定职业学校教职工配备基本标准,省、自治区、直辖市应当根据基本标准,制定本地区职业学校教职工配备标准"等。

总之,职业教育是基础教育和高等教育的中介,是继续教育与成人教育的延伸,是连接教育与社会的枢纽,在经济社会发展中具有重要作用。面对我国职业教育供给总量不足、质量不高、要素配置扭曲等问题,法制建设应从经费投入、校企合作、师资队伍建设等方面不断细化,为我国职业教育事业健康发展保驾护航。

(二)管理体制保障为职业教育供给提供行动指导

按照教育管理学的理论,职业教育管理体制有宏观和微观之分。宏观职业教育管理体制指职业教育公共权威作为职业院校管理主体对院校展开管理,是一种行政管理体制;而微观职业教育管理体制指职业院校内部管理部门对职业院校具体事务的管理,是一种内部管理体制。显然,我国职业教育治理体系和治理能力的提升需要内外部治理结构的同时完善。2013 年,党的十八届三中全会通过《中共中央关于全面深化改革若干重大问题的决定》,提出要推进国家治理体系和治理能力现代化,这是我党首次提出"治理"概念,代表着党和政府的领导与多元主体统一参与公共事务决策的勇气和决心。类推至职业教育领域,则代表着我国职业教育管理体制的更加完善,形成"政府统筹、学校自主发展、社会参与"的多元主体治理格局。

第一,明确定位政府职能,理清权责。教育领域的"放管服"是我国教育治理能力提升的一大策略,但职业教育治理结构转型不能仅仅做到"放管服",在此基础上还需进一步赋能。赋能的核心思想是授权和权力下放。在新的职业教育治理结构框架下,以行业企业为主的多元主体将在办学、育人领域拥有更大自主决策权,而不仅仅是边缘性任务的执行权力。[①] 职业教育作为准公共产品性质,市场力量在职业教育治理中理应发挥更大作用。因此,政府职能定位的明确需用好"清单机制",即以权力清单、责任清单、负面清单作为划定政府与市场权限、规范政府规制与市场部门调节行为的治理方式。例如,职业标准的制定、办学项目的备案、人才培养质量的监督等纳入权力清单;职业教育事业规

---

① 李政,徐国庆. 我国职业教育治理结构转型:内涵、困境与突破[J]. 西南大学学报(社会科学版),2020,46(4):78 − 85.

划的组织落实、教育经费筹措管理、教育管理工作等纳入责任清单;不能触碰的底线和禁区纳入负面清单。

第二,学校自主权充分使用,彰显活力。大学办学自主权是指在法律层面上赋予大学为保障办学活动能依据自身特点与内部客观规律,针对面临的任务与特点来充分发挥其自主决策、执行和监督等权力。[①] 改革开放以来,我国高职院校办学自主权不断恢复扩大,但囿于一直以来高等教育的传统管理范式,高职院校办学自主权并未完全落实。[②] 进入我国职业教育提质升级的关键时期,要真正扩大职业院校办学自主权,就要将关注点落在职业院校的专业设置权、招生自主权、教师评聘权、资源配置权和民办职业院校的准入权突破等方面。各级政府应出台专门规定,为公办、民办职业院校根据市场办学开辟制度空间,如《教育部　山东省人民政府关于整省推进提质培优建设职业教育创新发展高地的意见》,在很大程度上保护了山东省职业院校的专业设置自主权。

第三,实行董事会制度,企业深度参与管理。职业院校的组织机构设置,是职业院校内部治理体系与治理能力的重要载体。目前我国职业院校尚未形成与其双重办学特性匹配的内部治理结构,沿袭普通高校的管理模式制约了职业院校的内涵式发展步伐。因此,职业院校需成立党委领导下的董事会制度。董事会成员需由政府代表、职业院校党组成员、行业企业代表、社区代表、技术专业代表和教职工代表共同组成。其中,行业企业代表和社会成员代表构成比例需在50%以上,以保证行业企业在决策主体结构中的话语权。

第四,学校内部民主监督发挥作用。民主监督的主要形式是教职工代表大会(教代会)制度。在我国工会法、高等教育法、教师法、学校教职工代表大会规定中对于教代会的职能做了具体规定,但事实上,高职院校的教代会并未发挥实质性功能,对学校的决策机构尚未形成监督制约与利益表达机制。因此,在职业院校内部治理体系改革过程中,应加强教代会的职能发挥,把"听取学校章程制定、发展规划、年度各项工作等重大改革和重要工作的报告,并提出意见和建议"的权力落到实处,增加教代会在学校重大决策会议中的利益表达机会。

[①] 范晓婷,张茂聪.转型期大学办学自主权的确立[J].中国高等教育,2015(20):21 – 23.

[②] 郭静.高职院校治理能力提升的现实困境与优化路径:基于73所高职院校的实证研究[J].国家教育行政学院学报,2016(6):36 – 41,47.

（三）办学体制保障激发职业教育供给活力

职业院校办学体制机制改革创新是《国家中长期教育改革和发展规划纲要（2010—2020 年）》的明确要求，建立健全政府主导、行业指导、企业参与的办学体制是今后一段时期内我国职业院校办学体制改革创新的方向，这也是当前我国调整职业院校供给要素，优化职业院校资源配置的重要方式。自 1985 年《中共中央关于教育体制改革的决定》颁布以后，职业教育集团化办学开始萌芽，到 21 世纪初，逐渐形成了一个涵盖中专、职高、成教中心等学校及相关企业的职业教育集团。发展至今，组建与区域经济属性相适应的职业教育集团成为时代趋势，企业深度参与职业院校办学体制改革和人才培养模式创新成为职业院校增强吸引力的出路。① 目前，职业院校集团化办学要从专业设置、课程体系、教学方式和质量监控四方面入手，深入改革职业院校仿照普通学校的组织形式和运行机制。

第一，专业设置动态化。职业学院的专业是学校的基本教学单位，也是学校进行人才培养的核心部分。职业院校的办学体制改革，需重视专业设置动态化调整机制的建立。如 2018 年广东省教育厅下发《关于〈广东省普通高等学校高等职业教育（专科）专业设置实施细则（草案）〉面向全社会公开征求意见的通知》，此举为广东省高职专业的规范管理、动态调整、预警退出机制、专业结构和布局合理化奠定基础。同时，职业院校专业设置的调整和优化还需注意形成有效的专业设置审核机制、实时的动态调整预警机制、新办专业的扶持机制和人才培养产教融合协同机制，以增强专业设置与产业结构的耦合性。②

第二，课程体系结构化。课程体系是实现培养目标的载体，也是提高教学质量的关键，职业学校办学改革要以课程体系改革为基础。对比发达国家，目前我国职业教育课程体系建设。在横向上构建"公共基础课—专业基础—学科基础课"三层级一体的课程平台，形成"宽基础、活模块"的模块化课程体系；在纵向上以工作导向为方向，按照复杂程度将工作流程分为专业知识单元，形成以工作过程为中心的课程体系，使课程安排呈阶梯递进态势。

---

① 程家颐,万军.高职院校校企合作办学体制机制创新的动因与路径研究[J].黑龙江高教研究,2013(01):111-113.
② 李北伟,贾新华.基于产业转型升级的高职院校专业设置优化策略研究:以广东省为例[J].中国高教研究,2019(5):104-108.

第三,教学方式产业化。校企合作、产教融合是推进我国职业教育供给侧改革的法宝,其实施重点在于学校教学过程与企业生产过程的对接。产教融合的前提是建立"双师型"教师队伍,即学校根据专业建设、课程安排及合作企业岗位需要确定引进对象,通过与企业"共引共享"的方式,聘请企业技术骨干到学校兼职授课,兼职教师需积极承担学校的专业建设和课程开发工作,并定期开展专题讲座与指导青年教师实践。此外,教学方式的变革需要实训基地建设。可通过政府建立公共实训基地或与企业共享实训基地的方式,为学生提供实习实训机会。对于征地、基本建设、设备采购、引进企业、运行机制等相关问题,由政府组建专门的管理小组制订切实方案,旨在打造出集生产、实训、技术开发与服务、技能培训与鉴定"四位一体"的实训基地。

第四,质量监控制度化。2015 年《高等职业院校内部质量保证体系诊断与改进指导方案(试行)》出台,将高职院校内部体系建设纳入法制化建设进程。可见,国家对于高职院校办学质量提升的高度关注。基于此,高职院校需按照"内部监控 + 外部评价"的方式构建质量保证体系。一方面,以学校、学生、家长、用人单位为评价主体,辅以专家团队现场考核,通过制定具体的审核评估指标,形成主体明确、权责清晰的质量保证体系评估机制。另一方面,以大学章程建设为契机,将校内各种质量管理制度升格为法规,确保校内人才培养质量评估与改进工作的顺利实施。①

(四)财政投入体制保障夯实职业教育供给物质基础

教育财政是国家对教育经费及其他相关教育资源的管理,包括国家对教育经费及其他教育资源的筹措、分配及使用的监督等。现代教育财政实质上是一种政府行为,是一个国家的各级政府为推进本国本地区教育事业的协调发展而有目的、有计划、有策略地进行一系列管理活动,目的是使维系和发展教育所依赖的财力资源能得到有效的筹措、科学的配置,并发挥最佳的整体规模效益。②新中国成立以来,伴随着国家大力发展职业教育事业的战略方针,我国政府对于职业教育的财政投入逐年增高,但整体来看,我国职业教育财政投入总量不

---

① 胡娜.高职院校质量保证体系:问题聚焦与对策分析[J].中国远程教育,2017(5):57 – 62,71.

② 宁本涛.教育财政政策[M].上海:上海教育出版社,2010:4.

足、来源渠道单一、在教育经费中所占比例呈下降趋势。财政供给不足将对职业教育供给产生消极影响,如不利于发挥政府以外主体办学积极性、不能满足区域日益增长的文化需求、不能满足城乡居民对于职业教育供给类型的多样化需求等。因此,要持续稳定地发展职业教育,就必须构建起与其发展程度相适应的经费投入保障制度。

第一,建立多元主体投入机制,多渠道筹措经费。《国家中长期教育改革和发展规划纲要(2010—2020 年)》提出,要健全以政府投入为主、多渠道筹集教育经费的体制,大幅度增加教育投入。2019 年《国家职业教育改革实施方案》中再次强调,鼓励社会力量捐资、出资兴办职业教育,拓宽办学筹资渠道。显然,构建多元主体经费投入体制是我国教育体制改革的重要突破点。一方面,各级政府应吸引社会、行业企业等社会力量投资办学,增加生均经费。另一方面,大力发展民办教育也是提高职业教育经费筹措的方法之一。发展民办教育,不仅可以丰富办学形式,调动社会参与职业教育办学积极性、提高职业院校办学质量,而且可以通过社会资本提高职业教育经费投入总额,合理分流政府财政压力。

第二,细化各级政府对职业教育投入的责任。对比发达国家职业教育投资体制经验,我们可以发现国外政府对于地区教育财政投入并不多,各级政府和社会组织的经费投入占据总投入的比例较大。据统计,2017 年,德国在职业教育方面的总支出为 387.2 亿欧元,企业投入占比 71.5%,联邦政府和职业院校的投入占比 28.5%。美国中职教育经费主要来源于联邦政府拨款(仅为 10%)、州政府拨款(20%)、地方政府(45%)、学生学费(10%)和其他收入(5%)。① 由此可见,应按照各级政府财力水平的具体情况,合理划分各级政府对职业教育投入的责任和比例,使经济发达地区的公共财政水平基本覆盖当地的职业教育经费投入需求,但经济欠发达地区则需要政府加大扶持力度。此外,中央、省、地(市)及县政府,在职业教育方面的经费承担责任应进一步细化和具体化,要把职业教育中教师的工资和离退休、医疗待遇、工作生活条件、校舍改造、办学公用经费与仪器、图书购置等主要经费的来源渠道逐步分解到各

---

① 年艳,潘建林.美、德、日三国职业教育经费筹措机制比较及启示[J].职业技术教育,2019,40(12):67-73.

级政府并制度化。①

第三,建立职业教育公用经费保障制度。制定职业院校生均公用经费需要围绕"公平"和"效率"两大原则制定科学的核定方法。一方面,中央、省级、市级政府应组织相应的各级教育部门、财政部门、劳动保障部门等负责人成立"层级式"的生均经费标准制定小组。同时,建立生均经费联系渠道和磋商机制,通过定期开展信息交流和合作协商的方式解决相关问题,为职业教育生均经费标准的制定和落实建立有效的组织保障,促进职业教育学生的起点公平。② 另一方面,对不同经济区域、不同地区的职业院校进行需求调查。应确定合理动态的职业院校生均公用经费标准,如可从东部、中部、西部地区的经济发展水平出发,制定三类地区职业院校的最低生均拨款标准,作为地方政府的参考依据。各市、县级单位可以在此基础上,结合本地区财政状况和职业教育发展状况,制定本地区各级各类职业院校的最低生均拨款依据,最终形成"中央—省级—市级"三级经费标准政策保障体系。

总之,新中国成立70多年来,我国职业教育供给经历了以改造整顿为主的初步供给阶段、以规模扩张为主的恢复供给阶段、以建章立制为主的规范供给阶段、体制改革的多元供给阶段和服务国家战略的黄金供给阶段。遵循着从社会价值导向到个人价值导向的供给理念的转变、从政府单一供给到多元主体复合供给的供给格局的转变、从以规模扩张为主的体量供给到注重内涵建设的优质供给的实际提供能力的转变、从政府单一供给到多元主体复合供给的供给格局的转变、从集权模式下的控制管理向服务型政府角色的协调服务能力的转变、从权力依附下的自在生长到自为意识觉醒的学校运行能力的转变。

面向未来,我国职业教育仍处于可以大有作为的重要战略机遇期。产业变革和科技变革要求职业教育实施供给侧结构性改革,提升适应和服务经济社会发展、满足人民群众多样化和个性化教育需求的能力水平。事实上,目前我国职业教育发展还面临亟须破解的瓶颈与问题,如技能人才供给与劳动力市场需求之间的矛盾、专业适应性调整与产业升级发展之间的矛盾、人才培养价值导向与可持续发展理念之间的矛盾、学校主体单一供给与职业教育集团化办学之

---

① 郭扬,胡秀锦. 职业教育经费保障机制的构建与思考[J]. 教育发展研究,2009(1):63-67.

② 冉云芳. 中等职业教育生均经费投入现状分析与对策:基于2000—2010年数据的实证研究[J]. 教育发展研究,2013,33(1):60-66.

间的矛盾、无限政府组织与多元主体共同治理之间的矛盾。这些矛盾阻碍着我国职业教育治理体系和治理能力的进一步提升,映射出我国职业教育体制机制不健全、社会经济发展水平不高、片面传统理念有待纠正等深层次原因。因此,职业教育供给侧改革是一项系统工程。一方面,要整体把握职业教育供给性结构困境的特点,从宏观层面确定破解困境的思路与方向,以确立多元取向的职业教育供给理念、构建多元主体复合供给共同治理的供给格局、形成更加公平更有质量的职业教育供给品质为改革目标。另一方面,也要从不同层次、不同类型结构的困境要害入手,制定切实有效的制度体系,为职业教育供给侧改革保驾护航,如从法制保障、管理体制保障、办学体制保障、财政投入保障等四方面着手,统筹协调扭曲的资源配置关系,优化升级资源供给结构,最终形成职业教育与市场经济、社会个体发展的良性匹配关系。

第八章　高等教育供给侧改革

一、高等教育供给的变迁逻辑与优势

（一）新中国成立以来我国高等教育供给的变迁逻辑

新中国成立以来，我国高等教育供给在探索中取得了相应的成就，也曾因政治变革而停滞不前。研究高等教育供给的变迁需要遵循历史与逻辑相统一的原则，在分析高等教育供给变迁逻辑时以供给的历史发展作为基础，而对历史事实的描述则以逻辑联系为依据。纯公共产品的供给绩效与"供给意愿、提供能力、生产效率、连接机制"四个供给要件的满足情况直接相关。① 高等教育作为准公共产品，与纯公共产品的供给在供给主体间的权责分配上有所不同，但这并不妨碍高等教育仍然具备上述供给要件。从高等教育运行实际过程来看，可以从作为供给意愿的供给理念、作为连接机制的供给主体间的关系和政府核心的协调服务能力，以及作为提供能力集中展现的实际供给能力、作为生产效率的学校运行水平来分析其变迁的逻辑。

1. 从工具价值优先的片面认知到强调本体价值和工具价值的统一

高等教育供给理念是对高等教育职能、本质及其价值的追求，从理念形成的主体来源可分为"官方理念""学术理念"，以及基于民间涌动的"理念暗流"。② 既体现在宏观上国家发展高等教育的价值逻辑，也表现为学校办学的目

---

① 吕普生.纯公共物品供给模式研究：以中国义务教育为例[M].北京：北京大学出版社，2013：22.
② 周作宇.大学理念：知识论基础及价值选择[J].北京大学教育评论，2014，12（1）：90－107，190.

标追求,同时人民群众的理念共识也可以作为供给理念的一种。这里以对高等教育供给内容、方式等起决定性作用的供给理念进行分析,也就是以国家的宏观政策引导为主要分析对象。整体上来看,我国高等教育供给理念经历了从新中国成立之初的重视高等教育政治、经济效益的工具价值到逐渐强调以个体发展、高等教育自身发展和转型的本体价值为基础的工具价值外溢,具体表现为效率与公平、经济与人文的变奏。

在高等教育总体水平还很落后的情况下,为了工业化进程的社会主义现代化建设需要而集中力量发展高等教育成为新中国成立初期的指导理念。高等教育片面追求服务于政治和经济发展这一目标,优先培养合格的政治公民和专科人才。1952 年的院系调整中,我国高等教育供给加大了经济建设急需的工科、师范、政法、农林等专业人才培养的力度。"文革"期间高等教育政治功能被不断放大而其他功能受到压制,很多促进高等教育发展的理念探索被扭曲。总体上,精英化模式下对高等教育的重视实质上是以片面追求其"外在功用"所带来的"效益"和"效率"为前提的,表现为培养目标的政治、经济化倾向和以重点学校、重点学科、专业建设为核心的重点供给。改革开放以来,我国不断在工具价值和本体价值间寻求平衡,在个体发展和集体目标实现之间保持张力,力求效率与公平、经济与人文的和谐。20 世纪 90 年代正处于向信息化迈进的时期,科学和教育的关系更加紧密,1995 年"科教兴国"战略的提出凸显出高等教育在实现国家现代化发展中的科学知识的价值转换。为了建设高水平学校和培养拔尖人才,启动"211"和"985"工程,一系列面向中西部的战略计划以及"双一流"建设开启,国家逐渐由对高等教育片面的效率要求转向追求公平而有质量的教育。随着高等教育实践和探索的深入,国家对高等教育价值认识更加全面和充分,"全面发展""以人为本、德育为先""立德树人"等理念的提出使得人的全面而自由的发展也成为高等教育关注的对象。高等教育供给推动经济社会发展的价值也要以尊重高等教育内在的培养人的价值为前提,经济价值与人文价值的对立的尖锐性有所消解。

2. 从中央政府统包统管到多渠道筹资和成本分担下的多元主体办学的初步形成

广义上,高等教育供给主体是提供各类高等教育产品或服务的主体的统称,包括了中央和地方政府、高校、社会和家庭。这里主要以高等教育的供给主体之间的关系作为研究对象,分析高等教育投资、办学和管理供给过程中的主体关系变迁逻辑,实质上也是高等教育提供方式的不断优化过程。

新中国成立初期到体制改革前,在计划经济体制影响和制约下,我国高等教育供给主要由中央政府"统包统管",民办大学在收回教育权的过程中退出历史舞台。高度集权的管理体制下,政府集举办、管理、评价等多重供给角色于一身,大到高等教育的发展方向和政策规章,小至高等专业设置和教材都由中央统一计划安排。高等教育办学主体的多元化是以地方政府办学、民办教育兴起以及社会力量办学等多种供给形式的出现为标志的。北京自修大学、中华社会大学等一批民办性质的教育培训学校的出现成为正规民办教育的萌芽。此后,地方经济发展的需要使得面向地方经济发展服务的地方院校涌现,掀起了地方办学和中心城市办学的热潮,单一供给主体的局面出现了突破口。特色化市场经济体制的建立为我国高等教育的市场化供给提供了有利条件,民办教育进入快速发展阶段。据国家数据统计,仅 1991 年到 1997 年间,其数量增长到 1115所,增长了一倍多。高等教育办学出现以国家办学为主(分为教育部办学和其他政府部门办学以及地方教育部门办学和其他地方政府部门办学),民办高校或公有民办以及社会力量办学等多样化的供给形式。政府部门内部关系也在不断调整,在探索中逐渐形成了"共建、联合、合并、转制、合作"等管理体制改革的途径,1994 年、1995 年、1996 年、1998 年国务院和国家教委先后四次召开高教体制改革座谈会,制定了"共建、调整、合作、合并"八字方针。经过改革后,高校数量减少,办学的效益有所提升。同时,部分高校划归地方管理,单一的中央隶属关系出现变化。初步形成国家统一领导下的政府两级管理的体制以及公办高校和民办高校并行的供给格局。与办学和管理的多元化转变相统一,中央与地方政府分权的高等教育财政制度以及成本分担和补偿机制逐步确立。学费制度经历了从多轨制(委培收费、计划外招生收费、自费生)到单轨制的变革。① 高等教育实行招生并轨后,家庭作为获益者通过缴费合理分担教育成本的方式已基本推广开来。以政府财政拨款为主,社会捐赠、教育基金、校办产业收入、事业费收入等高等教育多渠道筹资的高等教育供给和投入初见端倪。

3. 从增量为目标的重点供给到提质为目的全面供给实践

高等教育实际供给能力主要是指供给主体在高等教育实践活动中所投入

---

① 王善迈,赵婧. 教育经费投入体制的改革与展望:纪念改革开放 40 周年[J]. 教育研究,2018,39(8):4 – 10.

和表现出的综合特质,包括各主体对高等教育提供的资源、高等教育实际提供的高等教育机会以及人才规模和质量水平。70多年来,我国高等教育的实际供给能力变迁逻辑主要表现为从最初的增量为目标的重点供给,到强调以提质为目的全面供给的实践。

新中国成立初期,我国高等教育通过"破旧立新"建立了属于我党政权的高等教育供给体系。在"一穷二白"的现实条件下,我国将教育投资的重点放在高等教育上,又把发展高等教育的重点放在培养社会主义建设重点领域紧缺急需的工科专业性人才上。此后,受教育政策和指导思想转变的影响,高等教育供给在"无产阶级教育革命"的冲击下进入了长达十年的低迷时期,高等教育规模紧缩。此后,以"拨乱反正"为前提,高等教育在教学、招生等各方面供给逐渐恢复,并在此基础上要求"扩大高等教育规模,使招生人数持续上升"。在经济社会发展需求下的政策外生强制以及高等教育做大体量的发展需求双重作用下,高等教育大幅扩招,仅1999年当年就招收本科生159.68万人,到2011年总招生人数达到737.52万人(包括研究生和本专科生),与1998年281万人相比增长约1.6倍。随着招生规模的增加,高等教育在投资规模、高校数量和师生数量上也出现较大幅度的增长。十年间,高等教育经费投资总量增长约5.25倍,高校数增加820所,高等教育毛入学率增长16.4%。为了利用有限的资源更快地发展高等教育,高等教育实际是以重点学校和重点学科为供给重心的,如"211""985"工程以及工科教育。

如果说21世纪前的高等教育供给是有选择的片面供给,那么随着高等教育发展的体制机制障碍的凸显,以完善体制为核心的资源优化配置使得高等教育实际供给的提质要求成为发展的现实需求。1993年《中国教育改革和发展纲要》提出坚持走内涵发展道路,党的十八大和十九大相继要求推动、实现高等教育内涵式发展,体现了国家对高等教育发展转型的决心不断增强。高校扩招以来积累的供给存量十分可观,但高等教育毛入学率的提升却难以掩盖高校办学质量不高的问题,人才培养的数量和质量都不能很好地满足国家和社会经济发展的需求升级。因此,从外部体制改革、高校内部治理、人才培养变革多方面全方位推动高等教育质量提升的全面供给要求更为突出,如现代大学制度的相关试点也为进一步发展积累了经验,但这种以提质为目的全面供给还需要更为广泛的探索和实践。

4. 从集权下的全能政府到调控下服务型政府的探索

政府协调服务品质是政府在供给的不同环节,推动高等教育资源合理配置,保障高等教育平稳发展以及平衡市场、高校等高等教育供给主体间关系的能力。政府协调服务的水平受政治体制和政府职能定位的影响,对于具有正外部效益的高等教育,政府必须通过适度的干预来保证其公益性。总体上,政府协调服务品质变迁经历了从集权管理下的指令型全能政府到监督调控下的责任型服务政府探索的转变。

新中国成立初期,经过对高等教育的改造和接管,高等教育的所有权力均收归中央。政府集中人财物资源统一举办并管理高等教育,在高等教育供给主体中处于绝对的权力中心,通过具有高度权威的行政命令自上而下地管理高等教育。从政府内部权力结构来看,上下级政府间是"命令和指导"的关系,而从中央政府和高等院校关系上看则是政府"统、包、管"和高校"等、靠、要"的依附关系。此时,政府属于全能型政府,身兼政策指引和制定、举办和管理、监督和评价供给质量等多项职能。就整体的管理体制变迁历程来看,虽然 1958 年《关于教育事业管理权力下放问题的规定》下放了教育领导权,但随后又因为地方发展高等教育的种种问题将权力收回。很长时间内我国高等教育管理都陷入"一收就死,一放就乱"的怪象当中。

随着市场机制的引入,高等教育供给的主体成分更加复杂,政府管理和协调高等教育的压力倍增。以制度变革为推手,政府内部以及政府与市场、高校之间的权力结构调整加快,政府内部出现权力的转移和下放,学校的供给活力以及市场力量参与高等教育供给实践的活力得到激发,中央政府协调服务意识不断增加。在中央和地方关系上,分级管理和分级负责的制度开始形成,地方政府权力有所增加。在政府与学校的关系上,以法律和政策设计基本明确了高等学校的法人实体地位,学校内部相关主体的权利和义务也有了一定要求。面向构建新型政府的要求,政府职能转变和角色转换的步伐进一步加快,要求尽快解决其在管理过程中的缺位和越位等问题。多元供给主体(政府、社会团体、第三方组织、高校等)在制度安排下平等地共同管理高等教育事务成为总体发展趋势。政府通过减少审批事务等为高校减负,制定相关政策鼓励和规范社会参与办学、评价等高等教育供给。此外,还通过上级政府的转移支付制度和政策倾斜等方式来调整教育资源在空间布局上的不平衡。与此同时,我们也应该认识到,多元治理这一蓝图还需要政府摆正位置,进一步形成多元主体的通力协作。

5. 从泛行政化的低效益到赋能放权下集约办学的尝试

学校运行是高等教育供给的关键环节,其运行水平是高等学校对高等教育各个主体投入学校的各类资源的使用效率、法制规章所规定制度的执行能力、调整学校内部权力主体关系的水平以及最为关键的学校高层次人才培养质量的高低。其变迁逻辑经历了从泛行政化下资源利用的低效益到政府赋能放权下的集约办学的尝试。

受计划体制和政府行政化管理的影响,高校内部也呈现出泛行政化的管理取向。长期以来,学校运行水平受行政化体制的影响,存在着机构扩张、行政权力挤压学术权力、资源利用效率低下等众多问题。高校管理的行政化情结导致高等教育整体办学效益低下,十分不利于高等教育的长期发展。20 世纪 80 年代,以学者群体"扩大高校自主权"运动的呼吁为号角,展开了高校内部体制改革的探求,以人事制度和分配制度改革为重点内容、后勤社会化为先锋的内部管理体制改革取得初步成效,对人财物的利用效率得到一定提升,但由于内部权力结构尚未调整,整体上办学效益仍旧低下。到了 90 年代,由法律明确规定高校内部实行党委领导下的校长负责制,"以党代政"的一元内部权力结构被打破,政治权力和行政权力之间形成制约关系。与此同时,通过精简机构和人员转岗分流来优化高校人员结构,引入竞争机制和聘任考核制度(1999 年北大和清华以校内津贴为重点的人事分配制度改革探索),[①]使得人才资源浪费、流动不合理的现状得到缓解。90 年代开始,高等教育改革深入教学领域,对高等教育人才培养模式、课程结构体系、专业结构、教育教学内容及方法等进行了不同程度的改革,但效果却不甚明显。

高等教育内涵式发展进一步要求高等教育内部权力的结构优化。《国家中长期教育改革和发展规划纲要(2010—2020 年)》提出,要克服现存的行政化倾向,取消行政级别及其管理模式。虽然政府对高校的行政干预自其职能转变以来有所减少,但在总体制度框架未出现大的变动情况这一前提下,高等学校的自主权仍得不到根本的制度保证。此后,《高等学校学术委员会规程》《关于深化高等教育领域简政放权放管结合优化服务改革的若干意见》对高等教育简政放权的具体办法做出规定,章程建设下高校依章治校有了依据,办学的随意性

---

① 蓝汉林. 从制度变迁审视高校人事分配改革[J]. 中国高教研究,2010(5):65 – 67.

得以减少。然而,在权力制衡方面,教师代表大会和基层学术组织仅作为弱监督的机构存在,行政权力对学术权力的束缚仍旧存在。在招生考试、教育教学等权力落实的基础上,各高校通过资源共享、平台互通等开始集约办学(如民办教育集团化办学),以实现优质高等教育资源的配置效益最大化。

(二)我国高等教育供给的优势

1.供给数量和规模不断增长

新中国成立以来,我国高等教育供给随着社会主义现代化进程不断发展变化,特别是自改革开放以来的40多年间,高等教育发生了较为深刻的变革。我国高等教育供给是一个从精英化到大众化再向普及化发展的过程,接受高等教育的人群越来越广泛。新增劳动力平均受教育年限已经增长至13.6年,高校在高层次人才、科技三大奖获奖、国家重点实验室建设以及承担基础研究和重大科研方面的四个60%①是我国高等教育发展的真实写照。在政府谋篇布局和社会有序参与的协作下,高等学校从最初的200多所发展到2021年的普通高校2756所、成人高校256所,取得了辉煌的高等教育发展成就。在此期间,国家不断增加人财物的供给以做大高等教育供给的体量。对比高等教育扩招前的情况来看,2018年,我国高校毕业生(含成人高校和网络教育)达到1226.41万人,是1997年的6.94倍,年均递增9.20%。② 截至2021年,我国高等教育毛入学率达57.8%,在学总规模4430万人。1949年,我国普通高校在校生数只有11.7万人,教职工数4.6万人,研究生招生数仅仅只有242人。到了2021年,普通高校在校生数增长到3496.1万人,约为原先的299倍;研究生招生数达到117.65万人,约为原先的4862倍;教职工数增至278.56万人,增长了约60倍,其中专职教师188.52万人,约为教职工总数的68%,且硕士以上学位教师比例大幅提升。此外,高等教育国际化规模和范围不断扩大,出国留学、学成归来学生人数以及来华留学人员规模都有大幅增长。我国高校的核心竞争力以及学科地位不断提高,2022年ESI数据显示,我国有五所大学进入百强,中

① 教育部部长陈宝生出席庆祝新中国成立70周年活动新闻中心第二场新闻发布会并回答记者提问[EB/OL].(2019 – 09 – 20)[2020 – 03 – 27]. http://www. moe. gov. cn/jyb_xwfb/xw_zt/moe_357/jyzt_2019n/2019_zt24/fbh/fbhmtbd/201909/t20190926_401169. html.

② 刘献君. 新中国高等教育70年的回顾与展望[J]. 高等教育研究,2019,40(11):1 – 8.

国科研大学位列国内高校第一,世界 41 名。高校学术水平和科研能力也在不断提升,2021 年发表科技论文 157.79 万篇,专利申请书 38.16 万份。

2. 多元主体供给格局初步形成

目前来看,我国已经初步形成了高等教育的多元主体供给格局。市场化运作以来,我国公共产品供给发生了面向社会的深刻变革,多种经济成分并存使得私人提供公共产品成为现实需求。高等教育作为非义务阶段教育属于准公共产品,且具备较强的消费正外部性效益。"对于具有消费外部性的物品与服务,它们由何种类型的组织来供给,应当严格地取决于更正统的效率标准。"[①]除教育部直属以及地方教育部门直属高校外,政府直接办学不断减少,从直接投资办学转向面向社会购买高等教育产品或服务,通过政策安排等方式将高等教育委托或承包给私人或机构生产,高等教育提供和生产过程逐渐分离。高等教育供给逐渐形成了政府主导下的多元主体供给模式,企业、社会组织或个人举办非营利或营利性质的高等学校,以及公有民办、民办公助、股份制度以及公私合营等多种形式的民办高等教育发展起来,社会力量通过合作、出资、捐资、投资等多种方式举办或参与举办高等教育。

近年来,民办高等学校和社会力量办学越来越成为高等教育供给的重要组成部分,2021 年共有 764 所民办高校,约占高校总数的 25%。多元主体合作办学模式也在探索发展中,政府和民间资本合作的高等教育办学增多,公办高校和民办高校相互购买服务、教学资源,国内名校在境外办分校,这些在更大程度上实现了高等教育资源供给的优势互补与合理配置。从经费筹措来看,我国高等教育初步形成了"财、税、费、产、社、基、科、贷、息"经费筹措的多渠道模式以及成本分担和补偿机制。我国高等教育投资目前还是以中央和地方的财政性教育经费支出作为主渠道,总体上国家财政性经费处于稳中有涨的状态,地方政府的高等教育投资在总体比例中逐渐超过中央。此外,根据高等教育受益主体受益多少以及能力高低来确定高等教育投资过程的合理比例,尤其是个体以学费形式的分担比例。

3. 供给侧发力的意识逐步增强

高等教育的发展可以从供给侧或需求侧的不同切入口来推动。在高等教育发展的前期,我国主要通过需求侧管理来推动高等教育的规模扩大,但目前

---

① 布坎南. 公共物品的需求与供给[M]. 马珺,译. 2 版. 上海:上海人民出版社,2017:67.

阶段需求侧调整已经很难起到推动高等教育发展和解决高等教育结构性问题和提升质量的作用,高等教育内涵式发展实际上主要是从供给侧发力的高等教育发展模式。

首先,以提高质量为内容的供给侧发力意识不断提升。针对毕业生找不到工作导致滞留的高等教育人才库存问题,国家着力于改革人才培养的模式,提高培养质量。近年来,我国狠抓本科教学质量,通过"淘汰水课、打造金课、取消清考"等刚性措施,加强了对本科教学过程性管理。重视打造优良的教师队伍,普通高校中研究生学历教师在专职教师中的比例不断增加,在高职院校注重培养"双师型"教师。此外,通过教育教学方法的变革以及新教材编写等一系列微观供给的调整和改革来提升高等教育。政策导向上重视用学科结构和专业结构调整引领社会需求,提升高等教育供给对高等教育需求尤其是市场需求的灵敏性。如2018年增设网络空间安全为一级学科,2019年新增备案的人工智能、健康服务与管理、大数据管理与应用等学科,都是与科技社会发展的国际趋势相吻合的专业,这使得高等教育科类专业设置合理性有所提升。

其次,以结构调整为核心的供给侧发力意识不断增强。高等教育供给侧改革通过供给侧发力解决结构性问题来"补短板"。为从根源上缓解大学生结构性失业现状,国家不断推动地方院校向应用型本科的转型,通过"大学生创新创业训练计划"的创新性实践活动以及举办"互联网 +"创新创业大赛来提升毕业生创业带动就业能力。供给侧改革的重要内容即优化高等教育资源配置,尤其是对优质资源的合理配置。可以看出,国家推动高等教育供给的区域结构和群体结构公平的意识不断增强,在入学机会、资金投入、政策供给方面倾向于中西部地区。为保证区域入学机会的起点公平,国家通过"招生协作计划"向高考录取率低、办学条件差的中西部地区投放指标。该计划实施的9年内,录取率最低省份与平均水平间差距缩小了12%。①

最后,以体制机制变革和制度创新为动力的供给侧发力意识提升。从体制层面来看,供给侧改革最重要的就是打破供给原有的权力和利益结构,从而解除不适宜的体制和制度对供给的束缚。近年来,我国不断推动政府职能转变,政府权力不断下放,具体以"放管服"改革和"管办评分离"原则为重点,放松供

---

① 教育部:协作计划不影响各省份高考招生计划[EB/OL].(2017 - 05 - 12)[2020 - 4 - 18].https://www.sohu.com/a/140039569_740786.

给约束(如通过减少不必要的政府审批等方式不断降低高校办学的制度性成本),释放供给活力,打破过于集中的高等教育权力机制,激发地方政府和高校自主办学的积极性。高等教育评价上引入第三方评价机制,独立于政府部门的第三方组织也开始萌芽。

二、高等教育供给的困境与原因分析

(一)高等教育供给的困境

70多年来,在高等教育供需矛盾不断产生和化解的过程中,我国逐步形成了具有中国特色的高等教育供给体系,供给的规模和质量可观,供给结构日渐完善。然而,高等教育在不同供给方面仍旧出现了程度不一的供给困境,其应对高校自身变革需求、社会发展需求以及大众优质多元需求的能力还远远不够。

1.供给理念上偏离了坚守价值理性的本真要求

依据西方高等教育发展的历史线索,以"认识论"为基础的哲学和以"政治论"为基础的哲学是大学确立其地位的重要路径。① 事实上,"认识论"以不断探索知识、寻求真理为精神追求,尽量避免受外部的价值影响。"政治论"则是高等教育被国家和社会裹挟下的产物,因为大学发展与社会公共利益的紧密联系,所以必须做出一定价值选择而无法保持价值中立。历史上,传统大学正是在"认识论"基础上建立的,无论是教授自治还是学生自治的大学,都要求保持其独立性。然而,高等教育在发展历程中其内涵和外延不断变化,如今的高等教育与传统"大学"相比,已经被赋予了更为丰富的内涵。正如克拉克·克尔所言,现代大学已经成为多元化的巨型大学,拥有若干目标并为多种对象服务,以及若干个利益不同甚至矛盾的社群②。可以说,高等教育面临的现实情况日益复杂,权力冲突和矛盾随处可见,来自外界的各种声音成为高等教育追求理性和保持独立之初心的阻碍。越是在纷繁迷乱的环境就越需要精神的正确引领,

---

① 布鲁贝克.高等教育哲学[M].王承绪,郑继伟,张维平,等译.杭州:浙江教育出版社,2002:13-14.

② 克尔.大学的功用[M].陈学飞,等译.南昌:江西教育出版社,1993:12.

但大学理念却在这种复杂的社会背景和多元主体的权力施压下难以寻找到安放之地,游走在应然的和实然的高等教育理念的夹缝之中,偏离了坚守价值理性的本真要求。

自威斯康星大学思想传播开来,高等教育服务社会的职能成为继"教育与教学、科学研究"之后的第三大高等教育职能,大学由自我封闭的象牙塔日益与社会紧密联系起来,社会对高等教育服务功能释放的需求也越来越强烈。社会期待和技术革命的不断加速给高等教育带来诸多挑战,高等教育对外提供产品、支持和服务以满足社会需求的推力不断增强。威斯康星大学是"认识论"和"政治论"哲学成功结合的代表性产物,但事实上在二者间寻求平衡却成为大学理念构建的首个难题。如何在保持独立品质的同时能够获得外部的支持和认可是大学思考和追求的目标。"认识论"哲学事实上就是以坚守价值理性本真追求为目标的哲学,理想的现代高等教育正是要在坚守学术价值和学术自由的真理探寻基础上,以满足科学技术和经济发展需求作为合法性基石的。但我国高等教育供给从建立之初开始,其合理性与合法性地位很大程度上是"政治论"支撑下的产物,高等教育一直与国家经济社会发展的重大战略目标紧密地联系在一起,并且卷入国家的各项政治变革当中成为巩固政治权力的工具。价值理性之光则基本在大学中消失,产生了韦伯所言的工具理性对价值理性抑制和僭越的"理性吊轨"。

我国高等教育供给理念上偏离价值理性表现为大学片面追求知识的外在功用价值而逐渐失却了理性的本质属性和内在要求[①]。纵观我国高等教育发展历程,理性在实践中被人为分割,以工具理性激昂和价值理性失却为标志的理性失衡一直存在。价值理性的本真追求首先湮没在社会主义现代化建设的需求中,随后又因为市场机制的引入而消失在利益和权力的物化之中,大学极力想摆脱外在权威的压力而又不得不面对利益相关者的质疑和指摘,其本真追求在这种压力中变得空洞而又遥不可及。理念是用来指导实践的,大学在对外与政府和市场对接的过程中没有处理好外部要求和自身内部发展规律的关系,难以平衡社会价值和个体价值、经济价值和人文价值等多重价值需求。即使在强调高等教育本体价值和人文价值的当下,价值理性很多时候也仍然是服务社会发展之余的装饰品,追求以工具理性指导价值实现而不重视以价值理性引领价

---

① 张学文.大学理性研究[M].北京:北京师范大学出版社,2013:10.

值实现。高等教育本质上就是追求真理和学术价值以及自由的场域,现代大学所要求的服务社会本质上正是大学在自身真理追求和知识创新基础上自然溢出的社会影响。如果偏离了价值理性这一高等教育理性追求的立足之本,任何朝向其他价值的努力都是无用的。无论何时,高等学校都需要以价值理性为基点审思学校自身的发展以及外界的评价。

2. 有效供给不足及供需错配引发的质量和结构困境

高等教育面向普及化发展以来,各主体对高等教育的需求升级和结构的变化已经成为事实,需求主体对高等教育的需求逐渐呈现为高质量、多样化、个性化。高等教育有效供给是在既有资源禀赋下,高等教育供给能够最大限度地满足、适应与引领教育需求,实现既定教育目标从而达到供需相对平衡的状态。[1]当下,我国高等教育供给的又一困境表现为高等教育有效供给不足与高等教育需求主体对高质量、高水平教育需求的矛盾以及不需要但仍旧供给、需要此却供给彼的供需错配问题。

高等教育有效供给不足主要表现为供给不足、低质供给以及过剩供给。[2]充足且合理的高等教育投入是高等教育有效供给的物质前提,高等教育内涵式发展要求高等教育资源投入的合理配置,但我国高等教育投入在总量和结构上还不甚合理,这使得高等教育投入还难以满足高等教育内涵式发展的需求。一方面,高校投入的力度还不能够满足有效需求的提升,无论是经费、师资都还达不到建设高水平学校的要求。就高等教育投资比例来看,多数高校经费投资还是以国家财政性经费为主,社会资本进入高等教育投资环节的渠道还不畅通,社会捐赠金额与国外高水平大学相距甚远。同样,高校还面临着学杂费占事业收入比重较高的事实,这意味着高校自身创收能力不足,尤其是民办学校主要依靠学生的学费运转,其办学和人才培养的质量自然远远落后于政府资金大力支持的高校。就经费运转情况来看,高校的计划外不合理开支以及经费使用机制的不健全造成资金的浪费,难以保证正常教学秩序维持和科研所需经费的充足。另一方面,有效供给还应该是高效的供给。就我国高等教育供给而言,其供给过剩往往和低质量相伴随,尤其是以供给数量掩盖下的低质量供给大行其道,导致供给效益较低。目前落后和无效的高等教育供给尚未完全清除,最为

---

① 周雪娟. 基于需求层面的高等教育供给分类比较[J]. 教育与职业,2014(36):13-16.

② 张意忠. 高等教育的有效供给及其衡量标准[J]. 社会科学家,2017(9):119-123.

明显的例子就是高等教育国际化,低水平的国际化还难以满足相关人员对高水平国际资源对接的需求。留学人数的不断增加和部分省内招生计划指标的剩余显示出有效供给不足难以满足人民对优质高端教育的有效需求。另外,虽然来华留学生的人数不断增长,但留学生门槛设置不合理,招收的学生质量参差不齐,且与国内学生待遇形成较大差距,反而浪费更多教育资源的同时也招致公众的质疑。

一定时期内一个国家或地区的产业结构决定了社会对高等教育人才需求的结构。新的科技革命对高校供给尤其是人才供给质量和结构提出了新的要求,随着产业结构进一步升级转型,用人单位对技术技能人才的需求不断增加。与此同时,一些学校在发展定位、办学理念和思路上与国家或地方经济发展需求存在错配,以及人才培养、专业结构方面同经济社会发展相脱节,出现学校发展定位不明确,过于追求科类设置的全面而失去自身特色,不同层次水平院校办学目标趋同等现象,供给了大量已经饱和的人才。此外,从高等教育层次和类型结构来看,目前还存在本科、专科和研究生结构以及普职结构与对接企业或市场对各类型人才数量和质量需求的不匹配,导致"有业不就、有业难就和无业可就"就业困难等结构性问题。就目前情况来看,尽管推动地方院校向应用型本科转型的实践取得一定成效,但高等教育应用型人才培养与社会对专业型人才需求的数量缺口还比较大,质量上学生综合能力也远远不能胜任新的社会需求。

3. 资源配置不公影响下的供给结构性失衡

高等教育供给结构是高等教育系统内部各要素的构成状态,包括宏观结构和微观结构。① 在高等教育资源配置不公的影响下,高等教育供给的布局结构失衡的现象尤为突出,与国家推动教育公平和人民对教育公正需求间产生矛盾。我国在促进教育资源合理配置以推动高等教育公平性发展上做出了制度保障、人财物投入等多方面的努力,但总体上不同区域和省际、不同类型院校和群体间的高等教育供给仍旧很不平衡。

接受优质高等教育资源的区域和省际差异还较为明显。中西部地区仍然是我国高等教育发展不充分和不平衡的薄弱区域,中央财政转移支付对该地区高等教育发展所起的作用并没有预期的那样有效,生源质量、教师队伍质量、资

① 潘懋元.新编高等教育学[M].北京:北京师范大学出版社,2004:128.

源平台建设上都与东部地区存在较大差异。虽然国家通过"部省合建"支持中西部发展省属重点高校，但教师学历层次和能力水平有限，人才培养规模较小和质量不高的问题亟待解决。另外，高水平大学的分布以及高等教育入学机会的省际差异明显，且省内高等教育多集中于省会城市。2018 年，处于前五位地区的适龄人口接受优质高等教育的机会是排名后五位地区的近 4 倍。① 除个别省份外，中西部地区省份高水平大学数量极少，由于"211""985"高校的优势积累，在"双一流"高校入选数量上延续了区域和省际的不平衡现状。青海、西藏、宁夏都属于西部地区，且后两者还都是民族自治地区。其缺少高水平大学的事实在"双一流"建设中充分暴露出来，三者拥有本科院校的数量分别为 3 所、4 所、6 所，入选"双一流"建设的均只有一所高校，而最多的是北京，有 33 所高校。从入选的"双一流"学科来看，也均只有一门，西藏大学和青海大学的是生态学、宁夏大学的是化学工程与技术。虽然在国家支持下这些学校以占比较优势的学科为发展重点，但由于师资队伍质量和结构问题而无以为继。如青海大学拥有博士学历教师占专任教师的 22%，国家级高层次人才的数量也不多。不同省份间高等教育招生录取率存在差距，其接受高等教育的比例悬殊。以国家统计局 2018 年统计的每十万人口中高校平均在校生数来看，最高的北京 5268 人和最低的青海 1426 人之间的相差约 2.69 倍。高端平台、重点学科、优势专业不均衡和生均高等教育经费投入等所呈现出的不均衡现状仍旧严峻。

　　在高等教育优质资源获取过程中，农村家庭以及其他弱势群体在教育支出、信息对称性、社会资源的拥有等方面处于不利地位，与优势阶层形成群体间的结构失衡。这就使得一些本能够接受高等教育的学生选择步入社会，不利于高等教育普及化进程。此外，尽管政府不断加大对民办高校的政策支持和经费补贴，但民办高校的主要资金来源依靠筹资。筹资能力较低成为制约民办高校经费保障的重要环节，且民办高校与公办高校在经费来源和经费结构方面存在较大差距。同时，不同隶属关系的高校其财政资源投入也不均衡，类型上财政性经费支出也更偏向"研究型大学"，如中央对其所属高校生均支出约为地方的 2 倍②。

　　① 刘宁宁. 我国优质高等教育入学机会的地区差异研究［J］. 重庆高教研究，2020，8（1）：37 - 46.
　　② 陈晓燕. 我国高等教育财政支出效率研究：基于政府间支出责任划分角度［D］. 太原：山西财经大学，2018.

4. 学校供给难以满足主体高层次和选择性需求

学校供给教育本质上是培养人的活动,学校主要进行的就是人才培养的实践活动。学校供给首先面临的正是向学生提供教育机会和教学服务的责任,但高校教学质量与学生需求之间还存在较大差距。据 2018 年全国高等教育满意度调查,大学生对学校不满意的方面集中于教学环节,包括课程、教学方式、师生课外交流等。另外,学校供给还需要对接社会对其人才产出的需求。个体和社会对高等教育质量的要求越来越高,加之这种高等教育需求还越来越呈现出高层次和多样化的选择特征,从而形成了高等教育现有的教育教学供给与高等教育主体需求升级和选择性需求间的矛盾。

当下,高等教育机构包含的类型层次已经较为丰富。由于各高校办学层次和目标差异,本应该形成各具特色各有侧重的学校供给模式,但现有情况表明,目前高校办学仍普遍存在特色不足的问题,高校学科结构和专业结构的同质化倾向未得到彻底的转变,相同专业在不同类别、不同层次高校之间的体系设计上差别很小,难以突出本校的办学优势。地方发展高等教育的模式化和同质化问题早已成为制约其办学质量的主要方面,在有利可图的工具价值导向下,一些学校扎堆设置专业,如都设置了学前教育、人工智能等专业,但可能师资都存在问题。这些新设学科和专业由于投资不足、师资不够等问题缺少后续发展动力,教育质量基本偏低,在学生和市场都不选择的情况下,可能会很快消失在历史当中。

此外,行业学校以及应用型本科院校在追求大众化历程中的综合化使其学科优势和实践优势难以得到发挥,在专业设置上申请设置有利可图的专业、只求专业的大而全但无特色。以行业院校中的师范大学为例,师范大学办学注重追求综合化本无可厚非,但在学科建设中的去师范化却对于其发展有弊而无利,如北京师范大学的综合化就在一定程度上削弱了该校引领全国师范大学的示范作用。2019 年全国"两会"期间就有代表提出经费不足、顶层设计不合理"去师范化"等师范类院校办学困境。① 在"双一流"建设中的一流学科申报上,师范学校也面临着一些问题。如华南师范大学申报物理学、陕西师范大学申报(自定)中国语言文学、南京师范大学申报地理学,而作为行业特色的教育学却

---

① 赵国祥代表:重点建设一批示范性地方师范大学[EB/OL]. (2019 - 03 - 05)[2020 - 04 - 14]. http://m. jyb. cn/rmtzcg/xwy/wzxw/201903/t20190305_215687_wap. html.

并未在一流学科建设之列,这使得师范教育特色难以体现,教育学专业学生也不能在社会中找到合理的定位。

影响高校人才培养质量的学校因素主要包括培养模式、课程体系、教学方法和技术等。首先,由于人才培养目标不清,很多高校都将学术性研究人才作为培养定位,这样不仅不能发挥学生的个性化优势,也不能满足社会对各种类型人才的需求。高校对市场的人才需求了解不够,对学生的个性化、多元化的选择性学习需求掌握不足,导致高校课程体系设置上难以满足需求主体的多样化需求。自高等教育教学改革以来,统一设置了通识课程,但通识课程在跨学科结合上深度不够,在数量和内容上丰富程度较低,课堂教学过程中又对学生要求不高,通过通识教育丰富学生综合素质的目标难以实现,因此也就不能够满足社会的人才需求。其次,课程体系封闭性较强,其内容结构更新较为缓慢,难以对接社会和学生不断发展变化的合理需求。与课程内容相关的教材建设上也出现了类似的问题。教材内容水平的原创性较低,教材结构陈旧和模式化较为突出,很多教材都大同小异,只是在原有基础上删删改改。最后,信息化时代给传统教学模式带来一定冲击,但还未从根本上改变现存的教育教学方法。单一的教学手段影响了教学效能,虽然不排除有些研究问题更适合传统的讲授法这一事实,但整体上高校教学方法还是使得师生间互动较为缺少。

5. 供给主体权责失衡和边界不清等教育治理困境

在推动高等教育治理体系和治理能力不断提升的过程中,供给主体的权责失衡和边界不清成为高等教育治理困境的重要制约。从法律制约权力角度来讲,高校权责失衡主要体现在大学与政府的法律关系不明晰、大学内部各主体法律关系不明晰、大学制度中学术自主权缺失三个方面。[①] 高等教育供给主体具有复杂性和多元性,各利益相关供给主体之间形成了权力与权利、权力与责任相互交织的网状结构。就目前的高等教育供给机制而言,供给主体的权责从供给过程来看主要是关于"管办评",包括中央和地方、政府与学校、政府与社会、学校与社会、学校与院系之间的权责关系,可能涉及权责平衡以及主体间的权责边界问题,前者关注权责是否对称,后者关注权责的大小和范围。在依法治教的发展要求下,以制度约束和监督权力、以法律明确责任的法治化建设是

---

① 潘懋元,左崇良.高等教育治理的衡平法则与路径探索:基于我国高教权责失衡的思考[J].清华大学教育研究,2016,37(4):9-16.

明晰主体权责、破解治理困境的最优选择。而制度的设计不合理、制度空地以及执行上的形式化等难题制约着制度应有功能的发挥。

一方面，政府间高等教育供给权责还存在不规范的现象。总体上，政府需要履行的高等教育协调服务以及为高等教育规划蓝图和方向等职能还未能较好地发挥，与总体治理能力提升的要求不匹配。就高等教育目前的政府间权责分配来看，中央财权较大而事权较小，地方政府以较弱的财力承担了较多的事权。政府权力下移以来，省级政府统筹和决策权逐渐增加，但政府间权责划分上注重权力划分具体结果而忽视划分依据，地方权力是中央的"行政赋权"而非"法律授权"，因此难以得到根本保障。由于政府间的这种权力不清，地方政府可能因为吃力不讨好而在对高等教育相关事务上出现与中央部门的相互推诿和扯皮的情况。另一方面，政府和学校以及学校内部权责界限较为模糊，整体上"管办评分离"改革在具体实践层面还比较薄弱。从高校内部权力来源上看，学校与政府之间权责不够平衡，边界也较为模糊。高等教育法规定高校依据其独立法人实体地位依法享有办学的自主权，但政府在对高等教育放权上保守性较大，政府放权是通过"委托－代理"的关系模式进行的，在权力下放的同时还对高校一些权力设置审批权限。政府在高等教育管理中权限较大却并没有承担很多责任，而学校则承担着保证办学质量接受政府监督、评估的责任，二者之间权责不对称。如果高校自主权不能得到彻底落实，高校就难以胜任以上责任。从权力运行过程看，学校和内部院系之间权责以及内部不同权力类型的权责都呈现出不同程度的不对等现状。作为学校的下级系统，院系对行政事务的管理权较弱，但事实上承担着本院系的大部分行政事务和工作。学校内部权力从性质上可以划分为党的政治权力、校行政部门的行政权力和教授或学术委员会的学术权力。以行政级别和行政化管理模式为标志的"高校行政化"现象并未消除，在学术与政治的高度整合下，大部分高校事务的权力都被交由行政主管部门，行政权力随意干预学术事务，政治权力指导学术权力，使得高校学术权力"腹背受敌"，行使不自由。当然，内部权力运行缺乏有效监督和制约的现象也并未得到有效改善，章程同构化、形式化，形成过程不科学、不民主等使得其难以发挥效力。此外，高等教育评价上虽然引入了第三方，但仍是以政府为主导、由政府委托的专业代理机构评估，其评价的权威性以及可信度并不是很高。

（二）高等教育供给困境的原因分析

高等教育供给困境是多重因素影响和制约的结果。首先，我国后发型现代化进程在政策选择上倾向异步化的发展,使得高等教育区域结构失衡和城乡学生受教育机会失衡,而现代化和国家化的趋同又催生了高等教育发展中的办学同质化现象。其次,以经济为中心的高等教育发展逻辑表现为高等教育发展中自身逻辑缺失、发展方式上以外延式为路径等,造成高等教育对价值理性的偏离,高校去行政化困难以及质量不高等困境。再次,以政府为主导的强制性教育体制变迁以及报酬递增和自我强化制度产生了制度依赖,这种权力生成的不对称性是高等教育权责失衡的根本原因,使得高等教育制度在保持一定稳定性的同时难以产生较大变革。最后,高等教育市场机制引入以来,政府和市场力量在某些内容上却陷入博弈过程中的双重失灵困局,使得高等教育出现责任不清、有效供给不足、供需错配等供给困境。当然,引发高等教育供给困境的原因还包括传统的、文化的相关因素,通过渗透和交织在以上主要影响机制当中,致使解决高等教育困境的任务更加艰巨。

1. 现代化与国际化中的失衡与趋同

现代化和全球化是世界范围内影响最为广泛和深刻的全方位转型和变革,它既是发达国家率先进行并主导的现代化和全球化,也是欠发达国家被动卷入从而追赶发达国家的过程。我国的现代化正是"落后国家在西方资本主义占据主导地位及形成的国际体系下"①,以工业化为主要目标、科学技术变革为核心动力,在经济水平上赶超世界发达国家的过程。由于起步晚、实力弱、任务重,后发型国家在现代化启动初期阶段往往呈现为非均衡的发展模式。这种现代化的"异步性"表现为集中人力物力财力先发展具有较多优势积累的沿海地区,再通过沿海地区带动其他地区发展。"一穷二白"的薄弱经济基础决定了我国在追求现代化的过程当中,也是通过"先富带后富"这种先后差异和有所侧重的方式来进行。我国现代化需求中的政策选择形成了东部沿海地区和中西部内陆地区经济发展的差异以及城乡发展的二元结构,改革开放和社会主义市场体制建设的现代化进程又进一步加剧了这种不平衡。区域经济发展的不平衡严重影响了我国高等教育的布局结构,高校从分布上多集中于经济发达地区,无论是高等教育区域结构失衡还是城乡学生入学机会不均,都与这种现代化追求过程中的结构失衡密切相关。与工业化异步性发展选择相似,我国推动了一批重点高校和重点专业建设来发展高等教育,这进一步促使高等教育在空间上形

---

① 陈柳钦. 现代化的内涵及其理论演进[J]. 经济研究参考,2011(44):15-31.

成区域、校际的"差序格局"①以及科类专业的层次化分布。

现代化过程也是一个趋同化的过程,无论是社会发展还是其主要特征都呈现出一定的方向,新的高等教育的趋同化特征就是普及化、多样化。但在趋同的过程中,忽视或不顾本国现有高等教育水平和能力提出过高或影响高等教育健康发展的要求,就可能导致高等教育的办学质量降低并影响其长期的良性发展。20世纪末,发达国家实现高等教育大众化的步伐较快,而我国在高等教育大众化前还处于一个适龄人口众多而高等教育普及程度较低的水平。但在1999年后,我国通过政策引导和行政手段迅速在极短的时间内将大众化提上日程,表现为高等教育大众化进程过快、发展较为急功近利。在短短几年的时间就实现了高等教育大众化,这是以高等教育办学质量和人才培养质量的下滑为代价的。现代化发展过程由于各种生产要素的流动增加,各个国家越来越卷入国际竞争与合作当中,全球化进程加快,国际化就成了一个必然的发展趋势。与现代化过程的趋同相类似,国际化过程中也存在趋同现象。国际化本身应该是一个双向的交流互动过程,但对处于落后地位的发展中国家来说则成了追赶国际潮流的过程。由于发达国家的现代化因素更多,与现代化呈现的特征更为相近,处于引领高等教育国际化潮流的地位。因此,发达国家的强势文化往往成为落后者模仿的对象。现实的现代化进程中强势文化多为西方文化,如果处理不好本土文化和外来文化的关系,就很容易陷入"全盘西化"或"民族虚无"的两难之地。现代化的趋同朝向结果可能具有一定相似性,但任何一个国家都不可能通过仿照和复制其他国家的发展模式实现本国现代化发展目标。我国高等教育由照搬苏联转向学习美国,主要是"旁采泰西"而非"上法三代"的结果。② 当然,在经过苏联模式破产和西方模式水土不服等各种问题后,我国开始探寻和建设具有中国特色的高等教育体系,但尚未对国外引进的高等教育理念、管理模式、制度和经验形成系统的包容、吸收和改造。要形成具有中国特色的高等教育道路,可能还需要在国家方向指引下的学校探索实践。

2. 以经济为中心的高等教育发展逻辑

对教育和经济发展的关系认识来源已久,古典经济学中亚当·斯密就提出

① 胡建华.70年高等教育重点建设的变化及影响[J].江苏高教,2019(10):1-7.

② 刘献君,周进.建设高等教育强国:六十年的理念变迁及其启示[J].高等工程教育研究,2009(5):52-61.

"知识、能力、经验"是推动国民经济发展的重要因素,孔子也有"富、庶、教"的教育和经济关系认识,"人力资本理论"的盛行更是为通过投资教育促进经济增长提供了理论依据。尤其是在进入以高新科技和知识创生为主导的知识经济时代后,知识和经济的紧密结合更加确定了教育在经济发展中重要且不可取代的地位,但如果仅仅以经济的观点和"理性人"的假设看待教育以及教育中的个体,就会出现高等教育发展逻辑上的误区。高等教育的"经济主义"主要表现为四点:"一是由经济价值界定高等教育目标,二是由经济关系界定外部关系,三是由经济投入界定内部质量,四是由经济诉求界定学术人员的行为驱动力"①。

首先,以经济为中心的高等教育发展逻辑在客观上遵循外部经济逻辑而忽视教育内部发展规律,以经济的逻辑替代教育的逻辑。高等教育外部关系规律是高等教育与外部经济等发展相适应的规律,而高等教育内部关系规律是高等教育内部诸要素之间的规律。现代化理论提出国家现代化发展需要教育发展作为支撑,在教育与国家现代化的关系处理上更关注教育的经济价值。我国长期片面地以经济关系界定高等教育的外部关系,高等教育发展目标上以满足人民日益增长的物质文化需求和国家发展的经济需求为主要目标,追求的是高等教育发展经济效用最大化,高等教育机械、片面地适应社会经济发展的需求。高等教育作为现代化的重要组成部分,承担着中华民族复兴伟业这一重大历史使命。从新中国成立初期开始,我国高等教育就承担着工业化建设和社会主义建设的重任,到改革开放以来一直作为推动国家经济建设和科技发展的重要力量,"科教兴国"的战略选择更是紧密地将高等教育与经济发展联系在一起。这使得按照高等教育内部发展规律办教育难以实行,内部人才培养的规律、结构之间相互影响的规律都没有起到促进高等教育良性发展的作用。生动地体现在高校空间布局与学科专业分布上倾向服务于经济发展战略布局,通过重点工程建设的方式,以发展和管理经济的手段对待高等教育问题。

其次,以经济追求为目标使得高等教育发展逻辑深受"经济主义"及其影响下的"学术资本主义"的制约,造成大学精神和价值理念的失落。"经济主义"最明显的特征就是将高等教育工具化,并产生人的异化,高等教育培养"人"的本真目的被异化为适应外部经济政治需求的工具性目的,高等教育与经济发展

---

① 周作宇.论高等教育中的经济主义倾向[J].北京师范大学学报(社会科学版),2008(2):5-15.

结合越紧密,这种异化的程度就越深。在这种工具价值支配下,高校片面追求规模提升、校舍扩大等显性物质建设和具有经济效益的内容,作为大学起源的功能——精神生产和文化创新就被抛之脑后。高等教育卷入社会发展的程度越来越深,任何国家的高等教育都不可能完全独立,但如果高等教育为国家经济发展服务是以学术真理追求和学术自由的压制为代价,那么大学的根基将不复存在,以追求真理和爱智为生的高等教育将面临存在危机和价值危机。"经济主义"思潮使得大学以"知识"换取"资本",高等教育"产业化"现象突出,在知识经济功能的增强下,高等教育机构成为更具有企业性质的机构。当学术知识成为大学内部追逐利益的工具时,高等教育的这种功利性发展在一定程度上侵蚀着大学和学术的本真。

最后,以经济为中心的高等教育发展逻辑在方式上表现为以高等教育规模扩张的外延式发展路径。外延式发展是以资源投入和扩张规模作为高等教育发展的主要途径和方式,其标志性特征就是选择见效最快、最显著的方面进行发展。因此,高等教育供给表现为重视基础设施建设而忽略教学过程,重视招生数量的增加而忽视学生培养的质量,以拉动内需、刺激经济增长为初衷的高等教育扩招正是这一逻辑的真实体现。大幅度扩招过程中,政府以干预经济的方式,通过划拨土地、贷款的行政手段调整高等教育,供给扩张的速度大大超过了未来一段时间内有效需求增长的速度,造成人才质量问题和结构矛盾等高等教育发展困境。同样,扩招期间大批没有相应资质的专科院校在升为本科后出现诸多教育教学问题。由于原有办学力量就比较薄弱,在办学上就难以承担更高目标的供给,世纪之交的高校合并实际上也未能发挥高等教育的规模效益。

3.强制性制度变迁下路径依赖的制度惯性

制度变迁是制度建立、变化及随着历史发展而打破制度平衡的过程。我国制度变迁具有强制性变迁的特征,从而决定了高等教育制度变迁的运行轨迹存在一种路径依赖,使得制度呈现为连续性和保守性的特征,这也是造成高等教育权力主体关系失衡的主要根源。

按照历史制度主义的观点,重大事件、偶然事件以及各种变化一起推动了制度变迁,有经由外部力量打破制度平衡的"均衡断裂",也有可能通过包括规则的"置换、置入、偏移、转换"四种方式进行渐进式的制度变迁。路径依赖是历史制度主义中极为重要的制度变迁模式,强调历史发展中某个重要的制度、结构、社会力量、重大事件或其他关系对当前制度所产生的方向、内容和模式方面的依赖性影响。①　皮尔逊指出了路径依赖的运作机制,即以增长回报通过自我维持和自我强化机制产生某种"锁定效应",从而形成制度的路径依赖。现行制度变迁路径选择的结果依赖于制度的历史选择,无论是其最初的制度选择,还是制度发展过程中的任何变化,都有可能使制度走向另一条路径。同时,一旦"收益递增效应"产生,反馈机制将会产生单一均衡,由路径依赖所形成的制度惯性或者说制度惰性来抵抗外界或内部的变化。路径依赖是制度保持稳定和延续的根本原因,这种稳定和延续可能产生两种不同的效果,即:可能沿着既定路径进入良性发展,按照最初的政策制定发挥应有功能,也可能在制度劣势路径基础上陷入"锁定效应",产生极强的制度束缚。

　　我国高等教育制度在最初选择上是一种集权式的制度安排,这与相对封闭的计划经济体制相适应,政府在高等教育发展上发挥着重要作用,在改革开放中经济体制改革以及引入市场机制等"重大事件"的影响下,由于出现新的外部力量而使得制度均衡出现松动,但这种力量与原有权力结构相比还较为微弱,因此制度变迁的速度比较缓慢。由于政府强制下的渐进式变迁的特性,使得高等教育体制主要依赖政府主导的强制性变迁。一方面,如果政府不有意识地去推动制度变革,高等教育制度就可能一直沿着固定模式延续下去,而这种制度惯性又将反过来成为抵制变迁的力量。另一方面,这种变迁深受外部其他制度的影响,可能随着政治制度、经济制度的变迁而发生剧变,从而使得高等教育制度缺乏自身制度形成和发展的逻辑,随意性过强。多元治理理念难以得到改变的根本还是大学自身缺少制度变革的动力。大学在长期的制度运行中已经形成较为稳定的制度样态,构建新的制度需要打破现有制度的平衡,而这一过程将可能使先前的制度成本损失,因此高校去行政化的制度变迁才难以真正实现。由于制度设计上的疏漏,可能出现高等教育供给主体在政策解释和执行上的"上有政策,下有对策",导致制度变迁偏离预设的路径。此外,制度变迁是复杂的社会经济、政治、文化等构成部分的互动过程,我国高等教育制度变迁受我国文化传统的影响较深。以高等教育管理体制的发展为例,高等教育长期存在的国家化和政治化特征正是受宗法传统、专制传统所形成的中央和地方关系影响,从而形成了包办式的家长政府传统,这导致现行大学治理结构中政府干预

---

　　① 刘圣中.历史制度主义:制度变迁的比较历史研究[M].上海:上海人民出版社,2010:126.

过多的现状难以从根本上消失。

4. 政府与市场平衡探寻中的双重失灵

政府与市场是现代经济社会资源配置的两大主体,现代高等教育供给的发展过程可以看作以市场化为导向的政府与市场相互试探并寻求平衡的过程。以怎样的方式提供高等教育,在不同历史阶段和不同权力结构,国家会有不同的模式,高等教育提供的主要方式包括政府干预、市场调节以及新自由主义三条传统道路。根据我们对供给逻辑的分析,我国在高等教育供给上长期以来实行政府垄断供给,市场机制在高等教育领域的引入正是为了解决高等教育集权管理和垄断供给的弊端,如办学活力缺失、办学效率不高等问题。

公共选择理论的"集体选择"以及"政府失灵"对政府供给公共产品的弊端分析较为深刻,为市场机制的引入提供了较好的理论依据。一方面,由于中央政府远离高等教育实践场域,在了解民众对高等教育的需求上出现信息不对称,对地方政府的高等教育供给能力也不够了解。这种自上而下基于集权体制的资源配置方式使得高等教育投入的效率低下,中央政府在财力上的有限性也难以提供充足的以及满足民众选择性需求的高等教育。另一方面,政府以及政府官员在提供高等教育产品或服务时也会出于个体利益而忽视高等教育供给的实际效果。地方政府评价和激励机制倾向于有明确指标的可见政绩,因此地方在供给上倾向于投资短期可见的产品而忽略需要长期发展才能见效的产品,高等教育作为后者正是其供给意愿较低的领域,并且可能出现权力寻租等腐败现象。

通常,市场主要通过价格机制、竞争机制调节高等教育,由于直接对接高等教育需求主体以及拥有较为充裕的民间资本作为补给渠道,在信息获取上和财力支撑方面更有利于为民众提供更多的、可供选择的高等教育。但是,理论上我们将市场视作能力充分、机制完善,尽职尽责完成高等教育供给职责的组织,但高等教育供给过度产业化的衍生等现象却表征着市场供给也会出现供给失灵。市场是具有逐利性的机构组织,高等教育作为准公共产品的独特性质决定了市场供给高等教育不能达到追逐利益的目的,其市场的价格机制和竞争机制也优先追求私人或团体利益。这使得市场难以有效供给高等教育,对高等教育外部价值溢出和公平问题无能为力。任由市场供给高等教育,就容易引发高等教育入学机会的不公和院校发展的不均衡,当供给机制失灵、竞争机制恶化,就可能产生民办高校"天价学费"的问题。

　　如何平衡政府与市场在高等教育实践中的关系可能是引入市场机制后教育领域内较为棘手的问题,政府和市场力量在高等教育办学和管理上权力平衡的寻求一直没有停止。政府以何种方式、在何种程度上干预市场以保证高等教育的公益性,以及市场如何利用好自我调节机制在政府允许的营利范围内办学都还需要进一步考量。政府和市场供给存在双重失灵。市场失灵需要政府承担起责任,政府干预市场的主要方式是通过政策法规引领,扶持非营利性质的市场办学。但政府在干预过程中因为其传统、利益等往往出现政府失灵,从而导致各主体之间责任不清、有效供给不足、供需错配等问题。政府一直以来的集权管理传统和惯性使得政府在履行责任时往往过多过细。政府干预是一个复杂的利益协调过程,在这个过程当中很可能出现不愿意触及原有利益结构等主观倾向。政府是有限政府,市场也是有限市场。市场失灵需要通过政府进行干预和调节,那么政府的失灵该如何处理,一般会选择通过引入独立的无利益关涉的第三方机构来平衡二者间关系,形成三方制衡,公共选择理论就是主张通过非市场的集体选择来提供此类性质的产品。

三、高等教育供给侧改革的重点思路

　　受制于理念、历史、文化各因素的交织影响,高等教育供给侧改革面临着供给方面的多重困境。在供给侧改革意识不断增强和构建优质公平的高等教育美好向往的基础上,高等教育供给侧改革尚且任重道远。首先,要坚持以价值理性和工具理性交相辉映的高等教育供给理念,形成政府监督服务、社会有序参与、高校自主办学等多元主体协同发力的供给格局。其次,在政府的顶层设计下,发挥制度供给对高等教育供给侧改革的规制和保障作用,以优质公平、丰富精准的供给体系满足各主体日益增长的需求。同时,打造优良的师资队伍并激发学校供给活力和特色化发展。最后,还要以供给升级引领需求升级的供需连接机制形成供需之间的协调发展。

(一)坚持价值理性和工具理性交相辉映的供给理念

　　供给理念是高等教育供给侧改革的先导,任何教育改革都有其预设的价值取向,并将影响人们的行动选择和前进方向。高等教育理念由于生成主体的不同呈现为多个层次的理念。国家层面的理念是对高等教育发展具有重要导向性的理念,决定了高等教育的定位、方向等关键性内容。学校层面的理念是在国家高等教育理念的方向指引下形成的大学理念。国家层面的供给理念必须渗透到大学理念当中,体现和融入学校办学、教育教学、学术氛围营造等高等教育实践活动中的理想信念当中。

要坚持以价值理性为基本内涵的理念生成。价值理性关注行动的价值本身,对其可能的结果一般不予考虑。理念在某种程度上具有一种理想化特征,因此以价值理性为理念生成的准则是保证理念引领作用的重要标准。第一,在理念形成的最初要深刻思考其价值合理性,能否代表公共利益,是否符合一般的价值判断。在高等教育普及化时代,高等教育理念应该以更加包容、开放的胸怀,在充分借鉴高等教育强国发展战略中的积极因素以及结合和融通我国传统文化思想意蕴基础上促进供给理念的创新。一直以来,国家层面的理念零散性和间断性特征较强,导致大学理念缺少强有力的引领核心和高瞻远瞩的眼界,因此要更加注重理念的一致性,形成价值理性协调下的价值导向。第二,高校作为能动的实践主体,能够赋予国家层面价值取向以特色和具体的形象,在实践理念和贯彻理念的过程中,从内部形成对理念的认同。大学理念既是学校发展中的历史酝酿,也体现了大学校长的眼界和格局。坚持价值理性的引领意味着大学要遵循根植社会、面向真理的"爱智"原理。① 虽然高等教育的这一"爱智"属性被追求外在目的所淡化,但这种根植于人类探索精神当中的基因是任何其他价值所不能抹杀的。对于不同层次、类型的高校来说,还要形成各有侧重的特色化大学理念。各高校要依据自身的办学传统和目标定位,以及人才培养类型的不同、与社会联系方式途径的差异等,或以追求真理为侧重,或以学以致用为目标,建构类型有别、特色分明的高等教育理念体系。

此外,要重视以价值理性规范和制约工具理性的核心地位,形成两种理性的交相辉映。重视价值理性并不意味着我们要放弃工具理性,接受工具理性也并不代表牺牲价值理性的理想。良善的理念必须是目的良善和结果可喜的理念。第一,要突破以经济为主的工具理性对价值理性的束缚,处理好追求公平与效率的关系。高等教育供给理念要始终以人的发展这一本体价值作为支撑,更加重视高等教育公平、理性的理念。克服工具理性指导下的片面追求外在效

---

① 周作宇.大学理念:知识论基础及价值选择[J].北京大学教育评论,2014,12(1):90-107,190.

应,应该在遵循外部经济逻辑的同时,坚持以公平为目的、以人才培养为主线、以学术研究为本位的教育逻辑。以促进人的自由全面发展为核心,重视高等教育对人的创造性和综合素质提升的根本价值,坚持以立德树人和学术自由为基本的高等教育理念,使高等教育回归到以理性孕育和人才培养为核心目标的轨道上来。第二,在学校供给中也要体现两种价值的和谐统一。在尊重价值理性蕴含的学术逻辑先在和学术自由追求的基础上,承担起高校对建设现代化强国的责任和担当是大学理念的时代内涵。大学理念的形成必须遵循高等教育内部发展逻辑与外部发展逻辑相统一的原则,在高等教育教学观、发展观、办学观上"以学生和学习为中心"。

(二)形成多元主体协同发力的供给关系

高等教育供给侧改革涉及投资、办学、管理、评价多个环节上多个主体间的权力交织,如果处理不好主体间关系,高等教育供给侧改革就无从实现。面对政府和市场可能出现的双重失灵,如何实现主体间的权力制衡,共同促进高等教育供给优化就成为制约高等教育供给侧改革的重要因素。

首先,政府作为提供公共产品与服务的主体,必须承担起应有的责任,政府角色必须向有限有为的责任型服务政府转变,从一些领域退出,对关键事项进行宏观把控。具体来讲,政府管理高等教育的方式逐渐由绝对命令向政策、经济手段转变,管理内容上由全面管理走向调控监督,由直接办学管理向协调服务转变,需要更加注重对高等教育战略方向、布局调整、公平质量等市场和高校不能解决的方面发挥调控和保障功能,为市场提供信息,创造高等教育运行的良好环境,监督高等教育办学质量和公平问题。

其次,供给侧的改革必须提升社会力量有序参与的能力和水平。事实上,在政府和市场中间引入作为缓冲地带的第三方非营利组织是现在国际上比较流行的做法,即在政府、市场、社会组织间形成"合作伙伴关系",在政府服务、公民选择和市场提供之间寻求平衡。尤其是在教育评价上,第三方的引入更有助于政府决策的客观和公正,如澳大利亚就以某研究中心对高等教育公平的研究和监督来进行决策。[①] 专业的第三方机构的监测能够形成长期的、有效的数据,

---

① 全球高等教育公平的"晴雨表"[EB/OL].(2019 - 01 - 06)[2020 - 05 - 12].http://xzx.shnu.edu.cn/84/c7/c18437a689351/page.htm.

比突击式检查更能体现其高等教育真实的发展状态。同时,针对市场的部分失灵现象,有学者基于教育的特性提出应该形成教育的准市场制度。这样既能够推动市场竞争在教育经费资源配置结构调整和效率提升中的作用以缓解政府调节失灵现象,又能够以政府的适量干预协调市场机制可能出现的无序竞争。

再次,政府对高校的关系应当从行政管理关系向服务关系转变,在法律框架内行使行政监督权,努力提升服务高等教育发展、营造良好发展环境的服务意识,把高校应有的自主办学权还给高校。同时,我们应该意识到政府管理高校也有其合理性和必要性。事实上,政府的管理集权既是高校自主办学积极性的制约,也是我国很长一段时间内高等教育发展的助力。当下,在家长式政府还难以彻底转变角色的状态下,权力还相对较为集中在中央,发挥中国特色社会主义的优势,明确政府对于学校方向性、战略性的引导是必不可少的。当然,政府如何较好地平衡协调式的管理和放权之间的关系,在哪些方面干预、哪些方面下放权力,都应该形成较为详细的规定。总体上,政府的协调服务必须尊重高等教育规律,尊重高校的主观能动性、创造性,让高校成为创新的主体、治理的主体和发展的主体。

最后,理顺大学内部的权力关系和主体权责。大学内部也是一个小的生态系统,存在着政治、学术、行政权力以及党委、行政部门、教师、学生等不同主体。因此,需要进一步平衡内部权力主体关系,推进人事制度的进一步改革和章程建设的进程。第一,在坚持党委的政治方向领导下,对高校行政体系进行"换血"。与企业或集团职业经理人相似,高校校长应该成为专门职业,而目前校长还是承担着教学、科研以及行政工作,要改变校长身兼数职、缺少权力监督的事实,推动行政决策更加合理。第二,以章程建设规范权力运行。章程建设要以规范学校内外部各利益主体的参与为动力,运行过程中设置保障机制和监督机制,以便反馈和调整。权力平衡最主要的是提升相对弱势的学术权力,释放教师的活力。加强学术委员会的建设,不断调整其内部构成。学生参与是保证学术权力多样性的重要渠道,但如果只是形式上的参与而没有提出意见和被采纳的可能,那么这一组织在结构上就是不合理的。此外,规定师生义务的同时,必须更加重视对处于弱势地位的教师和学生的权利保障。

(三)构建优质公平的丰富供给体系

构建优质公平、丰富精准的供给体系是提升高等教育实际供给能力的关键。高等教育有效供给不足以及供需匹配问题制约着高等教育供给侧改革的实际效果,解决高等教育有效供给不足重点在于提高教育供给的丰富性和针对性,在稳步增量基础上拓展优质资源,通过合理配置有限的优质资源补足短板,推动高等教育公平。① 同时,现代化过程中的结构失衡也需要供给体系的重新打造。

首先,在财政性经费平稳增加的基础上继续拓宽经费来源渠道,形成充足的物质保障。第一,稳定高等教育的国家财政性支出,实行生均拨款和绩效拨款相结合的拨款方式,通过科学管理提升资金的利用率。2012 年以来,国家财政性教育经费支出占 GDP 比例持续保持在 4% 以上,高等教育的投入比例在各级教育中较多,但与其支出对比来看还是有所欠缺,要进一步加大政府的转移支出,重点投入资金薄弱的省份。扭转部分高校注重争经费而忽视管理经费的误区,向经费管理要效益。同时,在科学核定生均经费基础上,按照绩效拨款体制,从资源投入的产出比,尤其是高校人才培养的质量和能力,科学研究的能力以及综合发展的潜力评价学校绩效作为对高校投资的标准。第二,增加高等学校多元渠道筹资能力的同时,重点提升高校自身的创收能力。坚持高等教育合理的成本分担,建立高校学费缴纳的动态调整机制,形成与政府拨款以及其他渠道筹资的合理比例结构。在制度政策鼓励社会力量办学的基础上,落实规定的税收优惠和减免政策,尤其是对非营利高校减少限制,增加社会资本办学的渠道。当然,高校要立足于自身拥有资源提升创收资金所占的比例,不同类型高校可以凭借自己的特色定位和优势增加收入,应用型本科院校和高等职业院校要对接不同类型的企业,如研究型大学中要加强科研成果的转化率,职业院校和专科学校要注重深化产学研融合。

其次,建立丰富精准的供给体系是解决供需错配问题的必然要求,在提高供给质量的同时,各学校要有针对性地面向社会发展和科学技术进步办学。普及化高等教育的特点和理念决定了与其适应的高等教育体系应该是"层类交错"下发展均衡与充分的供给体系。② 一方面,在类型分类上根据营利性和非营利性来分类而不是依据公办和民办,这将有利于在保障高等教育事业公益性的

① 钟秉林.优化高等教育资源配置 推进高等教育内涵发展[J].重庆高教研究,2014,2(1):1-4,32.

② 陈先哲,卢晓中.层类交错:迈向普及化时代的中国高等教育体系构建[J].教育研究,2018,39(7):61-66.

基础上最大化优化资源。此外,民办教育要想打破质量低下的刻板印象,形成社会认可,就要从突破原有办学定位和模式开始。民办学校也可以发展研究型大学,但这也不意味着民办学校只追求综合化或研究型。以西湖大学为例,作为国内第一所非营利性的民办研究型大学,以"小而精、高起点"为定位,集结了一批"精兵强将",发展势头迅猛。这将是我国高等教育发展史上的重要突破点。西湖大学的成立是国家支持、学者自发举办等条件耦合下的产物,如何将其经验扩展到总体条件不那么好的民办高校可能还需要进一步探究。而另一方面,高等教育类型显示为严格的金字塔等级差距而缺少横向结构上的多元发展。因此,要在现有高校分类的基础上,探索更加精细科学的多样化分类模式。上海市以高校人才培养倾向和专业设置特点的不同,将高等教育分为"十二宫格"的分类体系,从而形成不同的管理和评价体系。① 这对其他地区高校分类是一个很好的借鉴。

最后,面对现代化进程中的高等教育结构性失衡,必须通过优化资源配置,不断推动区域和省际高等教育质量的均衡发展。在今后的较长时期,公平与效率的矛盾可能都会客观存在,通过人为干预来调整结构性失衡是必要的选择。在高等教育普及化时代,高等教育的布局调整要以人口规模和经济发展水平为依据。国家在西部教育发展上要坚持合理布局、优先建设、公平补偿的原则②,利用各级政府的转移支付补偿弱势区域,以动态的资金调整和资源配置向资源劣势区域倾斜,形成"强者全面发力,弱者彰显特色"的发展路径。同时,通过高校资源平台的共享对接等方式充分利用有限的高等教育资源,尤其是让优质的高等教育资源在更多高校间合理流通。"高校银龄教师支援西部计划"正是通过优质师资的流通来实现"多对一"帮扶,解决教育供给不平衡问题的有效途径。当然,中西部高校也需要向内寻求发展动力,通过充分利用自身的办学传统和环境优势,发展具有一定地域特色或学校特色的学科门类,避免贪大求全走综合化的高等教育发展道路。

① 上海市探索开展高校分类评价工作[EB/OL]. (2019 – 03 – 05)[2020 – 07 – 23]. http://www.moe.gov.cn/jyb_xwfb/s6192/s222/moe_1740/201903/t20190305_372206.html.

② 陈鹏,李威."双一流"建设背景下西部高等教育的挑战与政策供给[J]. 教育研究,2018,39(11):91 – 98.

（四）彰显富有活力的特色学校供给

学校供给是高等教育供给的核心环节，既对接上游"对高等教育的供给"资源的合理调配，又承担着人才供给、成果输出等重要职责。高等教育供给侧改革要学会抓关键环节，以学校供给全面盘活供给因素，实现高等教育资源的高效利用以及办学质量的全面提升。

要进一步激发学校供给的活力，促进高校特色化发展。学校的办学活力和特色体现在人才培养模式、课程体系、专业设置以及师资建设等多个方面。第一，要为学生提供多元化的、可供选择的人才培养体系，实现学生在专业选择上的自由，与学生多样化的需求相对接，较好地满足学生个性化的高等教育追求。第二，培养目标上的担当与特色化是其应有之义。一方面人才培养必须紧扣国家战略和国家发展目标，培养有责任和担当的当代青年。另一方面，目标的特色化是高等教育类型层次分明的必然要求，要重视培养复合型人才，这在提高学生能力的同时也对接了现下市场的需求结构。如南方科技大学在办学过程中就形成了以"三制三化六体系"为核心的人才培养体系，该校发展的特色较为鲜明，社会认可度较高。以人才培养模式为准心，相应的学科结构、课程结构以及专业结构是人才培养过程中的重要影响因素，教学过程中的教材编写、师生互动模式、教育教学方法等也需要变革。学科和专业设置上应追求"少而精"而非"大而全"。就高等教育实践来看，除师资水平一流和高等教育经费十分充足的高品质大学在综合性大学的举办上能较好地平衡各学科间的质量差距外，其他学校很难做到如此。因此，只有具备了相应的高水平教师，才可以开设相关学科的相关专业，而不是盲目追求综合化学校建设。此外，课程设置中要关注通识课程与专业课程的平衡性、课程设置与课程实施的一致性、专业课程内容的经典性与现代性，通过多学科交叉课程拓宽思路。

另外，要变革现有的教学模式，提升教师队伍质量，打造有活力的新型课堂。当下，我国高等学校的教学活动必须遵循以学生为中心的教学理念，打破传统的课堂结构，要以研究性教学构建新型立体课堂，通过启发式、研讨式等多样的教学模式改变旧有的师生互动模式，通过信息技术支持下的个性化、多样化学习来满足学生的多样化需求。① 四川大学进行了"探究式 + 小班化"的教学改革②,"智慧教室"的创新改善了师生交流的空间布局,形成了问题中心和学生中心的师生交流关系,大大提升了学生的参与感和互动感,教学的质量自然得到提升。同时,以慕课为主要形式的线上教学发展迅速,可以充分利用该资源,通过混合式线上线下教学结合的模式实现课堂的延伸,突破教学的时空界限,实现混合式教学的常态化。即使是在注重以学为本的当下,高校教师队伍的质量和结构仍然是制约教学的重要因素。因此,打造一支勇于创新、专业过硬的精良教师队伍至关重要。此外,以创新为动力的学校变革才可能使高校质量真正提升。增强研究型高校的科研创新能力,对接企业的应用型高校也需要培养具有创新能力的"大国工匠",从而提升高校服务社会的能力。

(五)推进以供给升级引领需求升级的供需连接机制

以供给侧改革破局是高等教育供给侧改革的路径选择,实现动态的供需平衡是高等教育实践的理想追求。高等教育供给侧改革旨在解决高等教育领域长期发展的问题,如办学质量、人才培养质量和结构、高等教育结构体系等方面的困境。当下,高等教育问题主要是供给不足或者是供给结构不合理,当然也存在一定数量的无效或落后需求。我国供给侧改革遵循的逻辑不是供给学派重视供给决定作用的逻辑,而是需求侧管理和供给侧管理携手并行的同时,更侧重从供给侧发力。如果能将供给侧问题有效解决,需求侧的问题也将迎刃而解。高等教育供给与需求这种紧密相连的关系决定了高等教育供给侧改革还需要关注与供给侧相对的需求侧,推进以供给升级引领需求升级的供需连接机制。

要正确认识供给侧和需求侧在高等教育供给侧改革中的作用,把握好二者之间的关系,以供给升级引领需求升级。需求侧处理"要有产品与服务满足消费",而供给侧解决"生产什么"和"如何生产"的问题。③ 目前,我国的各领域供给侧改革都是以供给的转型升级为主导的,它在强调供给作用的同时,也重视

---

① 解德渤,崔桐. 大学课堂革命何以可能:研究性教学的旨趣、实践及其挑战[J]. 重庆高教研究,2020,8(3):56–66.

② "探究式 + 小班化":45 分钟课堂浓缩四川大学"最好本科教育"[EB/OL]. (2017–05–27)[2020–08–15]. http://www.scu.edu.cn/info/1202/2636.htm.

③ 贾康,苏京春. 论供给侧改革[J]. 管理世界,2016(3):1–24.

有效需求以及升级后的需求与有效供给的和谐共生。技术进步、制度创新所导致的供给创新不断激发需求升级和潜在需求的产生,经济领域要实现供给升级对消费升级的引领,高等教育领域也要实现新的供给形式和样态对人才需求、质量需求、学习需求等的引领,如西湖大学民办研究型大学就将促进国家和学生对民办高校需求的升级。因此,需要增强高等教育供给结构对需求变化的匹配程度和弹性,以供给变革适应、满足和引领高等教育需求发展,以供给创新促进供给升级,以供给升级引领需求升级,实现供给升级和需求升级的相互匹配。政府要不断调动高等教育供给的主体力量,通过崭新的高等教育供给刺激家长、学生的潜在需求,同时使供给更好地适应升级后的需求结构。

另外,必须加强供给主体与需求主体之间的有效沟通和协调,建立供给与需求同频共振的连接机制。了解并把握居民对公共品的需求状况是实现公共品最优供给的关键。① 因此,要建立自下而上的需求显露机制,对需求侧释放的信息高度重视。政府在公共决策过程中对公众需求了解较为片面,政策制定不能代表公众意愿,从而导致最终的供给与需求发生错配。因此,政府必须完善其公共决策机制,推动社会和民众参与决策的方式和力度,以大数据等信息技术便利更好地获得信息反馈,随时调整不合理的决策方案,避免制度路径依赖的不利影响。无论是政府的制度供给,还是高校的人才培养,都必须关注相对应的高等教育需求主体的有效需求,否则就会产生落后的无效供给,不利于供给侧改革的推动。

四、高等教育供给侧改革的制度保障

制度创新是高等教育供给侧改革的动力机制,我国教育制度在历经变迁的过程中依然焕发出强大生命力的源泉正是得益于继承优秀传统理念基础上的教育制度渐进式改革。② 从高等教育供给的整体过程来看,制度的规制和保障无处不在,完善的制度体系是高等教育稳定运行的必要保证。

---

① 闵琪.从公共品需求到公共品供需均衡:理论与现实[M].北京:经济科学出版社,2011:28.

② 张旸,聂娇.近百年来中国共产党教育制度思想发展的本质特征和实践的成功经验[J].当代教师教育,2019,12(2):15－24.

(一)健全高等教育法律体系

健全高等教育法律体系,要以规则和制度主导高等教育供给侧改革。第一,修订现有的法律法规,完善面向高等教育整体环节的成套制度体系。政府的制度设计包含了经费投入机制、分配制度、职称制度等现代大学制度在内的一系列制度,面对更加复杂和多样的高等教育供给形式,制度的类型和规定内容上可能都会出现不同程度的滞后。目前,还需要对高等教育法中较为模糊和没有明确规定的内容出台相关的政策加以规定。在国家层面制度体系建设、法律法规基础上,对高等教育供给过程中可能碰到的涉及主体关系互动的领域都要有法可依,如针对市场准入的规范、针对民办教育的更明确和精细化的激励和约束等。现在很多主体权力不清的原因正是在于制度的含混和模糊。第二,要加快落实和推进地方性高等教育法律法规的出台,探索与本地高等教育发展相适宜的路子。地方高校面对的是服务地方发展的任务,同国家战略相匹配的同时也有一定差异,在法律法规允许的范围内,地方要发挥自身制度创新的能力。上海市就制定了面向地方发展的高等教育促进条例,对政府部门的整体规划和评价、高校办学和社会力量参与都规定得较为细致。作为首部地方性高等教育法规,《上海市高等教育促进条例》可能对整体把握不是很全面,但这也为地方高教法规制定开启了新的一页。

此外,政府必须以具体制度安排保障制度落实,尽可能避免制度和政策失灵。第一,制度是协调和规范人们社会参与的规则,制度设计要衡量制度技术性和价值性等多方面特征,但一定要先保证制度的伦理属性。制度伦理关注制度民主、制度效率、制度公平等多个制度维度,制度制定的标准从来不是一个非此即彼的固定答案,好的制度必然是既有效率也能促进公平的,是"内在合理性与外在效应之间的关系"[1]。高等教育制度设计需要促进制度正义和制度效率的双重统一。第二,制度供给需要政府顶层设计与基层智慧创生相结合。制度尤其是法律层面的制度基本是在政府宏观设计下的产物,用制度和政策调控是政府的主要手段,政府的顶层设计是保障高等教育制度维持正确方向的重要保证。但任何制度设计都必须满足个体"激励相容约束"[2],因此政策制定和生成

① 马俊峰,等.社会公正与制度创新[M].北京:中国人民大学出版社,2013:128-129.
② 张维迎.市场与政府[M].西安:西北大学出版社,2014:65.

过程中必须充分考虑政策执行的可能选择,把"自上而下"的制度设计以及"自下而上"的内生制度动力相结合,尊重民众的集体智慧,通过前期的广泛征集意见,制定过程中扩大制度制定者的成分组成,让各利益相关者都能够有表达的权利和通道。第三,针对可能出现的政策失灵情况,需要不断加强制度的落实和保障机制。既要注重相关配套政策的设计,通过细化制度设计的内容来使得相关主体有明确的参考,又是要引导地方政府和学校的制度执行意愿,并不断加强其制度执行能力和水平。第四,加强制度执行的监督和反馈机制。目前来看,我国主要在教学质量方面建立了较为规范的监督机制和保障机制,对于制度执行的监督以及对制度效果的反馈还较为落后。今后要加强学校自身的制度监督反馈和利益相关主体(家庭)的意见收集。此外,高等教育政策制定还要关注与上阶段政策的协调性,打通不同阶段教育之间的制度壁垒。尤其是要持续平稳推进高考制度的改革进程,加大改革力度,使得基础教育与高等教育断裂的现状得到缓解,更好地建立整体国民教育体系。

(二)建立分类评价和发展制度

教育评价是教育发展方向的评价指挥棒。评价制度的改革和创新是政府治理高校,实行高等教育供给侧改革的重要举措。在高等教育领域建立分类评价和发展制度是引导高校教育教学和科研工作,推动不同类型高校分类发展和高质量有特色发展的重要抓手。2020 年中共中央、国务院引发《深化新时代教育评价改革总体方案》,要求推进高校分类评价,引导不同类型高校科学定位,办出特色发展的重要抓手。2020 年颁布的《深化新时代教育评价改革总体方案》要求推进高校分类评价,引导不同类型高校科学定位,办出特色和水平。为落实总体方案对高等教育分类评价的要求,教育部制定《普通高等学校本科教育教学审核评估实施方案(2021—2025 年)》,对普通高等学校本科教育教学审核评估工作做出整体部署和制度安排,并将探索分类评价作为核心任务之一。实施方案柔性分类评估方法,为不同高校提供可选择的"两类四种"评估方案,以适应不同目标定位、战略需求、发展阶段的高校分类评价的需求,同时对分类评价的制度设计、评估流程、各类型的评估指标都有相应的规定,总体来说较为完善和系统,但还需要在实践中推进高等教育评价的分类评价、分类管理和分类发展。

为推进分类评价和发展制度的完善。在分类评价理念上要以学生发展为导向,以激发学生的学习积极性和潜能为主要任务和目标,推动高校办出特色、办出水平。高等教育评价一度被琐碎化、项目式的教育评价所禁锢,评价结果应用于教育教学改革等方面的经验还不足。因此,必须优化评价程序,减轻评价额外负担,突出评估结果使用,切实落实以评促建、以评促改、以评促管、以评促强的功能。对评价中查出的问题要实行限期整改,落实督查督办和问责制度,各级教育部门要对高校整改情况等进行督导复查和持续追踪。完善分类评价指标体系的建设。高等学校分类评价指标体系的建立应该遵循两种逻辑,即根据学科比例结构的学科逻辑以及根据高校的功能定位的功能性逻辑。① 高校应该不拘泥于"两类四种"的"评估套餐"限制,在模块化指标构建中,综合考虑结构布局、办学定位、培养目标等现状,根据区域内高等教育办学和发展的特色,自主选择更加精确的合理分类模式。此外,要对评估机构评估能力和评估机制进行审核和监督,形成一支高水平专业化的分类评价实践队伍,不断提升专家论证的评估能力。对于高校的评价,要注重过程性指标和结果性指标,定性与定量相结合的做法。

(三)推动内涵式发展下人才培养质量的制度保障

目前,我国已建成世界规模最大的高等教育体系。在高质量教育建设和教育强国战略背景下,我国高等教育发展已进入质量全面升级的时代,重视质量和结构调整的内涵式发展取代以扩大体量为目标的外延式发展,成为教育供给侧改革的主要任务和目标。人才培养质量提升是高等教育质量的重要特征和衡量指标,推动内涵式发展下人才培养质量的制度保障是构建高质量高等教育体系、优化高等教育质量保障体系的重要环节。2018 年我国发布首个本科专业类教学质量国家标准,涵盖全部 12 个学科门类、92 个本科专业类、587 个专业、5.6 万余个专业点。此外,为了"让学生忙起来,管理严起来和教学活起来",教育部全面取消清考制度,通过教考分离制度等方式全面提高学生自主学习的积极性。事实上,从学科建设、专业结构布局到教师队伍建设、评价制度改革等高等教育质量保障制度建设,无一不与高等教育人才培养质量提升这一根本目标息息相关。

<hr>

① 苏君阳,白卉,李一平.高等学校分类评价:意义、类型依据与基本策略[J].北京教育(高教),2021(1):74-78.

高校作为人才培养质量内部保障的主体,要以深入落实立德树人根本任务、培养一批具有高阶思维、基础扎实、具有创新精神和创新能力的高尖端人才为主要目标。第一,加快高等教育人才培养体制创新。创新人才培养模式,实行差异化有特色的人才培养制度。在研究型和应用型高校,以及新工科、新医科、新农科、新文科为代表的"二类四种"高校之间突出人才培养的侧重点和差异性。教育部要继续实施"六卓越一拔尖"计划2.0和基础学科拔尖学生培养试验计划,既要能够培养引领时代发展与变革的卓越人才和领军人物,也要能够培养学术型和应用型创新人才。完善校社企等人才培养的协同机制,探索相关规章制度消除其协同育人方面学分计算等壁垒和不便,为实践育人创造良好条件。第二,加强教育教学质量管理制度,不断提升人才培养过程的质量。充分利用交叉学科的优势,打通学科间的交流壁垒,推动学科间人才培养的交流机制。推进本科生和研究生培养一体化,坚持高起点和高标准培育,提升人才培养的连贯性。第三,完善教学质量监督和保障机制,促使工作长期化、制度化、规范化。坚持构建大学质量文化,引导高校建立健全本科教育教学质量保障体系。严格执行研究生弹性分流淘汰制度、时限终结机制和学术不端零容忍机制,建立对高等教育人才培养质量状态监测的常态化机制,坚持自纠自查。此外,政府也要进一步完善与人才培养相关的外部质量保障机制。进一步推进高校教师队伍建设,培育高层次的创新人才并产出高质量创新成果。同时,落实教育经费保障机制等,为人才培养提供充足的物质保障。

(四)深化高校教师职称制度改革

与教育评价改革中"五唯"的顽瘴痼疾相类似,各高校教师职称评价也不同程度存在"五唯"的问题,唯论文、唯"帽子"、唯学历、唯奖项、唯项目的教师职称评价制度助长了功利化等不良学术风气,给教师评价造成较大的负面影响。教学育人是高校教师的第一责任,深化高校教师职称制度改革是进一步加强高校教师队伍建设和完善教师评价机制,保障教师潜心教学科研、安心教书育人的重要制度安排。2020年《关于深化高等学校教师职称制度改革的指导意见》,对教师评价原则、评价标准和机制等做了较为详细的规定,并且制定了针对不同类型和层次教师的高等学校教师职称评价基本标准。高校教师评价实践中"评价内容之教学与科研、评价标准的一致与多样,以及评价方式的定性与定量、评价主体的一元与多元的矛盾"①在意见当中均有所回应。

高校是完善教师职称评定制度的主要责任主体，要健全教师职称评价制度体系，创新评价机制。评价标准和内容方面，要尊重人才个性化和多样化的特点，反对"一刀切"全面评定，对不同研究类型、学科专业门类以及不同层次的教师实行分类分层评定，建立多样化的分类评价标准，有针对性地将教师教育教学科研等育人相关工作中展现的实绩、能力和贡献纳入评价当中。评价方式上，量化质性结合，改变重数量轻质量的功利化取向，转向质量导向和贡献导向，探索并建立以代表作制度为核心的评价体系，克服唯论文、唯"帽子"、唯学历、唯奖项、唯项目的"五唯"倾向，将论文、项目等作为评定的基本依据并延伸至与教师育人相关的内容，将师德师风作为职称评价的第一标准。通过学术共同体文化建设和信用惩罚机制建设等推动教师师德师风建设，引导高校教师建立风清气正的学术共同体。通过制度供给形成良好的评价文化和生态，扭转功利化倾向。实行评聘结合的关键是要将教师职称评定的结果与教师聘任制度相结合。完善同行评价制度，健全专家评议机制和外部专家评审制度，规范专家遴选和退出机制，建立客观公正、简洁易操作的评审程序，严格规范专家评审行为，引导评审专家负责任地提供客观公正的专业评议意见。自主评价方面，学校评审权下放后各高校要根据本校教师情况，颁布具体的评审方法和操作方案并完善执行和监督机制。

（五）完善大学内外部治理制度

教育治理是推进国家治理能力和治理体系现代化的重要一环，随着教育治理的重要性日益凸显，高等教育如何回应教育治理能力提升和体系完善的要求就成为重点。因此，完善大学内外部治理制度就成为提高大学治理能力与水平，推进高等教育治理现代化的必然要求。基于"管办评分离""放管服结合"等政治职能转变背景，进一步推进政府治理能力和高校内部治理能力提升和体系完善至关重要。《关于深化高等教育领域简政放权放管结合优化服务改革的若干意见》明确提出完善中国特色现代大学制度，落实和扩大高校办学自主权等要求和具体措施。《关于坚持和完善普通高等学校党委领导下的校长负责制的实施意见》《高等学校学术委员会规程》《学校教职工代表大会规定》等政策

① 张其志. 高校教师评价的若干矛盾问题[J]. 教育评论,2014(1):51-53.

文件更是详细规划了学校内部治理的相关制度。但就高等教育内外部治理的现实状况来看,其依法享有的部分办学自主权并未得到完全真正落实,以大学章程为核心的现代大学制度进展缓慢。这种浮于表面、难以落地生根的学校制度建设现状制约着学校办学的质量和水平,政府和高校内部治理能力和治理体系还需进一步提升和完善。

一是继续完善高校外部治理制度,推动政府、学校、社会关系和谐发展。在府校关系上,要在坚持党和国家对高等教育全面领导和充分赋予高校在内部事务等问题的自主权之间寻找微妙的平衡,优化政府管理方式。而学校和社会之间要形成服务和监督的良性关系,理顺政、校、社之间决策、执行和监督的关系。二是构建并完善现代大学制度,平衡学校内部权力结构,保障学术自由。在坚持党委领导下的校长负责制这一灵魂和方向的基础上,继续完善高校内部治理的"一章八制"建设("一章"即大学章程,"八制"指的是党委领导下的校长负责制、教职工代表大会制度、学术委员会制度、理事会或董事会制度、教师申诉制度、学生申诉制度、财经委员会制度和信息公开制度)。高等教育政策制定需根据不同政策主体的影响能力确定不同层次政策主体的权力范围边界,从而形成规范的政策制定程序和机制。① 通过建立治理权责边界制度,合理确定党政权力、行政权力、学术权力的范围和边界以及运行机制。推动现代大学制度的基层实践,通过探索具有特色和可执行度的学校治理结构及其运行机制,优化学校内部治理结构和机制建设,推动大学章程具体化和落地化。

① 吕武,常晶.高等教育政策制定过程中的决策层次及其权力限度:基于制度分析与发展框架的分析[J].高教探索,2021(6):18-24.

结　语

我国教育取得了巨大的成就,在建设教育强国和高质量教育体系的新要求下,教育界依然存在着人们对公平而有质量、综合又多样的教育需求与教育供给不尽如人意之间的矛盾。教育供需错配、结构失衡、供给品质有待提升等教育困境只靠需求侧难以化解,还要从教育供给侧入手来真正满足民众多样化的教育需求。教育供给侧改革是在了解需求主体教育需求基础上,依托资源分配方式、教育治理方式等制度性变革,通过调整教育供给结构来解决教育有效供给不足、供给结构与需求不匹配等主要矛盾,激发供给活力,完善教育管理体制和办学体制,明晰经济社会发展所引发的教育需求内容和层次的变化,注重学校的特色化发展和教师队伍建设,促进学生健康、自由而全面的发展,进而实现"办人民满意的教育"供给目标的教育领域综合改革。

1. 教育供给侧改革具有非常强的研究意义和实践价值

教育供给侧改革是持续推进并深化教育改革的重要选择,而已有对教育供给侧改革的研究还缺少全面、系统、深刻的分析。本研究以多学科为视角,以马克思主义价值理论、公共产品理论、历史制度主义、治理理论等为基础,深入教育供给侧改革的相关理论,界定了教育供给侧改革等相关概念的内涵以及相关标准,分析了教育供给与教育需求、教育供给侧改革与教育价值实现和教育制度供给等的关系。此外,教育供给侧改革作为主体行动的改革,具有明显的实践品质和价值,通过协同主体力量,有助于从根本上化解教育供需矛盾,提升教育供给质量,为办人民满意的教育开拓道路。

2. 教育供给侧改革是教育价值不断提升并实现的主体力量

教育供给是教育价值创造和实现的现实起点和基础。真正的教育供给过程既是满足不同教育主体教育需求的过程,也是教育价值关系发生的过程。满足教育价值主体需求的过程就是价值创造的过程,一旦满足了需求,一定程度上也代表了价值的实现。人与外界事物的供需实践活动是价值实现的根本途径。从最广泛的含义来讲,教育供给就是教育行动、教育实践。教育价值发生、创造、实现的全过程就是教育供给与教育需求相协调和相适应的过程。在教育活动开始之前,教育活动所需要的物质、精神和主体条件都需要客观存在的社会、个人和教育系统去提供。离开教育供给,教育将无法运行,教育价值也就无从谈起。教育价值创造从某种程度上来说也是通过不断调整教育供给来满足主体教育需要的过程,在这个过程中,新的教育价值关系生成又推动着新的教育供给实践的开始。而教育价值的实现更是教育价值主体在教育供给实践活动中、在一定教育价值观念基础上对价值客体进行价值选择、评价,使价值客体的教育功能得以更大程度地满足教育主体理想教育需要的过程和结果。真正的供给是由追求真善美的价值引领的,同时也因为供给引领了需求,使其层次、品质不断提升。教育供给侧改革通过联通供给和需求,能够在了解需求的基础上更好地满足主体教育需求,推动教育价值关系的生成并创造教育价值。教育供给侧改革本质上也是在不断确认、发现和实现教育价值的供给实践,是教育价值创造和实现的加速器。教育供给是教育价值实现的基础性条件,教育供给侧改革从本质上来说就是在探索如何更好地实现教育活动本身的价值以及培养人这一根本价值。

3.我国各级各类教育供给取得了较大的成就

新中国成立以来,我国各级各类教育供给取得了巨大的成就,已经基本建成了规模可观、类型丰富的教育体系。学前教育办园数量不断增加,义务教育普及和控辍保学工作俨然可观,高中教育也已基本普及,职业教育和高等教育发展势头迅猛。首先,各级各类教育的供给规模稳步提升,教育普及水平大幅提升,资源投入不断增多。其次,各级各类教育供给质量不断提升。学前教育小学化问题有所改善,义务教育阶段学生减负问题不断推进,普通高中多样化发展进程加快,职业教育和高等教育内涵式发展进入加速阶段。最后,各级各类教育将结构调整作为发展的主要方面和关键环节,办学结构、经费结构、布局结构的调整均有所成就。目前,各级各类教育均初步构建了政府主导、社会参与的供给格局。以政府投入为主、受教育者合理分担、其他多渠道筹措经费的投入机制也成为推动教育发展的重要力量。

4.教育供给质量提升是教育供给侧改革的现实目标

教育质量提升是教育现代化发展和建设教育强国的必然要求,也是教育自身发展的应有之义,教育整体质量的提升还要依靠教育改革。尤其是系统的、长期的教育改革,教育供给侧改革正是这样一种系统的、长期的从供给侧全盘考虑影响和制约教育质量的关键因素的教育改革,推动教育供给侧改革是教育质量提升的必由之路。供给侧改革可以从资源分配方式的提升,供给结构的不断优化,布局结构、层次和科类结构的调整以及减少政府不必要的行政干预等途径着手,最终都需落实到提高教育供给主体的供给质量和效率上来,具体包括人财物供给的质量、制度等服务的质量以及人才培养的质量等多个环节和方面。

5. 教育供给结构优化是教育供给侧改革的重点

优化教育结构对提升教育质量有着重要意义,其本身也正是教育改革关注的重点项目。供给侧改革的全称是"供给侧结构性改革",其关键是推进供给的结构性调整,通过创新供给结构引领需求的结构调整与升级,包括调整产业结构、区域结构、要素投入结构、经济增长动力结构和分配结构等主要的结构性问题,从而促进经济健康平稳发展。教育供给侧改革也是如此。教育供给侧改革事实上就是教育供给侧结构性改革,是以教育供给结构的调整和创新满足、适应并引领需求结构的优化和升级。结构调整既是手段也是目的之一。从供给侧视角来看,教育的诸多问题主要是结构性的障碍没有得到根本性的解决,即因供给机制未能得到有效顺利的执行而导致协调机制的系统性失效。而教育供给侧改革能够较好地解决教育结构性问题,通过调整教育结构体系和优化教育结构来促进教育的健康发展。优化要素结构也是教育供给侧改革优化教育结构的重要方面,教育体系结构的发展状况与教育要素的质量结构密切相关,要素升级尤其是制度要素的创新升级成为体系结构完善的重要动力机制。教育实践本身就是诸要素的有机结合,优化要素结构与优化布局结构、课程结构等都具有相通性。

6. 教育制度供给为教育供给侧改革保驾护航

制度是调节社会关系的重要规则和规范体系。教育的稳健发展更是需要良善的制度支撑和有效的制度供给。价值对规则与秩序起引导作用,制度作为人们共同活动方式和交往形式,必然有其特定的价值观基础和正当性要求。教育供给侧改革一定是以教育价值为引领的,同时也是教育价值实现的重要保障。教育制度供给是教育供给侧改革中最为重要的供给,它不仅本身作为教育供给的组成部分,同时还以制度形式规范着其他各类型的供给,为教育供给侧改革保驾护航。任何教育理想的实现、教育理念的落实、教育价值的践行以及教育系统的运行都首先依赖于教育制度的建立、发展和完善,教育制度建设是教育改革和发展的秩序性、保障性和支撑性事业,规范和构筑着教育活动的发生和实践。

7.教育供给侧改革需要良好的社会支持

教育供给侧改革不仅仅是教育问题,它归根到底还是个社会问题,不仅需要教育界相关主体的不懈努力,同时还依赖于外部必要的社会支持。具体来讲,教育领域综合改革既需要来自"政府"的强力支持,也需要来自"经济与非政府组织"的大力支持,还需要来自"公众与社会群体"的全力支持。① 教育作为社会子系统之一,本身就是社会发展的一个部分,受其他社会子系统的影响以及社会整体发展状况和水平的制约,因此社会结构的调整、社会观念的改变等都是教育问题化解的关键性力量。而从制度供给的角度看,除教育制度外,其他制度的完善对于教育制度供给来说也至关重要。只有在整个社会范围内进行综合配套改革,强化配套治理,形成我国教育发展社会支持的长效机制,才可能提升对教育制度供给本身的支撑保障能力。

8.提升各级政府和学校的教育供给能力

政府和学校是教育实践活动中不同阶段的核心和关键主体,其教育供给的能力和水平深刻制约着教育供给侧改革的成效。因此,提升各级政府协调服务水平、提升各级各类学校教育的供给效能是教育供给侧改革的必然要求。

教育供给侧改革有助于进一步梳理教育供给主体间的复杂关系。"放管服结合"以及"管办评分离"的制度变革是教育供给侧改革推动主体协调运转的重要抓手。以制度变革推动"放管服"进程,为学校简除烦苛,减少过多的行政程序,释放学校的办学活力和积极性,为教师潜心育人、埋头实干创造良好的外部环境,以精干的师资队伍提升人才培养质量。深化课程教学改革,大力提升学校教育内涵,优化教育内容和方式的供给。一方面,可以推动学校办学理念的更新。在过分追求升学率、就业率等外在指标而忽视学生自身发展的情况下,教育供给侧改革要促使学校重新审视自身的发展特点,理清办学思路,并在这一过程中提出新的更注重学生发展差异的办学理念。另一方面,需要推动学校管理的优化。科层管理形式在很大程度上限制了教师工作和育人的积极性和创造性,阻碍了学校多样化发展的可能性。教育在供给侧改革的过程中逐渐改

---

① 吴康宁.教育领域综合改革需要怎样的社会支持[J].教育研究与实验,2013(6):1-5.

变这种科层化的管理方式,实施扁平化的管理模式,最大限度地发挥民主的积极作用,激发教师和学生的创造性,实现教育的内涵式发展,为教育质量提升创造有利条件。

9. 教育制度供给不仅仅是建章立制,更要落实和实施

建章立制是教育制度供给的初步阶段和基本条件,首先还需要建立经费保障、质量保障等方面的成文规章制度,构建体系完善、各有侧重的教育制度供给体系。这一体系构建的要点是在了解需求、尊重差异、兼顾不同制度基础上的。首先,了解教育中主体制度需求是构建教育制度体系的基本前提。其次,不同阶段、类型等教育的制度需求不同,教育制度供给差异和有所侧重是尊重教育事实的表现。从层次上需要构建教育根本制度、基本制度和具体制度相互促进的完整体系,不同教育阶段有自身的真实教育现状和最为突出的教育问题,在教育制度供给上必须予以体现。学前教育和普通高中教育要进一步加快国家级立法的推进,推动学前教育法和普通高中教育法的出台。义务教育要以义务教育法等相关法律文件为指导,进一步细化义务教育优质均衡等的规章制度。此外,教育制度供给不能只停留在建章立制这一环节,制度落实和实施才能使制度保持活力。教育制度的执行过程是一个蕴含主观能动和价值判断的过程,需要教育活动主体的教育责任意识。一个正义的教育制度,不仅是以善的价值精神为灵魂的制度,而且是能够流通于现实教育生活、直接成为治理教育现实的制度。① 制度的生命力在于执行,善制要通过善治来具体实现并真正起到作用。只有通过教育主体的认知、支持并付诸行动,教育制度才可能得到有力执行并发挥制度效力。在教育制度供给实践当中,主体一方面根据教育制度行动,另一方面又根据行动中遇到的问题对教育制度供给进行调整。

10. 供需侧辩证管理是保证教育供需平衡的可行思路

对任何一个国家、任何一个社会、任何一种教育来说,供需平衡都是一种最值得期待的理想状态,各国在不同时期实行的各种供给政策也都以此作为努力的目标。以供给侧改革为主的政策措施着眼于实现长期稳定的发展,能够缓解深层次、系统性的教育供需矛盾。通过创新制度供给、提高供给质量、提升供给利用效率等,既能够提升供给品质,又能够同时联动需求侧,满足、引领甚至创

---

① 吕寿伟.论教育正义的"善制"与"善治"[J].湖南师范大学教育科学学报,2017,16(4):74-78.

新主体的教育需求。需求侧和供给侧管理并无高低优劣之分,在不同时期,面对不同问题,供给侧管理和需求侧管理都可能存在着自身的优势和另一方不可取代的方面。我国供给侧改革遵循的逻辑不是供给学派重视供给决定作用的逻辑,而是需求侧管理和供给侧管理携手并行的同时,更侧重从供给侧发力。如果能将供给侧问题有效解决,需求侧的问题也将迎刃而解。一方面,在以供给侧改革为终极目标的同时,要引领需求侧管理与之配合,让供给与需求在保持紧密关联的同时有所区分。要注重供给侧改革释放的"发动机"效应,也要注重需求侧管理发挥的"稳定器"功能,把握好二者之间的关系,双管齐下。另一方面,要促使需求方与供给方形成协同治理局面,二者不是非此即彼的替代关系,而是要相互配合、协调推进,实现供给与需求的"双轮驱动",协同并进。

参考文献

一、图书

[1]马克思恩格斯全集:第3卷[M].北京,人民出版社,1960.

[2]马克思恩格斯全集:第23卷[M].北京:人民出版社,1972.

[3]马克思恩格斯全集:第25卷[M].北京:人民出版社,1974.

[4]马克思恩格斯全集:第26卷[M].北京:人民出版社,1974.

[5]马克思恩格斯全集:第30卷[M].北京:人民出版社,1995.

[6]马克思恩格斯选集:第1卷[M].北京:人民出版社,1995.

[7]马克思恩格斯文集:第1卷[M].北京:人民出版社,2009.

[8]李连科.世界的意义:价值论[M].北京:人民出版社,1985.

[9]李连科.价值哲学引论[M].北京:商务印书馆,1999.

[10]李德顺.价值论[M].2版.北京:中国人民大学出版,2007.

[11]张书琛.探索价值产生奥秘的理论:价值发生论[M].广州:广东人民出版社,2006.

[12]冯平.现代西方价值哲学经典:先验主义路向:上册[M].北京:北京师范大学出版社,2009.

[13]孙伟平.价值哲学方法论[M].北京:中国社会科学出版社,2008.

[14]郝文武.教育哲学[M].北京:人民教育出版社,2006.

[15]王坤庆.教育哲学:一种哲学价值论视角的研究[M].武汉:华中师范大学出版社,2006.

[16]王坤庆.现代教育哲学[M].武汉:华中师范大学出版社,1996.

[17]王玉樑.21世纪价值哲学:从自发到自觉[M].北京:人民出版社,2006.

[18]王玉樑.从理论价值哲学到实践价值哲学[M].北京:人民出版社,2013.

[19]马俊峰.马克思主义价值理论研究[M].北京:北京师范大学出版社,2017.

[20]张军.价值哲学的存在论基础[M].北京:人民出版社,2018.

[21]陈理宣.教育价值论[M].成都:四川大学出版社,2003.

[22]朱宪辰.自主治理与扩展秩序:对话奥斯特罗姆[M].杭州:浙江大学出版社,2012.

[23]吕普生.纯公共物品供给模式研究:以中国义务教育为例[M].北京:北京大学出版社,2013.

[24]闵琪.从公共品需求到公共品供需均衡:理论与现实[M].北京:经济科学出版社,2011.

[25]王守义.财政分权、转移支付与基本公共服务供给效率[M].北京:社会科学文献出版社,2017.

[26]张维迎.市场与政府[M].西安:西北大学出版社,2014.

[27]范先佐.教育经济学[M].北京:中国人民大学出版社,2008.

[28]吴敬琏,等.供给侧改革:经济转型重塑中国布局[M].北京:中国文史出版社,2016.

[29]刘志迎,徐毅,庞建刚.供给侧改革:宏观经济管理创新[M].北京:清华大学出版社,2016.

[30]马俊峰,等.社会公正与制度创新[M].北京:中国人民大学出版社,2013.

[31]崔希福.唯物史观的制度理论研究[M].北京:北京师范大学出版社,2010.

[32]高兆明.道德失范研究:基于制度正义视角[M].北京:商务印书馆,2016.

[33]刘圣中.历史制度主义:制度变迁的比较历史研究[M].上海:上海人民出版社,2010.

[34]张茂聪.论教育公共性及其保障[M].北京:商务印书馆,2012.

[35]樊改霞.教育与公共性:公共教育的现代性转型[M].福州:福建教育出版社,2012.

[36]柳海民.现代教育学原理[M].长春:东北师范大学出版社,2002.

[37]周玲.我国学前教育发展公私合作伙伴关系(PPP)研究[M].北京:北

京理工大学出版社,2017.

[38]秦金亮,等.基于证据的学前教育需求与质量研究[M].北京:北京师范大学出版社,2018.

[39]陆建非.中国都市外来务工人员子女学前教育发展研究报告[M].上海:上海教育出版社,2016.

[40]上海市浦东新区社会发展局.中国教育改革前沿报告:浦东新区教育公共治理结构与服务体系研究[M].上海:上海教育出版社,2009.

[41]杨东平.艰难的日出:中国现代教育的20世纪[M].上海:文汇出版社,2003.

[42]朱永新.科学发展观与中国教育改革[M].福州:福建教育出版社,2005.

[43]钟启泉,崔允漷,吴刚平.普通高中新课程方案导读[M].上海:华东师范大学出版社,2003.

[44]李蔺田.中国职业技术教育史[M].北京:高等教育出版社,1994.

[45]方展画,刘辉,傅雪凌.知识与技能:中国职业教育60年[M].杭州:浙江大学出版社,2009.

[46]祁占勇.职业教育政策研究[M].北京:教育科学出版社,2018.

[47]石伟平.时代特征与职业教育创新[M].上海:上海教育出版社,2006.

[48]王坤庆.现代教育价值论探寻[M].长沙:湖南教育出版社,1990.

[49]中华职业教育社.黄炎培教育文选[M].上海:上海教育出版社,1985.

[50]匡瑛.比较高等职业教育:发展与变革[M].上海:上海教育出版社,2006.

[51]顾明远.中国教育的文化基础[M].太原:山西教育出版社,2004.

[52]张学文.大学理性研究[M].北京:北京师范大学出版社,2013.

[53]潘懋元.新编高等教育学[M].北京:北京师范大学出版社,2004.

[54]休谟.人性论[M].关文运,译.北京:商务印书馆,1980.

[55]诺思.经济史中的结构与变迁[M].陈郁,罗华平,等译.上海:上海三联书店,1994.

[56]布坎南.公共物品的需求与供给[M].马珺,译.2版.上海:上海人民出版社,2017.

[57]凡勃伦.有闲阶级论[M].蔡受百,译.北京:商务印书馆,1964.

[58]彼得斯.政治科学中的制度理论:新制度主义 [M].王向民,段红伟,译.3版.上海:上海人民出版社,2016.

[59]萨伊.供给的逻辑:政治经济学概论[M].黄文钰,沈潇笑,译.杭州:浙江人民出版社,2017.

[60]布鲁贝克.高等教育哲学[M].王承绪,郑继伟,张维平,等译.杭州:浙江教育出版社,2002.

[61]布列钦卡.教育科学的基本概念:分析、批判和建议[M].胡劲松,译.上海:华东师范大学出版社,2001.

[62]克尔.大学的功用[M].陈学飞,等译.南昌:江西教育出版社,1993.

[63]格斯特维奇.发展适宜性实践:早期教育课程与发展[M].霍力岩,等译.北京:教育科学出版社,2011.

[64]WILSON J Q. Bureaucracy:what government agencies do and why they do it[M]. New York:Basic Books,1989.

二、期刊

[1]郝亿春.洛采与现代价值哲学之发起[J].哲学研究,2017(10):85-91.

[2]鲁品越.再论马克思的"价值定义"与马克思主义价值哲学之重建[J].教学与研究,2017(2):16-24.

[3]张曙光.实践哲学视阈中的规则与秩序[J].社会科学战线,2016(7):1-15.

[4]崔三常,刘娟.哲学视角下马克思经济学价值概念与一般价值概念的内在统一性[J].广西社会科学,2016(3):52-56.

[5]李德顺,孙美堂.马克思主义价值论发展探析[J].中国特色社会主义研究,2013(6):5-11.

[6]钟汉川.价值认定与价值存在:马克斯·舍勒的价值现象学探析[J].南开学报(哲学社会科学版),2011(1):90-100.

[7]高兆明.制度伦理与制度"善"[J].中国社会科学,2007(6):41-52,205.

[8]冯平.杜威价值哲学之要义[J].哲学研究,2006(12):55-62,124.

[9]何萍.马克思的实践:价值解说[J].学术月刊,2003(5):97-102,112.

[10]王玉樑.论杜威对价值哲学的探索与贡献[J].社会科学研究,2000(5):59-65.

[11]张书琛.现代西方一般价值论的兴起和发展[J].学术研究,1999(3):38-44.

[12]张书琛.马克思主义哲学与价值发生论[J].内蒙古社会科学(文史哲版),1996(2):1-5.

[13]余源培,赵修义,俞吾金,等.关于经济哲学的笔谈[J].中国社会科学,1999(2):78-85.

[14]贾康,苏京春.论供给侧改革[J].管理世界,2016(3):1-24.

[15]贾康,刘薇,苏京春.供给侧改革视角下的制度创新[J].中国经济报告,2016(10):52-55.

[16]李佐军.与供给侧改革相关的几个基本知识点[J].唯实(现代管理),2016(3):18-19.

[17]周业安.中国制度变迁的演进论解释[J].经济研究,2000(5):3-11,79.

[18]石中英.杜威的价值理论及其当代教育意义[J].教育研究,2019,40(12):36-44.

[19]张旸,聂娇.近百年来中国共产党教育制度思想发展的本质特征和实践的成功经验[J].当代教师教育,2019,12(2):15-24.

[20]吕寿伟.论教育正义的"善制"与"善治"[J].湖南师范大学教育科学学报,2017,16(4):74-78.

[21]金生鈜.什么是正义而又正派的教育:我国教育改革的症结[J].教育研究与实验,2006(3):1-7.

[22]李江源.从社会哲学视野看教育制度的现代转型[J].学术研究,2005(1):108-113.

[23]石中英.教育学研究中的概念分析[J].北京师范大学学报(社会科学版),2009(3):29-38.

[24]张旸.学校教育价值危机的凸显及超越:基于对"读书无用论"的反思[J].中国教育学刊,2013(3):16-19.

[25]吴克明.教育供求新探[J].教育与经济,2001(3):52-55.

[26]吕普生.政府主导型复合供给:中国义务教育供给模式整体构想[J].中国行政管理,2017(1):102-108.

[27]庞丽娟,杨小敏.关于教育供给侧结构性改革的思考和建议[J].国家

教育行政学院学报,2016(10):12-16.

[28]刘云生.供给侧结构性改革:教育怎么办?[J].教育发展研究,2016,36(3):1-7.

[29]周海涛,朱玉成.教育领域供给侧改革的几个关系[J].教育研究,2016,37(12):30-34.

[30]张万朋,程钰琳.探析教育领域的供给侧结构性改革[J].复旦教育论坛,2017,15(5):9-16.

[31]朱静.试论办学体制与教育供求的关系[J].教育与经济,2001(1):49-51,34.

[32]邹平.云南教育供给侧结构性改革的若干思考[J].教育研究,2016,37(11):150-155.

[33]孙绵涛,康翠萍.关于教育体制改革与制度创新关系的探讨[J].教育科学研究,2009(8):22-24.

[34]罗燕.教育的新制度主义分析:一种教育社会学理论和实践[J].清华大学教育研究,2003,24(6):28-34,72.

[35]杨建朝.教育制度改革的正义取向:自由成"人":基于哈耶克"无知"的视角[J].教育理论与实践,2015,35(7):16-20.

[36]苏君阳,王珊,阚维.非正式教育制度与正式教育制度的冲突:基于我国当前教育改革实践的思考[J].北京师范大学学报(社会科学版),2015(4):42-50.

[37]胡金木.现代学校治理的制度之善[J].华东师范大学学报(教育科学版),2018,36(2):54-59,154-155.

[38]缪文升.教育制度设计:基于协商民主式公众参与的分析进路[J].中共天津市委党校学报,2013(4):42-45.

[39]孙绵涛,李莎.试论教育体制理论的生成[J].教育研究,2019,40(1):122-130.

[40]吴佳莉,郑程月,吴霓."办人民满意的教育"的内涵、演进与实践路径[J].清华大学教育研究,2018,39(6):74-79.

[41]郝文武.提高教育质量的永恒追求与时代特征[J].陕西师范大学学报(哲学社会科学版),2015,44(2):157-166.

[42]李政涛.中国教育公平的新阶段:公平与质量的互释互构[J].中国教

育学刊,2020(10):47-52.

[43]丁秀棠."普惠性"目标定位下民办学前教育的现状与发展[J].学前教育研究,2013(3):16-21,32.

[44]张斌,虞永平.基本立场的回归与内在本质的高扬:改革开放40年我国学前教育观念的流变[J].学前教育研究,2019(1):3-8.

[45]高敬.学前教育实践应坚守怎样的儿童立场[J].教育发展研究,2020,40(12):38-45.

[46]冯婉桢,吴建涛.城镇化与我国学前教育资源宏观配置效率研究[J].教育研究,2016,37(3):84-91.

[47]宋映泉,康乐,张晓,等.城乡儿童发展与幼儿园质量差距:以华北某县为例[J].北京大学教育评论,2020,18(3):32-59,187-188.

[48]佘宇,单大圣.努力发展普惠而有质量的学前教育[J].行政管理改革,2019(2):16-22.

[49]秦金亮.多元需求条件下办人民满意的学前教育政策旨趣[J].教育发展研究,2017,37(2):64-68.

[50]杨宁,任越境,罗丽红,等.过程性质量转向:城乡学前教育均衡发展的新着力点[J].中国教育学刊,2020(5):21-27.

[51]冯鑫.幼儿园开放性游戏环境的创设[J].学前教育研究,2020(10):93-96.

[52]洪秀敏,朱文婷.聚焦园长行为胜任力的提升:新加坡 Principal Matters 园长培训项目的探索与启示[J].外国中小学教育,2018(12):50-57.

[53]赖昀,薛肖飞,杨如安.农村地区学前教育教师资源配置问题与优化路径:基于陕西省X市农村学前教师资源现状的调查分析[J].教育研究,2015,36(3):103-111.

[54]洪秀敏,庞丽娟.学前教育事业发展的制度保障与政府责任[J].学前教育研究,2009(1):3-6.

[55]庞丽娟,王红蕾,贺红芳,等.加快立法为学前教育发展提供法律保障[J].中国教育学刊,2019(1):1-6.

[56]庞丽娟,孙美红,王红蕾.建立我国面向贫困地区和弱势儿童的学前教育基本免费制度的思考与建议[J].教育研究,2016,37(10):32-39.

[57]湛中乐,李烁.我国学前教育立法研究:以政策法律化为视角[J].陕西

师范大学学报(哲学社会科学版),2019,48(1):45-53.

[58]钱雨.美国学前教育立法的发展、经验与启示[J].湖南师范大学教育科学学报,2020,19(3):16-23.

[59]姚伟,许浙川.构建学前教育质量保障体系的国际趋势研究[J].东北师大学报(哲学社会科学版),2019(1):148-153.

[60]马雪琴,杨晓萍.学前教育质量保障与实现路径:基于质量文化的视角[J].河北师范大学学报(教育科学版),2019,21(5):114-119.

[61]张旸,吴婷婷.新中国成立70年义务教育供给的变迁逻辑与展望[J].中国教育学刊,2019(10):36-41.

[62]中国基础教育质量监测协同创新中心"教育供给侧研究"课题组.义务教育阶段教育供给的主要矛盾和问题[J].教育经济评论,2017,2(4):21-35.

[63]史亚娟.中小学教师流动存在的问题及其改进对策:基于教师管理制度的视角[J].教育研究,2014,35(9):90-95.

[64]王善迈,赵婧.教育经费投入体制的改革与展望:纪念改革开放40周年[J].教育研究,2018,39(8):4-10.

[65]陈慧娟,辛涛.我国基础教育质量监测与评价体系的演进与未来走向[J].华东师范大学学报(教育科学版),2021,39(4):42-52.

[66]程艳霞,李永梅.普及高中阶段教育的历史逻辑与供给侧改革路径[J].中国教育学刊,2019(2):34-41.

[67]赵俊婷,刘明兴.我国普通高中经费筹措体制回顾与评析:1980—2016[J].教育学报,2017,13(3):69-78.

[68]石中英.关于当前我国普通高中教育任务的再认识[J].清华大学教育研究,2015,36(1):6-12.

[69]石中英.推进新时代普通高中育人方式改革要处理好三个关系[J].中国教育学刊,2019(9):27-31.

[70]张宝歌,韩嵩,焦岚.后普及时代普通高中多样化制约机制及对策思考[J].教育研究,2021,42(1):83-95.

[71]邹红军.承认与抵制:我国普通高中多样化发展的扎根理论研究[J].中国教育学刊,2019(7):35-41.

[72]于璇.我国普通高中教育经费投入的地区差异及分布动态演进:基于

2005—2018 年省级面板数据的实证研究[J].华东师范大学学报(教育科学版),2021,39(2):115 – 126.

[73]王智超.普通高中多样化发展的现实困境与理论探索[J].东北师大学报(哲学社会科学版),2013(2):136 – 139.

[74]刘复兴,刘丽群.明确定位、多样发展、体制创新:我国普通高中教育发展的战略选择[J].教育科学研究,2013(4):34 – 37.

[75]张华.我国高中教育发展方向:走向综合化[J].全球教育展望,2014,43(3):3 – 12.

[76]李建民."全面普及高中阶段教育"的内涵释要与路径选择[J].教育研究,2019,40(7):73 – 82.

[77]杜明峰,范国睿.普通高中教育现代化发展指标的价值选择与建构思路[J].教育发展研究,2015,35(1):71 – 75.

[78]郭华,王琳琳.中国普通高中课程结构改革的 70 年探索[J].中国教育学刊,2019(10):9 – 16.

[79]吴全华.论以有质量和有公平为目标的普通高中教育改革[J].当代教师教育,2020,13(4):9 – 16.

[80]祁占勇.制度创新基础上的有效治理:普通高中教育发展中的制度精神与机制选择[J].教育探索,2012(5):17 – 19.

[81]刘世清.论普通高中的发展困境与政策取向[J].教育研究,2013,34(3):47 – 53.

[82]程天君.教育改革的转型与教育政策的调整:基于新中国教育 60 年来的基本经验[J].北京大学教育评论,2012,10(4):33 – 49,185.

[83]耿洁.我国职业教育经费投入现状与对策研究[J].中国职业技术教育,2015(12):13 – 19.

[84]全守杰,唐金良.香港地区职业教育的多元共治及实践样态:以职学计划为例[J].中国高教研究,2019(2):100 – 105,108.

[85]孙长远,庞学光.从"一元主导"到"多元共举":我国职业教育供给模式创新路径探寻[J].河北师范大学学报(教育科学版),2017,19(1):74 – 80.

[86]陈鹏,薛寒."中国制造 2025"与职业教育人才培养的新使命[J].西南大学学报(社会科学版),2018,44(1):77 – 83,190.

[87]孙峰.专业群与产业集群协同视角下的高职院校专业群设置研究[J].

高等教育研究,2014,35(7):46 - 50.

[88]郭静.高职院校治理能力提升的现实困境与优化路径:基于73所高职院校的实证研究[J].国家教育行政学院学报,2016(6):36 - 41,47.

[89]李政,徐国庆.我国职业教育治理结构转型:内涵、困境与突破[J].西南大学学报(社会科学版),2020,46(4):78 - 85.

[90]祁占勇,王志远.经济发展与职业教育的耦合关系及其协同路径[J].教育研究,2020,41(3):106 - 115.

[91]林克松,朱德全.职业教育均衡发展与区域经济协调发展互动的体制机制构建[J].教育研究,2012,33(11):102 - 107.

[92]劳凯声,刘复兴.论教育政策的价值基础[J].北京师范大学学报(人文社会科学版),2000(6):5 - 17.

[93]刘晓,石伟平.职业教育集团化办学治理:逻辑、理论与路径[J].中国高教研究,2016(2):101 - 105.

[94]王喜雪.我国职业教育体系研究[J].国家教育行政学院学报,2013(1):44 - 47.

[95]邢晖.《职业教育法》修订历程回顾与《职业教育法修订草案(征求意见稿)》分析[J].中国职业技术教育,2020(10):5 - 13.

[96]李北伟,贾新华.基于产业转型升级的高职院校专业设置优化策略研究:以广东省为例[J].中国高教研究,2019(5):104 - 108.

[97]胡娜.高职院校质量保证体系:问题聚焦与对策分析[J].中国远程教育,2017(5):57 - 62,71.

[98]周作宇.大学理念:知识论基础及价值选择[J].北京大学教育评论,2014,12(1):90 - 107,190.

[99]蓝汉林.从制度变迁审视高校人事分配改革[J].中国高教研究,2010(5):65 - 67.

[100]瞿振元.高等教育内涵式发展的实现途径[J].中国高等教育,2013(2):12 - 13,21.

[101]刘献君.新中国高等教育70年的回顾与展望[J].高等教育研究,2019,40(11):1 - 8.

[102]刘献君,周进.建设高等教育强国:六十年的理念变迁及其启示[J].高等工程教育研究,2009(5):52 - 61.

[103]张旸.新时代高等教育供给的实践逻辑[J].内蒙古社会科学(汉文版),2018,39(3):156-160.

[104]张意忠.高等教育的有效供给及其衡量标准[J].社会科学家,2017(9):119-123.

[105]朱玉成.政府职能转变视角下的高等教育供给侧改革[J].高等教育研究,2016,37(8):16-21.

[106]张其志.高校教师评价的若干矛盾问题[J].教育评论,2014(1):51-53.

[107]潘懋元,左崇良.高等教育治理的衡平法则与路径探索:基于我国高教权责失衡的思考[J].清华大学教育研究,2016,37(4):9-16.

[108]胡建华.70年高等教育重点建设的变化及影响[J].江苏高教,2019(10):1-7.

[109]周作宇.论高等教育中的经济主义倾向[J].北京师范大学学报(社会科学版),2008(2):5-15.

[110]陈先哲,卢晓中.层类交错:迈向普及化时代的中国高等教育体系构建[J].教育研究,2018,39(7):61-66.

[111]陈鹏,李威."双一流"建设背景下西部高等教育的挑战与政策供给[J].教育研究,2018,39(11):91-98.

[112]HOLCOMBE R G. Public goods theory and public policy[J]. The journal of value inquiry,2000,34(2):273-286.

[113]GHIGNONI E, VERASHCHAGINA A. Educational qualifications mismatch in Europe. Is it demand or supply driven? [J]. Journal of comparative eonomics,2014,42(3):670-692.

[114]BUCHANAN J M. A contractarian paradigm for applying economic theory[J]. American economics review,1975(5):225-230.

后　记

　　本书是国家社会科学基金"十三五"规划资助项目"教育供给侧改革的基本理论问题与制度保障研究"（立项号：BAA170014）和 2016 年度陕西省社科基金"经济新常态背景下的学校教育供给侧改革研究"（立项号：20169012）的最终研究成果。

　　时光荏苒，转眼间已过五个春秋，总算要给一件事情暂时画上句号。这个句号当然不能堪称完美，却代表着成长中的真实。从求学到工作，我都喜欢追问一切事物和活动的"本真"，后来发现，人对各种活动"本真"的追求都与人的需要和价值密切相关。面对"教育供给"和"教育需求"这一对原本属于经济学范畴的概念，我在寻求兼具经济学、价值哲学、教育学等多学科视角的理解和阐释。

　　在研究的过程中，站在教育学的立场，我阅读了不少关于经济学关于供给侧改革以及哲学中有关价值的文献资料，也在进一步思考价值、需求和供给的关系。教育供给不同于教育供给侧改革，只要存在教育活动，就一定存在教育供给，但教育供给侧改革是在自觉反思教育供需关系的基础上追求教育供给更为科学合理并更能体现教育本真的过程。从表面来看，教育供给侧改革是在通过供给侧治理来解决教育中所存在的供需错配、结构失衡以及供给品质不佳等现实问题，但其实质是不断确认、发现和实现教育价值的供给实践，体现了教育价值不断提升并实现的主体力量。教育供给侧改革远比需求侧改革更具人文气息，也能提升教育需求的本质，进而创造出更具本真的教育需求。因此，教育供给结构的优化和供给质量的提升，更多依靠作为核心供给主体的政府和学校在不断确认教育本体价值的基础上，用勇气、魄力、创新、制度和行动来实现公平而有质量的教育。

　　每段经历的过往，都会有很多重要他人的指引、点拨、支持和协助，心中的温暖和感激油然而生。感谢郝文武老师，每当我在课题研究中遇到百思不得其解的问题去向老师请教时,老师寥寥数语的点化,总会让我豁然开朗,一次次体验着大道至简的真谛。感谢陈鹏老师,陈老师有着敏锐的学术洞察力、高超的学术把握力、精湛的学术表达力和极强的学术穿透力。课题从选题立项到中检再到结题,每一步都离不开陈老师的启迪和帮助。感谢栗洪武老师、张立昌老师、陈晓端老师、田建荣老师、李延平老师,他们在开题、中检和结题过程中提出的宝贵建议,使我深受启发。此次课题研究过程中,我在依托项目培养研究生方面取得了一定的成果。2017级的张雪、婷婷和2018级的春晖,他们学位论文的选题都来自本课题。特别是张雪,在书稿的撰写过程中协助我做了很多事情。职业技术教育学专业的刘丹,也承担了课题研究的一部分工作。谢谢陕西师范大学出版总社钱栩,书稿能顺利出版,她在封面设计、文字审校等方面给予了很大的帮助。感谢我的先生祁占勇,他的包容、鼓励和支持带给我无穷的力量。感谢所有参考文献的作者,你们启迪思想、催生观点。

希望不完美的句号再次吹响扬帆起航的号角,也希望每次的扬帆起航,都能让我在学术的道路上收获前行的信心和勇气。

2023 年 3 月 30 日

于曲江池畔